受中央高校基本科研业务费专项资金课题
（批准号：2652017037）资助

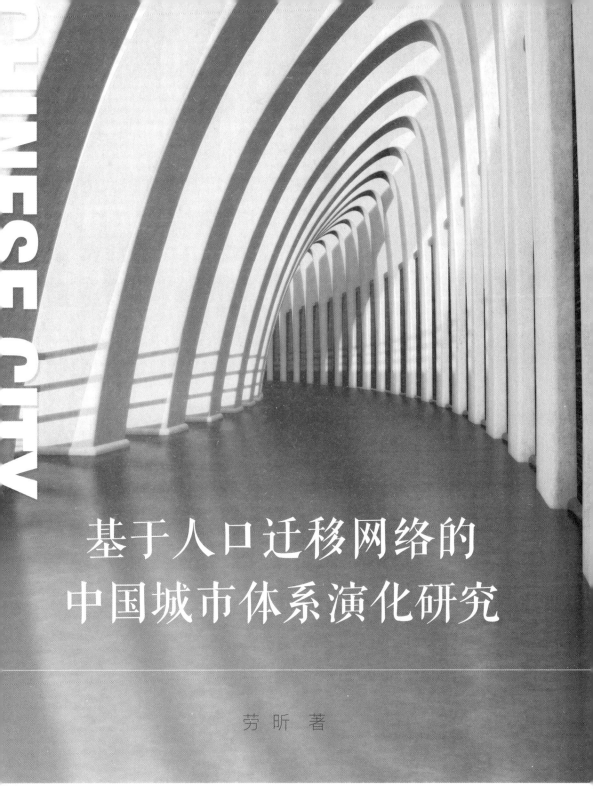

CHINESE CITY

基于人口迁移网络的
中国城市体系演化研究

劳昕 著

中国社会科学出版社

图书在版编目(CIP)数据

基于人口迁移网络的中国城市体系演化研究 / 劳昕著 . —北京：
中国社会科学出版社，2019.5
ISBN 978-7-5203-3631-4

Ⅰ.①基⋯ Ⅱ.①劳⋯ Ⅲ.①城市化-人口迁移-研究-中国
Ⅳ.①C922.2

中国版本图书馆 CIP 数据核字(2018)第 272588 号

出 版 人	赵剑英
责任编辑	许　琳
责任校对	鲁　明
责任印制	李寡寡

出　　版	中国社会科学出版社
社　　址	北京鼓楼西大街甲 158 号
邮　　编	100720
网　　址	http://www.csspw.cn
发 行 部	010-84083685
门 市 部	010-84029450
经　　销	新华书店及其他书店

印　　刷	北京明恒达印务有限公司
装　　订	廊坊市广阳区广增装订厂
版　　次	2019 年 5 月第 1 版
印　　次	2019 年 5 月第 1 次印刷

开　　本	710×1000　1/16
印　　张	17
插　　页	2
字　　数	248 千字
定　　价	78.00 元

序

　　著者劳昕，是我招收的第一个博士生。这本书是她基于北大博士学位论文进一步完善的学术成果，全面反映了她在北大五年博士学习期间及博士毕业之后对此研究主题的系统思考和前瞻性的分析。我们在多年参与的城市与区域规划工作中一直存在着一个重要的困惑：人口是城市发展的灵魂，但已有人口预测模型中大多是对单个城市的人口进行预测，很少考虑人口迁移，也没有将所有城市视作一个整体，更没有通过人口迁移来预测各个城市的人口变化。

　　进入 21 世纪以来，一方面，中国各城市的人口自然增长率普遍较低，另一方面，跨区大规模人口迁移普遍发生，因此，城市人口规模变化主要由城市间人口迁移而非自然增长率来决定。此时，预测城市人口变化时如不考虑人口迁移因素，将会产生极大的预测误差。当前学界亟需对中国城市人口预测方法做出适应新时代的方法论革新。劳昕博士这一研究成果，在对中国城市人口预测方法创新上做出了较好的尝试。

　　作为一本学术著作，为区域经济、城市地理、人口学、公共政策等领域交叉学科研究创新做出了较好的示范，其研究创新点主要体现在以下几个方面：

　　（1）研究视角创新：将中国人口迁移研究的空间尺度从省级单元拓展到城市层面，并用社会网络分析方法对城市化的核心——人口迁移网络进行探讨，从人口迁移的视角来预测城市体系演化，将二者有机结合到一起，丰富和拓展中国城市化研究的广度和深度。

　　（2）研究方法创新：以往对城市人口的预测研究多以单个城市为研究对象，且不考虑人口迁移这一重要影响因素，本研究构建了考虑所有城市空间单元以及城市间人口迁移联系在内的全域空间网络模型，为城市人口预测提供更加科学可信的研究方法，为未来城市规划提供重要支撑。

（3）研究结果的可操作性：本研究为未来城市规划与区域规划提供新的城镇人口与城镇化水平预测方法，解决城市人口从哪里来这个问题，引导人口合理迁移与空间集聚，避免"鬼城""摊大饼"式增长等由不合理规划带来的资源浪费；在不同城市化情景下预测未来中国城市人口分布并用 GIS 空间分析工具将其进行可视化表达，然后调整子情景参数及模型参数从而调整未来城市体系空间格局，为具体的优化对策提供可靠的数据支撑，使城市体系优化可以落到实地，弥补了以往研究缺乏城市体系系统模拟与优化模式研究的缺陷。

劳昕博士在北京大学政府管理学院读博期间，扎实学习并系统掌握了区域经济学专业理论和知识，在博士期间曾获国家留学基金委的资助前往哈佛大学社会科学定量研究院（IQSS）访问一年；并积极参加科研项目，科研成果突出，在国内外核心期刊论文上发表了十多篇论文；我很高兴地看到，她在博士毕业后选择继续走学术道路，矢志不渝，现在已成为一名光荣的高校青年教师。

在北京这个竞争激烈的大都市，对于刚毕业不久的博士来说，高校教师这份职业无疑是清苦的，并且科研和教学压力都特别大。我衷心地希望她能不忘初心，砥砺前行，在未来的发展道路上产出更多的学术成果，取得更大的成就。

沈体雁

北京大学政府管理学院教授

北京大学城市治理研究院执行院长

中国区域科学协会秘书长

2018 年 5 月 30 日于燕园

前　言

　　20世纪90年代以来，作为中国社会变迁的重要特征，大规模跨地区人口迁移既源于改革开放初期东部沿海地区经济优先发展战略对劳动力的大量需求，又源于人口迁移政策和户籍政策的逐步放松。截至2016年末，全国流动人口的总量达到2.45亿，超过总人口的六分之一。伴随中国城市化进程快速发展，人口迁移直接导致各等级城市数量及城市规模变化，进而影响城市等级规模结构和空间格局变化。本书以中国城市间人口迁移为研究视角，分析2000—2010年中国城市人口迁移特征和由此引起的城市体系演化规律，探讨人口迁移对城市体系演化的影响机制，并在此基础上结合人口迁移理论和中国实际国情对新经济地理学模型进行改进和实证检验，力求用具体的数据还原21世纪以来中国城市体系的演化过程，最后实现在不同城市化情景下预测未来中国城市体系演化趋势。

　　本书的研究内容分为以下四个方面：一是系统梳理人口迁移、城市体系理论研究和实证研究的相关文献，结合城市网络研究方法，构建基于人口迁移与城市体系的综合研究框架；二是详细探讨理论模型构建的基础——人口迁移，先是运用网络分析方法分析中国人口迁移网络特征，然后提出人口迁移的影响机制并加以验证；三是通过梳理城市体系相关理论模型，借鉴新经济地理学理论构建理论模型，以解释城市间人口迁移是如何影响各区域人口规模变化的，并在此模型基础上引入城市等级体系构建；四是用理论模型来模拟中国城市体系实际演化过程，模型拟合精度经过检验后，在不同的城市化情景下预测未来城市体系演变，为合理引导城市间人口迁移和优化城市化空间格局提供决策参考。

经研究分析，本书得到以下几个主要结论：

（1）中国城市人口迁移网络特征：东部沿海地区人口迁移流密集，中部地区次之，广大西部地区人口迁移流特别稀疏，城市人口迁移联系网络的连接节点主要集中在京津冀、长三角、珠三角这三大都市圈。

（2）中国城市体系演化特征：2000—2010 年间，超大和特大城市数量增加且规模增加较大，大城市数量增长较快，而中小城市的数量有所减少，中小城市发展较为迅速；城市体系不服从首位分布且首位度逐渐下降；城市体系大致符合位序—规模分布，均衡程度加强；城市数量和规模分布空间差异明显。

（3）人口迁移对城市体系演化的影响机制：根据人口迁移理论，并结合中国实际情况，提出几种影响人口迁移的重要因素，并通过了计量检验；本书构建的基于人口迁移网络的城市体系演化模型提出以下几个理论假设：假设不存在逆城市化且全国所有城市的人口自然增长率一致，则各城市规模的变化由城镇地区间的人口迁移和农村地区往城镇地区的人口迁移共同决定；城市初始人口规模（网络连通度）、地理优势度、经济发展水平、公共服务水平、城市间空间距离、户籍制度等都会对人口迁移产生影响。

（4）中国城市体系演化模拟与预测：本书构建的理论模型通过了实证检验，证明该模型在中国城市体系实证研究中具备一定的适用性；用该模型预测中国未来城市体系演化，在基准情景下，地市级层面城市规模等级结构和城市空间格局都相对保持稳定，以城市规模一百万人口以上的大城市为主导，城市化呈集中型增长，居于末位的小城市有可能会逐渐消失；大城市为主导的情景最为接近城市体系演化自然规律，市场机制在其中起决定性作用，其他两种情景则主要受到政策的干预；户籍制度的松紧程度对各级别城市的人口增长具有直接影响。

本书的主要创新点包括以下几个方面：构造中国的多城市地理空间环境并引入空间异质性，根据改进后的 NEG 城市体系模型来开展系统性的尝试，在不同城市化情景下模拟和预测中国真实城市体系的演化，从而推进新经济地理学理论的实证研究发展；建构考虑所有城市空间单元以及城市间人口迁移联系在内的全域空间网络模型；对城市化的核心——人口迁移网络进行探讨，丰富和拓展现有城市网络研究内容；构建人口迁移和城市体系的综合性研究框架，深化中国城市化理论研究。

劳　昕

2018 年 5 月 1 日于北京

目　　录

图表目录

　　本书中所有地图由于缺乏绘图资质，均不在正式出版书籍中呈现。如有兴趣，请向作者索取。

第一章

绪　论

改革开放以来，中国区域经济发展的差异逐渐扩大，如伴随着国家政策倾斜和区域产业发展优势，东部地区经济迅速崛起，逐渐拉大了与中西部地区间的经济差距。此类区域经济发展不平衡的溢出效应对人口迁移和城市化的影响由于具有巨大的理论价值和现实意义，吸引了诸多政策制定者和理论研究者的关注。

在传统的二元经济结构下，农业部门的剩余劳动力倾向于迁入具有更高工资水平的行业和地区。尤其中国东部地区经济发展需要大量的劳动力，对人口更有较强吸引力。在这种"推—拉作用"[①]的双重影响下，加上改革开放以来对于计划经济时期的严格户籍管理制度逐步放松，中国城市间的人口迁移逐渐活跃起来，农村剩余劳动力大规模向东部沿海地区迁移[②]。地区间人口迁移对经济发展具有巨大促进作用，因而日益受到政策制定者和实践者的重视。特别是随着计划生育政策的实施和医疗卫生健康条件的逐步改善，各城市的人口自然增长率（出生率和死亡率）普遍较低[③]，第六次人口普查数据显示，中国人口自然增长率仅为 0.57%，远远低于 20 世纪 90 年代。因此，城市人口规模变化主要由城市间人口迁移来决定。人口迁移直接导致各

---

① "推—拉作用"广泛应用于解释工业创新、人口迁移等理论之中，人口推拉理论（psuh-pull theory）则是在 1959 年由 Bogue 提出，他将人口迁移的结果视为迁出地（原乡）推力及迁入地（他乡）拉力相互作用的结果。"拉"力体现为迁入地的区位优势（如经济收入、居留成本、生活环境等）对人口流动具有引导作用，成为迁移方向选择的重要依据，而"推"力则是迁出区的经济社会成本的推动作用。

② 王跃生：《中国当代人口迁移政策演变考察：立足于 20 世纪 50—90 年代》，《中国人民大学学报》2013 年第 5 期。

③ 彭浩然、孟醒：《中国人口出生率下降与经济发展》，《统计研究》2014 年第 9 期。

规模等级的城市数量及城市规模变化，从而影响整个城市体系等级规模结构和空间格局的变化。

城市体系作为一国或一地区各种规模、类型城市的空间分布结构的有机整体，是整个国家经济社会发展的重要空间依托。城市体系的城市间不仅仅是由城市等级体系及城市规模分布等已有研究所揭示的那样，只存在竞争及等级关系，更重要的是存在合作与相互关联的网络互补关系。现实中，城市体系中的每个城市均为经济活动在空间内集聚扩散而形成的网络节点，已有研究往往忽略了这一重要事实。

从人口迁移的视角来看，城市体系中的所有城市通过相互间的人口迁移联结成一个网络，通过这种空间联系将地域上分散的城市整合成一体。本研究通过对区域经济学、城市地理学领域密切相关的重要研究问题——人口迁移和城市体系的二者关联探索，辅以人口学和城市经济学、新经济地理学的相关理论，全面深入展示二者之间的相互作用机制及共同演化机理。就学科意义而言，有助于扩展区域经济学学科的研究视野，深化区域经济学的研究主题；就现实价值而言，有助于完整再现人口迁移对城市化空间格局的影响，为现实政策制定提供智力支持。

第一节　选题及其意义

一　研究背景

(一) 人口迁移：中国城市化研究的新核心

诺贝尔奖得主斯蒂格利茨曾经说过：21 世纪人类最大的两件事情，一是高科技带来的产业革命，另一则是中国的城市化问题。中国城市化问题，不仅是党和政府政策实践中的关切点，亦是研究者关注的焦点所在。众所周知，中国目前正处在快速城市化阶段，根据《中国统计年鉴》的数据，从 1978 年到 2017 年，中国城镇人口从 1.72 亿人增加到 8.13 亿人，城镇化率从 17.92% 提升到 58.52%。

中国的城市化首先表现为人口城市化，而中国目前的城镇人口增长除了自然增长以外，主要来源于农村人口向城镇的迁移，"候鸟型"流动人口与"定居型"流动人口将长期并存。据《中国流动人口发展报告2011》预测，2020年中国城镇人口将超过8亿，未来10年累计将有1亿以上农村人口向城市转移。

人口迁移作为中国城市化研究中的重要问题，日益受到国内外学者的密切关注。迁徙权利，是人类的基本权利之一。虽然中国传统有着"安土重迁"的习俗认知，然而不可否认的是，轰轰烈烈的人口迁移就发生在当下。全国主要迁入省份集中在东部沿海地区（尤其是三大城市群），迁出省份则为邻近主要迁入地的中部和西南部省份。第五次和第六次全国人口普查间，净迁入地的人口迁入量和净迁出地的人口迁出量均普遍增加，即全国省际人口迁移规模是大幅增加的，珠三角仍为具有全国性影响的第一大人口迁入地，长三角和京津冀地区也逐渐崛起。

近十年来中国人口迁移情况主要呈现出以下四个特征：

1. 从户籍流动方向来看，体现为农村人口大量流入城镇。

根据国家统计局发布的数据显示，2013年末，中国大陆总人口136072万人，其中城镇人口73111万人，比上年末增加1929万人；乡村人口62961万人，比上年末减少1261万人；城镇人口占总人口比重达到53.73%，比上年末提高1.16个百分点。

从1994年到2013年的二十年间，中国城镇人口占总人口比例不断攀升，从1994年的28.51%到2013年的53.73%，城镇人口比例共上升25.22个百分点，在2011年，城镇人口比例更是首次突破50%。

2. 从区域流动方向来看，体现为内地经济欠发达地区人口大量流入沿海发达省份。

中国人口数量的区域性变化是：东部地区的人口比重一直在上升，2013年东部地区人口占31个省（区、市）常住人口的38.08%，与2004年相比，东部地区的人口比重上升2.5个百分点。中部、西部、东北地区的比重都在下降，其中西部地区下降幅度最大。据广东省统计局的统计，广东省总人口已超过河南、山东等省，排在全国第

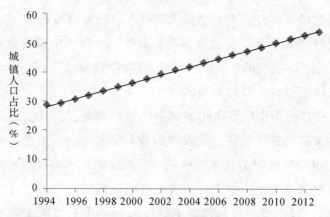

图 1-1　1994—2013 年中国城镇人口占总人口比例

数据来源：《中国统计年鉴 2014》。

一位。截至 2013 年末，广东省常住人口数为 10644 万人，与 2004 年年末人口数（9111 万）相比，人口总计增加 1533 万，增长 16.8%，平均每年增加 153.3 万人。广东作为全国第一人口流动大省，2013 年年末，共有流动人口 3200 万。

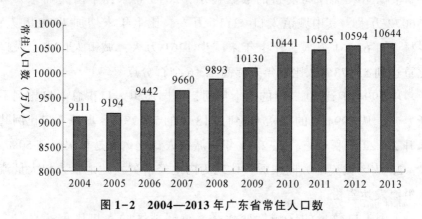

图 1-2　2004—2013 年广东省常住人口数

数据来源：《中国统计年鉴》。

3. 从不同规模城市间流动特征来看，体现为规模越大的城市增加的人口越多。

2014 年 3 月发布的北京人口普查公告显示：截至 2013 年末，全市常住人口 2114.8 万人，比上年末增加 45.5 万人，其中常住外来人口 802.7 万人。与 2002 年年末（1423 万）相比，全市常住人口增加了 691.8 万人，外来人口增加了 416.1 万人，外来人口在常住人口中的比重由 2002 年的 27.1%提高到 2013 年的 38.0%。

截至 2013 年末，上海市常住人口为 2415 万人，与 2002 年年末（1713 万）相比共增加 702 万人。在全市常住人口中，外来人口为 990 万人（2013 年），比 2002 年增加 603 万人，外来人口在常住人口中的比重由 2002 年的 22.6%提高到 2013 年的 41.0%。

4. 从政府政策对人口流动影响来看，体现为户口对人口迁移的约束力越来越弱。

根据 2011 年公布的第六次人口普查数据，在大陆 31 个省、直辖市、自治区的人口中，居住地与户口登记地所在的乡镇街道不一致且离开户口登记地半年以上的人口为 26138.6 万人，其中市辖区内人户分离的人口为 3995.9 万人，不包括市辖区内人户分离的人口为 22142.7 万人。这与第五次全国人口普查相比，居住地与户口登记地所在的乡镇街道不一致且离开户口登记地半年以上的人口增加 11699.5 万人，增长 81%。

（二）城市网络：城市体系研究的新典范

20 世纪最后 20 年间，信息化、全球化和网络化相互影响、作用，催生新的社会经济发展范式，并深刻影响着现代城市、区域的空间组织与发展。全球化使全球经济联系日益密切，促使全球生产网络和全球市场形成，并使更多的地区融入这一网络。城市和区域间的竞争与合作变得空前激烈与频繁。在信息技术革命提供的物质基础上，网络已成为重要的社会经济组织形式，伴随生产活动和组织的全球化，造就了全球经济独特的空间架构形态。

受网络化经济生产体系影响，城市空间发展模式和理念也出现革新：在空间组织上，由传统的、等级性的中心地模式，向多中心（Polycentric）、扁平化（Flattened Hierarchies）、网络型（Networking）模式转变；在空间范式上，由传统的"地方空间"（Space of Places）

向基于网络的"流动空间"（Space of Flows）转变；而在空间增长上，由早期的"城市蔓延"（Urban Sprawl）向强调空间管治的"精明增长"（Smart Growth）转变。新的空间发展模式和理念可以概括为是以多中心、网络化为特征的①。

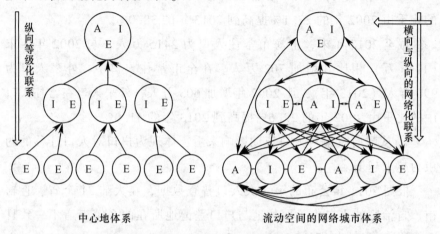

图 1-3　中心地体系与网络体系的城市职能分配和交互模型

目前，受流动空间（围绕人流、物流、资金流、技术流和信息流等要素流动而建立起来的空间）影响下的城市体系是以网络形式组织起来的。由此，本文需要构筑一个城市网络模型来展开相应的分析。假设在一个城市体系里，有大、中、小三种规模等级的城市，同时有基本的、中级的和高级的三种城市职能。在中心地体系里，城市的职能与城市的等级规模呈正相关分布，同等级规模城市之间的横向交流很少，城市体系主要表现为纵向的等级联系。而在流动空间的城市体系中，因为连接性弱化了物理邻近性，关系论更新了区位论，城市职能的空间分布以及城市之间的联系在流动空间体系中发生了变化。小城市也可以拥有中级，甚至是高级职能。城市之间的交互变得复杂，出现了双向的、跳跃中间层级的网络化流动，流动空间作用下的网络城市体系已初见端倪。城市的区位、规模以及固有的城市等级已不能

---

① 李国平、杨军：《网络化大都市：杭州市域空间发展新战略》，中国建筑工业出版社 2009 年版。

完全决定城市职能的空间分布以及城市之间的相互联系（图1-3）。地理上的接近性和城市相对规模的重要性比以往日渐逊色，代之而起的是对各种重要节点的接近、对知识的共同依托、相互作用的程度以及从不同的具有相互作用性质的网络中引发的区域经济发展能力。

传统的中心地体系和流动空间的网络体系之间从主体、制约因素、职能分配、产品与服务、联系、成本到竞争机制都存在很大的差异（表1-1），且网络城市的增长率明显大于中心地城市。

表 1-1　　　　　　　　　中心地与网络城市异同点

项目	中心地体系	流动空间的网络体系
主体	中心	节点
制约因素	受规模限制	不受规模限制，受"集聚"能力限制
职能分配	倾向于首位城市，职能替代竞争	倾向于弹性分配，职能分工与补充
产品与服务	区域间同质性产品与服务	全球一体化下的异质性产品与服务
联系	垂直、单向、等级	垂直与横向、双向、网络
成本	运输成本	信息成本
竞争	依赖成本的价格差异	依赖服务的品质差异

资料来源：沈丽珍、顾朝林：《区域流动空间整合与全球城市网络构建》，《地理科学》2009年第6期。

作为全球经济的组织节点，世界城市不是孤立、零散和抽象的，而是在新的国际分工背景下，按照它们在全球生产过程中的作用与地位的不同而构成的，具有一定经济控制能力和社会经济联系的等级空间网络，即世界城市形成一个具有内在逻辑的全球城市网络体系，是具体的、可量测和可分类的。网络化发展作为新时期的新空间形式已经开始深刻地影响区域空间结构与城市体系的形成与发展，与之相应的，城市网络研究也逐渐取代了传统的城市等级规模研究，成为新时期下城市体系研究的新范式。

人口迁移网络作为城市网络中的一种，能够较好地刻画城市体系网络结构（包括城市中心性及城市间相互联系等），并且直接影响城市体系空间格局与演化。

（三）社会网络分析法：区域与城市问题研究的新方法

社会网络分析（social network analysis）是新经济社会学中研究行

动者相互关系的重要方法，其将世界看作是由网络而不是由群体或个体组成的，认为行动者及其行动是互依的单位，而不是独立自主的实体；从社会关系角度入手进行的社会学解释要比单纯从个体（或者群体）属性角度给出的解释更有说服力，从而开启了社会学研究从属性研究向关系研究的巨大变革。它从微观角度研究个体之间互动的关系及其发展变化过程，主要通过定量指标来描述既定对象之间形成的互动结构关系，既要反映整个网络结构的特征，也要反映个体对象在网络结构中的位置。网络理论把"关系"看成是分析单位，把结构看成是行动者之间的关系模式，这种结构既可以是经济行为结构，也可以是社会政治结构，但其中最重要的问题是这种结构怎样影响以及在多大程度上影响网络成员的行为。社会网络分析建立的两大支柱是：可视化分析与对人、社会、政治、经济的关系测量（图1-4）。

近些年国内学者已经将社会网络分析方法应用在很多研究领域，其中不乏在城市与区域研究方面的应用。随着城市空间的网络化发展，城市之间的联系日益密切，社会网络分析方法可作为城市之间关系的分析工具，且此方法也适用于国家层次或者区域层次城市之间的关系研究。社会网络分析方法为研究城市体系网络结构提供了精致的工具，可以将城市体系网络结构的演化过程变得更加直观清晰，量化测评效果也能更加明显。关于城市体系复杂网络化结构的度量与分析，本研究将借鉴社会网络理论中关于"关系与位置取向"的一系列核心方法（包括网络中心度、密度、社团结构等）来进行刻画。

（四）中国新型城镇化发展：人口迁移和城镇化空间格局再审视

中国当前人口迁移导致各城市人口规模的变化，从而推动城市体系的演化和新城市空间格局的出现，得到了国家和政府的高度重视。《国家新型城镇化规划（2014—2020年）》针对人口迁移，提出了要有序推进农业转移人口市民化：一是实施差别化落户政策，推进符合条件的农业转移人口落户城镇；二是推进农业转移人口享有城镇基本公共服务；三是建立健全农业转移人口市民化推进机制；四是在加快改革户籍制度的同时，创新和完善人口服务和管理制度，逐步消除城乡区域间户籍壁垒，还原户籍的人口登记管理功能，促进人口有序流

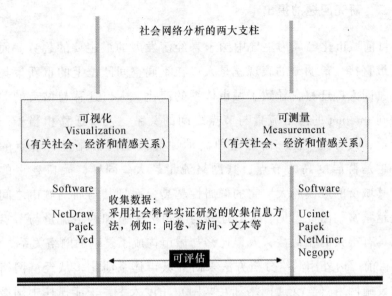

图1-4 社会网络分析的两大支柱

动、合理分布和社会融合。《规划》也提出，在城镇化格局方面要更加优化，在规划期限内"两横三纵"为主体的城镇化战略格局基本形成，城市群集聚经济、人口能力明显增强，东部地区城市群一体化水平和国际竞争力明显提高，中西部地区城市群成为推动区域协调发展的新的重要增长极；城市规模结构更加完善，中心城市辐射带动作用更加突出，中小城市数量增加，小城镇服务功能增强。

本研究从推进国家新型城镇化发展的现实视角出发，分析中国城市人口迁移和城市体系的现状格局，在此基础上探讨人口迁移推动城市体系演化的内在机理，根据构建的理论模型预测未来中国城市体系的发展，从而为国家新型城镇化规划在人口迁移政策和城镇化布局方面提供科学依据和具体政策建议。对城市人口规模空间格局进行预测演绎研究，对于正处于城镇化加速过程中的中国而言，在划定人口集聚区、产业发展轴带、生态环境保育区和设计流动人口吸纳、产业升级转移、环境保护政策方面具有十分重要的意义。

二　研究问题的提出

目前城市化已成为主导中国未来经济发展的最主要的趋势，而城市化最直接、最明显的表现就是人口在不同空间区位上的重新聚集和分布，即人口迁移，导致了城市体系的演化。人口迁移与城市的关系就如同 Internet 的网络流量与节点之间的关系。人口迁移相当于网络的流量，具有流动性，而且这种流动性类似于网络流量与节点的关系。越是群居度高的节点，其网络流量越大。同样，人口越多的城市，其城市的规模越大、它的群居性越高，而且其与周围城市之间的连接越紧密。由此可见，人口迁移与城市的关系和网络流量与节点的关系具有很大的相似性，人口迁移与城市构成了复杂的网络关系。

目前国内外用网络分析方法来研究城市体系演化多从经济网络和基础设施网络（含交通网络和互联网）角度入手，未能抓住中国城市体系演化的本质——人口迁移，而中国的人口迁移研究也多停留在省级层面上；其次，对中国城市人口的预测均以单个城市为研究对象，忽略了城市体系中的城市是通过城市间人口迁移相互紧密联系在一起的，未从城市网络的研究视角来预测城市人口分布变化；此外，基于新经济地理学理论的城市体系模型虽然在传统城市体系模型中加入了空间维度，但仍停留在抽象的两区域（最多十二区域——圆形跑道空间）上，并没有将模型落实到现实地理环境中。

本研究将从中国城市化的本质——人口迁移网络出发，用网络研究方法分析城市人口迁移的空间特性，探讨中国城市体系演化机理，将新经济地理学理论拓展到多区域，引入地理空间异质性，构建空间参考明确、全域均衡、空间单元之间存在明确人口迁移机理的城市体系模型。根据中国各城市间人口迁移来预测中国未来城市体系的演化，即把整个城市体系视作一个通过人口迁移相互联系的网络整体来预测城市人口变化情况，从而为国家新型城镇化规划提供流动人口管理、公共服务改进和城市体系规划方面的政策建议。

人口代表着区域竞争力，目前中国人口红利的结束，带动了城市间新一轮的人口争夺战。本研究将探讨未来人口争夺战的走向，预测哪些城市将在激烈的抢人大战中胜出。提出的具体研究问题如下：

（1）是什么：人口迁移在地级市空间单元上是如何演化的？其对应的城市体系演化规律又是什么？（特征事实基础）

（2）为什么：中国城市体系演化的动力机制是什么？人口迁移网络如何影响中国的城市体系演化？（理论模型）

（3）将会怎样：根据构建的理论模型来预测中国未来城市发展与人口分布。（实证研究）

三 关键概念界定

（1）人口迁移：广义的人口迁移指的是，人口的居住地和工作地同时做跨越某一层次行政区的改变，并且这种改变保持一定的时间长度，这种空间移动称为人口迁移①，其中包括了人口迁移的空间属性和时间属性。中国目前关于人口迁移并没有一个统一的定义，通常将人口空间移动分为伴随户籍改变的人口迁移（狭义）和居住地改变、户籍未改变的人口流动。事实上，全国人口普查资料的人口空间移动数据通常只统计居住地的改变而不统计户籍的改变情况，既包含了狭义上的人口迁移也包含了人口流动。为了简化研究，本研究中人口迁移使用的是广义概念，将狭义上的人口迁移和人口流动都统称为人口迁移，人口居住位置改变所跨越的时间和空间尺度由本书所用到的研究数据决定。

（2）人口迁移网络：这里的人口迁移网络是城市网络中的一种，指的是劳动者及其带眷家属的跨城市迁移，从网络构成来看把迁出城市与迁入城市作为节点、人口迁移量和迁移方向作为连接形成错综交织的网络组织，由于社会网络关系的存在，先迁人口可以为后迁人口提供便利。

（3）城市体系：城市体系是指一定区域或国家范围内，由不同规模等级、不同职能类型、不同空间布局的城市，在相互联系、相互依存中结成的具有一定结构和功能的有机整体。其研究主要包括城市规

① 张善余：《人口地理学概论》，华东师范大学出版社 2004 年版。

模结构（亦称规模等级结构）、职能结构和空间结构三个方面。其中，城市空间结构是城市职能结构和规模结构在区域内空间组合的表现形式和结果，因而它的特征还要取决于这两种结构。城市是区域经济的骨架，是带动区域经济增长的有效载体。城市体系中的各城市，它们相互影响、相互制约，这种影响或制约最终会促进或阻碍城市及其所在区域的发展。一个结构合理的城市体系，不同等级规模的城市能相互依存、相互补充，形成一条动态、高效、经济的城市链，使得各城市都取得最佳的规模经济效益。反之，城市体系结构不合理，城市系统状态无序，就会极大地削减城市体系的集约经济效能。具体来说，中国城市体系包括了不同规模等级的所有空间单元（超大城市、特大城市、大城市、中等城市、小城市、小城镇等），在行政等级上则包括了直辖市、副省级城市、省会城市、普通地级市、县级市等。由于资料有限，为了简化研究，本书只取城市体系的一个横截面作为代表——分析地级以上城市（含直辖市、副省级城市、省会城市、普通地级市）人口规模结构的变化。

四　选题意义

（一）理论意义

深化中国人口迁移研究。本研究将借鉴经典人口模型，将中国传统的人口迁移研究从省级空间层面拓展到市级空间层面，分析人口迁移的精细空间模式，深化人口迁移研究。

推进和拓展中国城市网络研究。将网络分析方法引入到中国城市体系演化研究中来，借鉴先进的世界城市网络理论来研究中国城市人口迁移网络，弥补中国城市网络在人口迁移视角上研究的空缺，试图为中国城市网络研究提出更多的新思路和新方法，以推进和拓展中国城市网络研究进程。

全面深入探讨中国城市体系演化机理。对中国城市体系演化机理的研究甚众，但从人口迁移的视角来分析中国城市体系演化的研究则比较缺乏，本研究试图通过分析中国人口迁移网络来解释城市体系的演化机理，从而为中国城市体系演化的理论研究提供借鉴。

基于人口迁移网络构建城市体系演化研究框架。本研究尝试创新性地构建基于人口迁移网络的城市体系演化研究框架，为未来的相关研究提供参考：在理论研究方面，借鉴新的城市网络和人口迁移理论，提出研究的新思路，通过提出假说并加以验证，发现城市体系演化的新机理；在实证研究方面，推动人口迁移和城市网络研究的空间精细化进程，构建中国城市网络指标体系，用网络研究的新方法来分析中国城市体系的空间格局及演化特征。

（二）现实意义

引导人口合理迁移与空间集聚。人口迁移网络的结构优化分析、中国人口迁移的影响机制以及人口迁移的模拟预测结果，可为中国未来人口政策的制定提供科学参考，构建引导人口有序迁移、合理分布的政策机制，以产业发展促进城镇就业，统筹推进户籍、公共服务、社会保障、土地管理等相关制度改革，制定差别化的人口迁移管理政策，构建有利于人口聚集的财税管理体制。

促进中国城市网络的可持续发展。通过研究中国城市体系的网络化特征和网络演化机理，可从城市网络研究理论和中国城市体系发展的实际情况出发，为有效促进中国城市网络化健康发展、培育重要的网络节点城市以带动区域发展提出有效的政策建议。

为中国城市体系优化提出政策建议。本研究对中国城市体系演化机理的深入剖析和对中国城市体系演化所作的预测，对构建合理的中国城镇化格局、推动新型城镇化进程具有重要的政策意义。

提高中国城市治理效率。中国的城市具有明确的行政级别，城市之间存在严格的纵向等级，这给城市之间合作治理造成了诸多障碍。从网络的视角出发，淡化城市行政级别和行政归属的影响，采取城市网络治理的方式来应对中国城镇密集地区区域治理的挑战，将有助于治理效率的提升。

第二节 研究内容及文章结构安排

文章的章节安排如下：

　　第一章为绪论，阐明本书的研究意义与时代背景，引入研究问题与研究内容，构建研究方案、技术路线、研究框架等，并确定研究方法与数据来源。

　　第二章为文献综述，对现有的相关研究成果进行评述，重点梳理人口迁移和城市体系理论研究现状，大致判断人口迁移和城市体系的主要影响因素，并综述研究中所要用到的其他研究方法——城市网络研究方法、空间分析方法等，提出人口迁移和城市体系的集成模型研究框架，为下文研究打下理论基础。

　　第三章为理论模型构建基础，根据上一章对相关文献的梳理，将人口迁移视作城市体系的重要且唯一的影响因素，先分析人口迁移与城市体系的相关关系，然后用社会网络分析方法总结中国城市人口迁移网络特征，提出人口迁移影响机制并用计量分析方法验证，总结各种因素如何通过影响人口迁移最终作用于城市体系演化的，从而为理论模型的构建提供特征事实基础。

　　第四章为理论研究部分，在前面文献综述和特征事实分析的基础上，借鉴新经济地理学的 CP 模型，引入人口迁移影响因素构建基于人口迁移的多区域人口分布模型，提出若干理论假设，通过数值模拟验证模型的集聚和分散机制后，在模型中加入城市等级体系的构建，从而完成基于人口迁移的城市体系演化理论模型构建。

　　第五章根据理论模型进行真实城市体系模拟，与中国现实城市体系和人口迁移特征作比较，计算模型拟合精度，从而验证理论模型的可信度；模型通过检验后，用理论模型在不同城市化情景下预测未来中国城市空间格局，分析中国城市体系的未来演变趋势，为中国新型城镇化发展提供政策建议。

　　第六章则是研究的总结与展望部分，总结整个研究得到的主要结论，并在此基础上对今后的可能研究方向展开初步的讨论。

第三节 研究方法

一 技术路线

本书将理论研究和实证分析相结合，通过相关文献的梳理和多种研究方法的运用，分析中国人口迁移的空间格局变动与其所导致的城市体系演变规律，并在此基础上构建理论模型，模拟和预测中国城市体系演化，为合理引导城市间人口迁移和优化城市化空间格局提供决策参考。具体技术路线如图 1-5 所示。

二 主要研究手段

一是文献调查法。重点梳理城市体系演化模型、人口迁移理论模型两大块文献，整理相关理论基础，并根据本研究需求找到合适的基准理论模型；通过对城市网络研究和城市模拟等研究方法的综述，充实本书的研究指标和分析方法，从而构建基于人口迁移网络的城市体系演化综合研究框架。

二是空间分析方法。人口迁移和城市体系结构研究都离不开空间维度的分析，用 ArcGIS 软件可视化表达人口迁移和城市体系的空间演化特征，以及相关影响因素的空间分布特征，从而为理论模型的构建和城市体系演化预测提供特征事实基础。

三是社会网络分析方法。用网络分析的方法来研究城市人口迁移网络，用两两地级单元间的人口迁移数据构建网络，测度各种网络中心性和中心性分布、网络平均路径长度和聚类系数，分析网络结构并基于人口迁移网络做城市聚类分析，为理论模型的构建提供人口迁移的网络特征。

四是计量经济分析方法。根据文献梳理提出人口迁移影响城市体系演化的动力机制后，收集人口迁移数据和相关的社会经济数据，通过实证研究分析人口迁移的影响因素，以验证影响机制的合理性。

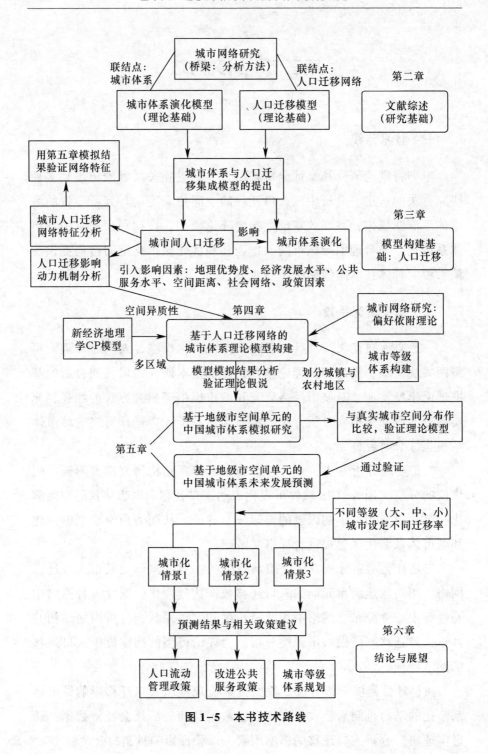

图 1-5　本书技术路线

五是理论建模和模拟方法。在新经济地理学模型的基础上，综合人口迁移、城市体系和城市网络研究的相关理论，并考虑到中国的实际情况，构建基于人口迁移网络的城市体系演化理论模型，用理论模型来模拟现实城市体系分布，与实际数据作比较，模型精度通过检验后，在不同城市化情景下预测未来城市体系演化。

三　主要应用软件

ArcGIS：ArcGIS 集空间数据的采集、管理、显示、制图、综合分析功能于一体，可进行地统计分析、空间分析、空间统计、网络分析等。本书主要用于进行人口迁移空间格局、人口迁移流分布及城市规模空间分布的可视化展示，并和 Python 结合在一起进行城市体系模拟和预测，对空间数据进行预处理和最终结果展示。

Ucinet：Ucinet 是一款网络分析软件，功能包括关系网络数据的输入、处理、可视化表达、中心性分析、凝聚子群分析、关联性分析和其他统计分析等。本书用于地级市间人口迁移的网络特征分析。

Stata：Stata 是一套提供其使用者数据分析、数据管理以及绘制专业图表的完整及整合性统计软件，功能包括数据的一般分析、相关与回归分析、矩阵运算等。本书用于进行人口迁移影响因素的计量分析。

Matlab：Matlab 是三大数学软件之一，其主要用途包括：矩阵运算、绘制函数和数据、实现算法、创建用户界面、连接其他编程语言的程序等。本书主要用于进行相关方程组的构建与计算、两区域和十二区域模型分析等。

Python：Python 是一种面向对象、解释型计算机程序设计语言，语法简洁而清晰，具有丰富和强大的类库。本书主要用于城市体系模拟和预测的具体编程实现。

四　数据来源

第四次（1990 年）、第五次（2000 年）、第六次（2010 年）全国人口普查资料，1995 年和 2005 年全国 1%人口抽样数据，《中国统计年鉴》、《中国城市统计年鉴》及各省统计年鉴对应年份的相关经济社会数据，涉及的数据包括省级和地级市两个空间层面。

第四节　主要创新点

（1）本研究将精细化地理空间、城市等级体系引入新经济地理学模型，将新经济地理学模型从一维线性空间拓展到二维平面空间，从两区域拓展到多区域，丰富了空间经济学和城市体系的结合。

（2）以往对城市人口的预测研究多以单个城市为研究对象，本研究构建了考虑所有城市空间单元以及城市间人口迁移联系在内的全域空间网络模型，并结合人口迁移理论和中国实际国情得到中国人口迁移的重要影响因素，将其引入模型，以深化新经济地理学模型的人口迁移机制，并将中国人口迁移研究的空间尺度从省级层面拓展到城市层面。

（3）根据城市网络研究理论和方法，对城市化的核心——人口迁移网络进行探讨，引入网络研究理论来拓展本研究的理论模型，丰富和拓展现有城市网络研究内容。

（4）基于新经济地理学理论中的城市体系演化模型（即 Krugman（1993）跑道经济模型），构建人口迁移和城市体系的综合性研究框架，深化中国城市化理论研究。

（5）本研究根据改进后的 NEG 城市体系模型来开展系统性的尝试，在不同城市化情景下模拟和预测中国真实城市体系的演化，以推进新经济地理学理论的实证研究发展。

第二章

文 献 综 述

人口迁移与城市体系演化密切相关，单方面独立研究汗牛充栋，但将二者结合起来进行研究却缺乏较系统的研究框架。本书试图构建人口迁移和城市体系综合研究框架，因此本章将从城市体系研究、人口迁移研究和二者综合研究三个方面来综述现有研究成果。城市体系研究和人口迁移研究的重点均放在对经典理论模型的梳理和评述，从而为后文模型构建提供理论基础；二者综合研究部分则主要介绍城市网络研究理论和方法，以及如何将网络模型引入基于人口迁移的城市体系模型构建。

第一节　城市体系演化理论研究综述

国内外解释城市体系结构和演化特征的理论成果非常丰富，按研究需要，本书将城市体系演化模型分成两大类，一类是新经济地理学理论中的城市体系演化模型，另外一类则为非新经济地理学的城市体系演化模型，多为经典城市体系模型。下文对此进行详述。

一　非 NEG 的经典城市体系演化模型

(一) 中心地理论

中心地理论 (Central Place Theory) 是由克里斯塔勒 (Christaller) 在 1933 年提出的[①]，廖什 (Losch) 在 1940 年进一步发展了这一理

---

① Christaller W. *Central Places in Southern Germany*, Englewood Cliffs: Prentice - Hall, 1933.

论，其主要用来解释区域内的城市数量、规模和范围①。中心地理论的基础是市场区分析，认为城市的规模取决于城市所提供的商品或服务的规模经济程度。由于不同产业的规模经济和人均需求不同，市场区规模也不同，因此不同产业有不同的区位模式。中心地理论解释了这些不同产业的区位模式是如何形成区域城市体系的问题。中心地理论指出：不同规模城市的存在，产生城市的等级系统；城市越大，它所提供的产品和服务的类别越多；每个城市从等级较高的城市进口产品，向等级较低的城市出口产品。

最早对中心地理论进行经济基础改进的是 Eaton & Lipsey （1982）开发的中心地理论空间竞争模型②，Quinzii & Thisse （1990）使用了同样的方法来证明中心地结构是社会最优的③。值得一提的是 Hsu （2008）在一个空间模型中用中心地理论解释了齐普夫定律，该空间模型中不同规模的城市在整个经济体中发挥不同的职能，即服从中心地理论④。

虽然中心地理论尚存在不足之处，如中心地理论只能解释零售业服务业等的空间分布，而不能对工业主导城市的规模分布给出完全的解释；但其显著的优点是为实际的城市规模分布提供了充分理论解释，比城市系统理论更具说服力，其提出的预测可被实证研究所验证⑤，而城市系统理论只能独立存在。总的来说，中心地理论缺乏完整的经济学微观逻辑，作为经济学模型难以令人满意。

（二）城市最优规模理论

Henderson （1974）的城市规模分布演化模型是城市经济学中的

① LoschA. *The Economics of Location*，translated by W. Woglom （1956），Yale University Press，1940.

② Eaton，B. C.，Lipsey，R. G.，" An economic theory of central places" *The Economic Journal*，92 （365），1982，pp. 56-72.

③ Quinzii M，Thisse J F.，" On the optimality of central places" *Econometrica*：*Journal of the E-conometric Society*，58 （5），1990，pp. 1101-1119.

④ Hsu W T.，" Central Place Theory and Zipf's Law"，Working paper，University of Minnesota，2008.

⑤ BerryB. J. L. *Geography of Market Areas and Retail Distribution*，Englewood Cliff：Prentice-Hall，1967.

经典模型[1]。Henderson 综合了 Alonso（1964）[2]、Mills（1967）[3] 和
Muth（1969）[4] 的城市内部结构模型和 Marshall（1890）的外部性理
论[5]，解释了经济活动在城市的集中以及城市规模体系的形成。由于
该类研究主要通过考察城市最优规模来考察城市体系，因此也被称为
城市最优规模理论。他的研究，通过特殊的生产函数设定，将地方化
经济效应纳入模型框架之中，作为城市重要的集聚力量考虑。地方化
集聚经济效应通过以下生产函数予以体现：

$$X_1^{1-\rho_1} = L_1^{\alpha_1} K_1^{\beta_1} N_1^{\delta_1} \tag{2-1}$$

$$\alpha_1 + \beta_1 + \delta_1 = 1, 0 \leqslant \rho_1 \leqslant 1 \tag{2-2}$$

其中，L_1，K_1 和 N_1 分别表示场地投入、资本投入和劳动投入。ρ_1
是衡量外部规模经济的指标，$0 \leqslant \rho_1 \leqslant 1$ 意味着 $(\alpha_1+\beta_1+\delta_1)/(1-\rho_1) \geqslant 1$，
即存在正的外部规模经济，显然，从模型的假设可以看出，外部规模
经济仅限于 X_1 产业内部，即仅考虑地方化经济效应。在模型当中，
这一正的外部规模经济是导致经济活动集聚的重要力量。除正的外部
规模经济之外，模型还设定了经济中存在外部规模不经济效应，城市
在外部规模经济（城市内特定产业的空间集聚）和外部不经济（城市
的规模）两种效应的作用下，最终会形成均衡的城市规模。

该模型指出，城市的规模分布并不是一种自然事件，它是与产出
和生产条件的区域组合直接联系在一起的，从而将各城市规模作为受
城市功能影响所产生的经济变量。将城市内部通勤成本和地租作为城
市分散力量考虑，城市内部地方化经济效应则作为城市集聚力量考
虑，两者之间的权衡形成了不同类型城市的最优规模并进而决定了不
同类型城市的数量，因而可以考察城市体系的规模结构。但是该体系

① Henderson J. V., "The Types and Size of Cities" *American Economic Review*, 64（4），1974, pp. 640-656.

② Alonso W., *Location and Land Use*. Harvard University Press, 1964.

③ Mills E S., "An aggregative model of resource allocation in a metropolitan area" *The American Economic Review*, 57（2），1967, pp. 197-210.

④ Muth R., *Cities and Housing, Chicago*：University of Chicago Press, 1969.

⑤ Marshall A., *Principles of Economics*, London：Macmillan, 1890.

无法处理城市空间分布及相互间空间作用关系等空间问题，因此被视为无空间（Aspatial）城市体系模型。

（三）城市增长模型

城市增长理论在一定程度上也可以解释城市体系的规模结构特征，因此本部分也对其研究进展进行综述，主要包括随机增长模型和内生增长模型两大类。

随机增长理论的代表是西蒙（Simon，1955）的研究，采用非传统的城市系统研究路径，对城市的规模等级分布进行了阐释，并提出了随机增长模型[1]。Simon 假设城市人口是由离散增量或者说块状体（lumps）增长而来的。一个新块状以一定的概率 P 形成新城市；或者，块状体以一定概率（该概率与现有城市的人口成比例）加入某一现有城市，从而使现有城市扩张。该过程的极限分布符合幂次定律，但齐普夫定律只作为特例才出现。Simon 模型作出的贡献有（Krugman，1996b）：一是在数值上很好地预测了齐普夫定律；二是创新性地指出决定幂律的参数是形成新城市的概率；三是对幂律中指数等于 1 做出了这样的解释——当城市人口的增量依附于原有城市而不形成新城市时，指数就等于1[2]。当然，Simon 模型也存在着如下问题（Duranton，2006）：只用人口变化来解释城市增长，没能对城市增长驱动力做出较好的经济解释；在演化过程的极限情况下推出的齐普夫定律不能很好地收敛，并要求城市数量是无限增加的且与城市人口增长速度一样快，这显然是不现实的；另外，该模型中的城市表示的只是一个集聚单元，完全可以用其他空间单元来表示（如区域、国家等），这就失去了齐普夫定律中城市的重要特征[3]。

①　Simon H.，"On a Class of Skew Distribution Functions" *Biometrika*，44，1955，pp. 425–440.

②　Krugman P.，"Confronting the Mystery of Urban Hierarchy" *Journal of the Japanese and the International Economies*，10（4），1996b，pp. 399–418.

③　Duranton G.，"Some foundations for Zipf's law：product proliferation and local spillovers" *Regional science and urban Economics*，36（4），2006，pp. 542–563.

城市内生增长模型主要有 Black & Henderson （1999）①，Duranton（2002，2006，2007）②③④，Glaeser et al（1995，2008）的研究⑤⑥。

Black & Henderson （1999） 考虑了城市内和城市间的人力资本溢出效应，主要关注城市形成问题，以及城市内生增长对城市规模、数量以及人力资本水平的影响⑦。Duranton（2002，2006，2007）在城市框架中引入了 Grossman & Helpman（1991）的质量阶梯增长模型⑧，指出创新驱动的冲击为城市的增长和衰退提供了基础，即产业层面的小冲击累积也能影响城市演化，为城市规模变动性提供了较合理的解释，并从企业发展的经济决策出发来描述城市规模分布，模型中产品多样性的创新及本地知识溢出（生产地靠近研发地）共同作用的结果可以作为随机增长模型的理论基础⑨⑩⑪。

---

① Black D, Henderson V., "A theory of urban growth" *Journal of political economy*, 107 (2), 1999, pp. 252-284.

② Duranton G., "Some foundations for Zipf's law: product proliferation and local spillovers" *Regional science and urban Economics*, 36 (4), 2006, pp. 542-563.

③ Duranton G., "City size distributions as a consequence of the growth process" *Cepr Discussion Papers*, 1 (6), 2002, pp. 477-501.

④ Duranton G., "Urban evolutions: The fast, the slow, and the still" *The American Economic Review*, 97 (1), 2007, pp. 197-221.

⑤ Glaeser E L, Scheinkman J A, Shleifer A., "Economic growth in a cross-section of cities" *Journal of monetary economics*, 36 (1), 1995, pp. 117-143.

⑥ Glaeser E L, Kahn M E, Rappaport J., "Why do the poor live in cities? The role of public transportation" *Journal of urban Economics*, 63 (1), 2008, pp. 1-24.

⑦ Black D, Henderson V., "A theory of urban growth" *Journal of political economy*, 107 (2), 1999, pp. 252-284.

⑧ Grossman G M, Helpman E., "Quality ladders in the theory of growth" *The Review of Economic Studies*, 58 (1), 1991, pp. 43-61.

⑨ Duranton G., "City size distributions as a consequence of the growth process" *Cepr Discussion Papers*, 1 (6), 2002, *pp.* 477-501.

⑩ Duranton G., "Some foundations for Zipf's law: product proliferation and local spi-llovers" *Regional science and urban Economics*, 36 (4), 2006, pp. 542-563.

⑪ Duranton G., "Urban evolutions: The fast, the slow, and the still" *The American Economic Review*, 97 (1), 2007, pp. 197-221.

Glaeser 的城市增长理论模型将传统的生产函数和个人效用最大化相结合，推导严密，适用性较强，在国内外城市增长研究领域受到了广泛应用。Glaeser et al.（1995）在研究分析 1960—1990 年美国城市增长的特征因素时首次提出了初始理论模型框架：城市是共享劳动力和资本的独立经济体，城市增长的差异取决于可在城市间自由移动的劳动力和资本条件下城市的生产率和生活质量，其中生活质量受到犯罪率、房价和交通拥堵程度的影响；劳动者在一个城市的总效用由该城市产出水平、劳动者数量和城市生活质量所决定；还分析了通过城市生产率和生活质量影响城市增长的各种城市特征因素①。Glaeser & Shapiro（2003）基于该模型，采用城市人口数量的增长来反映城市增长，这一次个体效用和资本回报率被同时纳入跨城市的空间均衡中，劳动者在一个城市的效用由城市层面消费类宜居属性（如公共品供给）、城市工资水平、城市价格水平共同决定，同样建立起城市具体影响因素与城市增长之间的函数关系②。

二　NEG 的城市体系演化模型

20 世纪 90 年代美国学者克鲁格曼推出一组空间区位模型，包括"核心—边缘"模型、城市体系模型以及国际贸易模型，解释地理空间上何以存在大量集聚体的微观机理。新经济地理学在城市中的应用是关注当城市规模和数量内生决定时，新城市的出现、城市系统形成的过程以及聚集的成本和收益。构建于新经济地理理论（NEG）基础上的城市体系演化模型将空间因素重新纳入城市体系演化理论中，有效解决了之前的城市体系演化模型缺乏空间维度及微观经济基础的问题。该研究肇始于 Fujita & Krugman（1995）对于"杜能"空间经济

---

① Glaeser E L, Scheinkman J A, Shleifer A., "Economic growth in a cross-section of cities" *Journal of monetary economics*, 36 (1), 1995, pp. 117-143.

② Glaeser E L, Shapiro J M., "Urban growth in the 1990s: Is city living back?" *Journal of regional science*, 43 (1), 2003, pp. 139-165.

框架中单中心城市形成机制的建模①，随后，Fujita & Mori（1997）逐步推进了这一框架下城市系统的构建②，最后 Fujita 等（1999）完成创建。此后，Tabuchi & Thisse（2011）对此进行了必要的补充：考察了新经济地理学最重要的因素——运输成本连续变动中等级城市系统的演化进程。与 Fujita 等（1999）约束运输成本，强调人口增长的情境不同③，该研究固定了人口变动因素，聚焦于运输成本变动的影响④。城市体系背后的基本集聚机制与新经济地理学基本模型相同，由消费者多样性偏好、地区间运输成本和厂商内部规模经济共同组成，体现在本地市场效应和价格指数效应上。

（一）模型基本框架

杜能（1826）的《孤立国》奠定了土地利用理论的基础。然而，有一个基本的问题没有得到解决：为什么所有的工业产品都只由孤立国的单一城市来生产？由于并没有研究在一般均衡模型的框架下为这个问题提供系统的回答，Fujita & Krugman（1995）提出了一个"孤立国"的垄断竞争模型，并分析了在什么情况下所有工业产品都会由单一城市来生产。这个问题的解将会为孤立国中不止存在一个城市提供条件，因此这个模型可以发展成关于城市体系的一般均衡模型。

在下面的垄断竞争模型中，制造业企业在孤立国的一个城市中集中的基本机制如下所示：假设存在一个一维的无限经济空间 X，土地是均质的。该经济空间有一个农业部门和 H 种不同类型的工业产业。农业部门为消费者提供单一的均质产品，工业产业为消费者提供连续的差别化产品。农业生产需要投入土地和劳动力，因此在空间上是分

---

① Fujita M, Krugman P., "When is the economy monocentric? Von Thünen and Chamberlin unified" *Regional Science and Urban Economics*, 25（4），1995, pp. 505–528.

② Fujita M, Mori T., "Structural stability and evolution of urban systems" *Regional Science and Urban Economics*, 27（4），1997, pp. 399–442.

③ Fujita M, Krugman P, Mori T., "On the evolution of hierarchical urban systems" *European Economic Review*, 43（2），1999, pp. 209–251.

④ Tabuchi T, Thisse J F., "A new economic geography model of central places" *Journal of Urban Economics*, 69（2），2011, pp. 240–252.

散分布的。而工业产品的生产是在规模报酬递增的技术条件下进行的，只需要投入劳动力，假设在每个时间点，工业产业集中分布在数量有限的几个区位，将其称为"城市"（城市的数量和位置是由演化过程内生决定的）。同时假设每单位农产品的运输成本存在"冰山"效应（由农业生产的一单位农产品在从 $r \in X$ 的地方运输到 $s \in X$ 的地方，只有 $e^{-\tau^A|s-r|}$ $[e^{-\tau^A|s-r|}]$ 产品到达了，其余部分都在途中"融化"掉了）。工人（也就是消费者）是均质的，每个工人都消费均质农产品和多样化的工业产品。在一个给定的时间点，假设经济空间有 N 个均质的工人（消费者），他们可以自由选择在哪个区位/城市和部门/产业来工作。

由于产品专业化中规模经济的存在，每种类型的工业品由单一的企业来生产（劳动力为唯一生产投入），产品的离岸价格由该企业垄断决定。在这样的情况下，如果很多种工业品都在一个城市中生产，则由于产品多样化程度较高，使得与边远地区相比，城市中所卖产品价格较低。因此，给定名义工资，由于产品多样性存在，城市中工人的实际工资也会增加，从而导致了更多的工人迁往城市。城市工人（消费者）数量的增加又反过来为城市工业品的生产创造了大量的需求，从而支撑了大批专业制造公司的发展。企业和工人通过前向联系（多种消费品的供应增加了工人的实际收入）和后向联系（大量消费者支撑了大批专业化企业的发展）形成空间集聚的循环因果关系。换句话说，通过前向和后向联系，企业层面的规模经济被转化成城市层面的规模报酬递增。

一个较大的城市需要有较大的农业腹地，因此农产品运往城市的距离会更远，导致空间集聚的不经济。如果由工业品生产和消费的规模经济所产生的空间集聚力强到足以超过农业腹地扩张的负面效应，则孤立国只会有一个城市。当然，所有工业企业都聚集在一个城市中并不是必要的。例如，如果各种工业产品是相互替代的，或者其运输费用较高，一些企业搬离原来的城市，主要为边缘农村地区的农民提供产品，所赚的利润会更高。在这种情况下，孤立国就会有多个城市。

（二）Krugman 跑道经济模型及其改进

一个区域有两个部门，完全竞争、规模报酬不变、产品同质性的农业部门（要素不可流动），不完全竞争、规模报酬递增、产品多样性的工业部门（要素可自由流动）；运输成本的存在使得生产者布局趋向于空间集中，而企业间的相互竞争又产生离心力，交通可达性一致，商品运费仅与运输距离有关；自然条件和资源相同且均质分布，不存在任何地理优势。按照这些假设，Krugman（1993）构造了一个有 12 个地区的跑道，商品仅能沿跑道运输①。在如此"环形"空间上，当制造业支出份额够大，或者产品替代弹性较高，或者运输成本够低时，原先均匀（或随机）分布的地区发生裂变，一些具有微弱初始优势的区位，因自我强化而不断扩大其人口规模，最终演化为城市。换言之，在规模经济、要素流动和运输成本的共同作用下，无论经济活动最初如何分布，城市总出现在两个对称的区位。

该模型可称为"中心地自组织"模型，以 Krugman 的跑道经济体、Fujita 等人的直线国家经济体为代表②，重点在于通过微观经济主体的自组织呈现出有规律的城市等级体系。Krugman 首先用一个 12 区域的跑道经济模型推导出中心地系统的自组织属性；然后借用 Turing 的生物形态学理论，提出了一种所谓城市进化的方法来推导城市体系的演变，并进一步用解析的方法证明了这一结果。

Stelder（2005）在 Krugman 跑道经济模型基础上，引入地理空间构造：按一定的纵横坐标间距和统一的坐标原点，对地球表面划分而生成一个地理格网，以替代"环形"空间假设；将格网单元的中心点视为潜在城市区位（即地区），连接每一格网单元的中心点，以"八邻"方式构建地区间的交通网络；商品运输仅限于构造的交通网络上，并采用 Floyd 最短路径算法，计算两地间的运输距离。对制造业

① Krugman P., "On the number and location of cities" *European Economic Review*, 37（2）, 1993, pp. 293-298.

② Fujita M, Krugman P, Mori T., "On the evolution of hierarchical urban systems" *European Economic Review*, 43（2）, 1999, pp. 209-251.

支出份额 δ、产品替代弹性 ε 和运输成本τ这三个参数设置不同的值来模拟欧洲城市体系演化[①]。

葛莹等（2013）在 Stelder 模型的基础上，纳入了地理空间异质性，根据水系、交通、地形、经济环境等几方面综合计算各个格网点的地理优势度，从而模拟浙江省城市体系演化[②]。

（三）Fujita & Krugman（1999）城市体系模型

藤田、克鲁格曼和维纳布尔斯（1999）利用了一个两部门、两产品、两要素的模型，探讨了新城市是如何随着人口规模的增加而出现的，主要分析具有不同制造业部门（运输成本、替代弹性或者二者都不同）的经济系统如何演化为一个具有等级系统的城市体系，其中高等级城市行业数量多，低等级城市行业数量少[③]。模型的基本思路是：城市的存在并得以维持的原因是存在聚集经济，因此如果原有城市的聚集经济效应足够强以至城市内部的企业能够获得比其他区位更高的实际收入，则任何厂商不会向城市外区位转移，即原有城市是稳定的；相反，如果城市的实际收入水平低于其他区位的实际收入水平，则企业和工人将向城市外区位转移，原有城市是不稳定的，将形成新的城市。

该模型引入了一个重要概念：潜能函数，它表示为 $\Omega(r) = \omega^M(r)^\sigma / \omega^A(r)^\sigma$（ $\omega^A(r) = \omega^M(0)$ ），根据均等条件，各地农民的实际工资等于城市制造业工人的实际工资水平，也就是中心城市之外的任何区位之上，零利润厂商愿意提供给工人的实际工资与中心城市的制造业工人工资之比。在单一核心经济中，如果零利润厂商在城市以外的区位上，不能给工人提供高于城市的工资，那么单一核心结构是稳定的；如果厂商在城市以外的区位上能够提供高于城市的工资，则单一

① Stelder D., "Where Do Cities Form? A Geographical Agglomera-tion Model for Europe" *Journal of Regional Science*, 45（4），2005, pp.657-679.

② 葛莹、朱国慧、吴野：《地理环境下的克鲁格曼式城市体系模拟分析》，《地理科学》2013 年第 3 期。

③ Fujita M, Krugman P R, Venables A J., *The spatial economy*: *cities*, *regions and interna-tional trade*: Cambridge, MA: MIT Press, 1999.

核心均衡将会被打破。当人口规模达到临界水平时，在临界距离处，潜能函数值达到 1，厂商和工人会向此迁移，新的城市有可能在此产生，单一核心结构被破坏。

该单中心体系的三种产业潜能曲线随着人口规模的不断扩大向上移，达到临界值后产生新的侧翼城市，使空间体系维持稳定均衡状态，每个侧翼城市都会不断地向外移动，直至其能自我维持下去为止。侧翼城市只有拥有足够大的规模，进而拥有足够大的锁定效应，才能使城市维持在原有区位上。产业 1 的潜能曲线先达到 1，即先形成低等城市（仅包括产业 1），当人口达到某一规模时产业 2 的潜能曲线才达到 1，形成中等城市（其中包括产业 1 和产业 2）。随着人口规模的不断扩大，新的侧翼城市不断产生，这些新、旧侧翼城市之间经过一系列动态调整，形成较稳定的城市。高等级城市的形成过程是低等级城市进一步升级的过程。整个经济系统不断重复上述变化过程，经过一系列的动态调整过程，最终形成克里斯塔勒型的城市等级体系。

总的来说，本模型引入了基于人口增长的动力源，以驱动城市等级体系动态演化：（1）外在动态源（'Extrinsic' Dynamics）——外生的人口稳步增长进程或一体化的逐步深化；（2）内在动态源（'Intrinsic' Dynamics）——劳动力迁移：劳动力往实际工资更高的地点迁移，导致劳动力空间结构变动，影响经济空间中的实际工资结构，进而影响劳动力迁移决策。该模型存在的主要缺陷在于：该模型中城市体系的演化空间是从单个城市开始的一维线性空间，且主要是模拟随着一个地区人口规模的不断增加，新城市是如何形成的，并不适用于已经形成的城市体系的演化模拟。

（四）基于 NEG 模型改进的延展研究

谢蔓（2003）参考 Hu（2002）的模型[①]，构建了三部门（农业、制造业、中间产品生产部门）和两区域（沿海区域和内地区域，各包

① Hu D., "Trade, rural-urban migration, and regional income disparity in developing countries: a spatial general equilibrium model inspired by the case of China" *Regional Science and Urban Economics*, 32（3）, 2002, pp. 311-338.

含两个城市）的人口有限流动区域差异模型，提出了"有限理性"的"区域人"概念，将劳动力要素分成低技术劳动力和高技术劳动力，对低技术劳动力引入政策限制参数 μL，对高技术劳动力引入空间理性参数 μH，来限制劳动力的空间自由流动[①]。

陈良文（2008）在新经济地理学核心—边缘模型的框架下，引入城市内部空间结构和生产外部规模经济，以新经济地理学模型中的本地市场效应、价格指数效应和生产外部规模经济效应作为集聚力量，以工人的通勤成本和城市内住宅成本作为分散力量，考察两区域框架下经济活动的集聚与分散情况，并考察经济中城市的形成过程和均衡的结果[②]。在此基础上，将模型拓展到多区域（三区域、十二区域）的框架，考察多区域条件下城市体系的规模结构、空间结构，建立起城市体系模型。并进一步放松均质空间的假设，在模型中引入区位条件因素，考察区位条件如何影响城市体系的形成和演化。同时，通过调整模型中参数（如生产外部规模经济、城市内部通勤成本）的取值对模型进行动态分析，考察城市体系的演化特征。

朱妍（2010）在 Fujita & Krugman（1999）城市体系模型[③]的基础上建立一个中心城市的城市化与人口均衡模型，来探讨城市和其辐射的农业区是怎么形成的，哪些因素将影响到城市和乡村人口的构成[④]。在 Fujita & Krugman（1999）模型基础上加入了农村往城市的人口迁移，并加入劳动力有限流动的限制（在实际工资均等化条件中加入参数 k，表示因为制度、信息等成本所造成的乡村劳动力向城市流动的障碍：$w^M = kw^A(r)$，$k > 1$），考察城市化的特定影响因素以及人口流动障碍对城市发展的影响。

① 谢燮：《人口有限流动的区域差异模型：新经济地理学拓展框架》，博士学位论文，北京大学，2003 年。

② 陈良文：《城市体系的集聚经济模型研究》，博士学位论文，北京大学，2008 年。

③ Fujita M，Krugman P，Mori T.，"On the evolution of hierarchical urban systems" *European Economic Review*，43（2），1999，pp. 209-251.

④ 朱妍：《劳动力流动，产业转移与城市发展研究》，博士学位论文，南开大学，2010 年。

三　其他城市化机理模型

单纯的经济学分析框架、演绎的数学模型以及比较静态的分析方法自身存在较大的局限性，基于复杂系统科学方法的非均衡动态分析能够了解不同状态的系统演化结果，更能够清晰地观察到不同状态下的动态过程。

随着复杂系统科学的发展，元胞自动机（CA）、多主体模型（MAS）、人工神经网络（ANN）、遗传算法（GA）、基于 agent 的建模（ABM）等理论和方法逐渐开始应用于社会科学领域，受到城市和区域研究者的重视，用于模拟城市增长和演化。其中最常用的是 CA 和 ABM 建模方法，但 CA 对空间景观的动态拟合可能效果很好，但缺乏对于城市化的机理性解释。ABM 方法抛弃了完美的经济人假设，通过使用某种学习算法来模拟主体的有限理性行为，重视进化和个体适应机制，主张非均衡的发展路径，为个别的决策者建立微观行为模型和学习算法，并且通过观察这些数量众多的微观主体的相互作用来研究宏观上整个区域的城市化过程。目前用复杂系统动力学方法尚未建立起比较完整的模型体系，用于模拟城市各种微观利益主体相互作用和促进的社会、经济、空间行为所导致的城市宏观结构演化过程。国内研究利用 CA 和 ABM 建模方法展开地理过程的动态模拟居多[1]-[5]，如人口时空变化、土地利用类型变化模拟、城市发展模拟、

---

[1]　吴静、王铮：《2000 年来中国人口地理演变的 Agent 模拟分析》，《地理学报》2008 年第 2 期。

[2]　邱荣旭、李山、吴静：《基于 Agent 建模在旅游模拟研究中的回顾与展望》，《地理与地理信息科学》2009 年第 5 期。

[3]　吴巍、周生路、魏也华等：《中心城区城市增长的情景模拟与空间格局演化——以福建省泉州市为例》，《地理研究》2013 年第 11 期。

[4]　梁昊光、刘彦随：《北京市人口时空变化与情景预测研究》，《地理学报》2014 年第 10 期。

[5]　Long Y, Wu K, Mao Q., "Simulating urban expansion in the parcel level for all Chinese cities" Computer Science, 2014.

房产购置模拟、人口移动模拟、地理事件模拟等，对演化机理的探索较少[①]。单独使用复杂系统科学建模方法，缺乏经济基础理论支撑，难以保证主体行为规则的有效性，使模拟研究显得较随意。因此，将经济学理论和方法与基于 agent 的建模（ABM）与模拟结合来拓展城市演化模拟的思路，是目前研究的一个重要方向[②]：如在新经济地理学规模报酬递增和垄断竞争的市场结构中分析推导出不同地区个体效用最大化的消费量和利润最大化的产量，并借此推导出企业工资和价格的决定以及个体的收入情况，从而构建出基于农民和工人 agent 的多区域城市化模型。

第二节　人口迁移理论研究综述

人口迁移是一种复杂的现象，不仅仅因为人口移动空间模式的复杂性，还因为影响两个地区间人口迁移流的规模和构成的因素之多，以及收集的数据的不精确性。尽管可以用普查、社会调查和人口登记的数据来分析迁移的时空变化，目前仍然缺乏能将迁移流和影响因素连接起来的数据，这对解释性分析产生了限制效应。因此，试图解释人口迁移流的学者们面临着如下艰巨的任务：识别出相关的决定因素，并确定哪些解释变量是最重要的。许多研究者接受了这一挑战，从而采用不同的建模和校准方法来测度人口迁移变量和其他影响变量。

人口迁移模型分类：可按研究尺度分为宏观模型与微观模型、按建模方法分为决定性模型与随机性模型、按研究时段分为动态模型与静态模型、按投入变量与产出变量之间的相互关系（单向还是双向）可分为单方程模型与联立方程模型。这里根据研究需要将迁移模型分

---

① 薛领、翁瑾、杨开忠等：《基于自主体（agent）的单中心城市化动态模拟》，《地理研究》2009 年第 4 期。

② 薛领、翁瑾：《基于垄断竞争的大都市商业空间结构动态模拟》，《地理学报》2010 年第 8 期。

为宏观模型和微观模型两类。

宏观模型分析的是在给定研究区域内基于普查数据或统计数据的整个人口或特定社会群体（例如老年人、劳动年龄人口等）的迁移模式。迁出地和迁入地的特征（例如气候、收入、失业率等）作为宏观迁移模型的输入变量，迁移过程变量（例如迁移人数的增加等）作为模型的输出变量。该类模型的主要研究目的：一是迁移过程分析，找出影响迁移的关键因素，例如工资水平及失业率的区域差异对迁移流倾向的影响；二是迁移指数预测，例如预测从一个地区迁往另一个地区的迁移流大小；三是用观测到的相互关系（例如对迁出地不同经济发展状况下迁出人数可能发生的变化进行分析）来模拟迁移过程的变化。

微观迁移模型主要关注的是个体或者家庭的迁移行为，并试图解释潜在移民留在目前的居住地或者迁往其他地区的决策过程。微观迁移模型通常使用的是从普查数据或社会调查中获取得到的个体资料（例如个人特征）。微观迁移模型的输入变量不仅包括了迁入地和迁出地的特征变量，还包括了迁移过程中的迁移个体特征（性别、年龄、受教育程度、职业等）。输出变量可用于描述典型个体（例如遵循研究区域普遍迁移行为模式的个体）的迁移行为或者类似宏观模型的迁移过程集合指数。该类模型的主要研究目的：一是通过对潜在移民（是迁是留？）决策过程的分析，找出影响流动性较大的社会群体决策过程的关键因素；二是分析个体对迁入地（迁往何处？）的选择过程，找出已发生迁移情况下影响迁入地选择的关键因素。

受限于人口迁移数据的可得性，个体迁移行为数据较难获取，构建空间人口迁移流与相关因素之间的关系相对要更普遍些（从普查或登记资料可获得人口迁移集合数据，从不同渠道可以获得相关影响因素的数据）。本书主要研究城市间人口迁移，倾向于宏观层面的机理分析，所以这里只对人口迁移的宏观模型和综合性模型（宏观和微观相结合）进行评述。

一　人口迁移宏观模型

(一)　空间相互作用模型

19 世纪中叶，美国经济学家 K. Kerry 认为人口可以被比作基本粒子的简单系统，其存在和运动遵循物理学定律，社会中人口"粒子"的迁移与聚集的发生是由于各群体间"引力作用"的存在，即人口迁移受到迁入地和迁出地间人口规模大小和两地间距离的影响。

根据迁移模型的特性，空间相互作用模型可被分成引力模型[①]、中介机会模型[②]、基于 Alonso 一般迁移理论的迁移模型[③]。这里只介绍研究中最常用的引力模型。引力模型认为人口的空间移动与 Newton (1687) 的万有引力定律类似，都是由两个地理单元之间的相互作用导致的。

Stewart (1941) 首先提出了空间相互作用的引力定律[④]：

$$F = kP_i P_j d_{ij}^{-2} \tag{2-3}$$

其中 F 是引力，k 是常数，P_i 是迁出地 i 的人口，P_j 是迁入地 j 的人口，d_{ij} 是两个相互作用的地区 i 和 j 之间的距离。

因此，该定律表示地区 i 和 j 之间的人口迁移与两地区的人口规模乘积呈正比，与两地区间的距离平方呈反比。

经典迁移引力模型的一般形式可表示为：

$$M_{ij} = kP_i P_j d_{ij}^{-\alpha} \tag{2-4}$$

其中参数 $\alpha(\alpha>0)$ 表示由距离产生的摩擦效应。

这类模型的优点为模型构建相对简单，且可以用各层次的统计数据（如国家间、区域间人口迁移）来进行分析。

---

① Stouffer S A., "Intervening opportunities: a theory relating mobility and distance" *American sociological review*, 5 (6), 1940, pp. 845-867.

② Wadycki W J., "Stouffer's model of migration: A comparison of interstate and metropolitan flows" *Demography*, 12 (1), 1975, pp. 121-128.

③ Alonso, W., "A Theory of Movements: Introduction", Working Paper 266, Institute of Urban and Regional Development, University of California, Berkeley, 1976.

④ Stewart J Q., "An inverse distance variation for certain social influences" *Science*, 93 (2404), 1941, pp. 89-90.

引力模型的主要缺点在于对迁移流的对称性假设（$M_{ij} = M_{ji}$）并不符合现实，以及模型的拟合度和预测能力较差（由于只考虑了三个影响迁移的因素）。在后续的研究中学者往模型中加入了新的变量，如性别比例、人均收入水平、劳动力比例等，并赋予变量不同的权重。

广义的引力模型可用下式来表示：

$$M_{ij} = kP_i^\beta P_j^\gamma d_{ij}^{-\alpha} \tag{2-5}$$

其中 β、γ、α 是用来表示自变量相对权重的常数。

经典引力模型中仅用时间和长度测度地理距离，其准确性受到质疑。不少学者对两区域间的距离变量进行了修正，使之更加准确。

由于经典引力模型用 OLS 回归方法不能准确预测出与迁移流观测值相一致的地区间相互作用，Wilson（1967）引入均衡因子（balancing factors）以确保模型的内在一致性[1]，则模型可表示为：

地区 i 与 j 之间迁移人数 = 比例因子（或均衡因子）* 迁出地总迁出人数（或吸引因子）* 迁入地总迁入人数（或吸引因子）* 距离函数（包含距离衰减参数）

其中当总迁出值和总迁入值未知时，使用比例因子（scaling factor）来限制用迁入—迁出矩阵预测出的所有迁移流之和不超过观察到的迁移数总和。当总迁出人数或总迁入人数未知时，可用吸引因子来代替。当总迁出或总迁入人数已知时，用均衡因子来代替比例因子，以确保预测矩阵的行/列要素与观测值一致。这个地区 i 与 j 之间的双重约束迁移模型包含了迁入地与迁出地的均衡因子（$A_i B_j$）、质量项（$O_i D_j$）与距离函数（d_{ij}），可用幂函数或指数函数形式来表示：

$$M_{ij} = A_i B_j O_i D_j d_{ij}^{-\beta} \tag{2-6}$$

除了 Wilson 提出的空间相互作用模型数理形式外，区域间人口迁移模型的统计形式也得到了发展，在基准模型的基础上引入了不少新

---

[1] Wilson A G., "A statistical theory of spatial distribution models" *Transportation research*, 1 (3), 1967, pp. 253–269.

的模型形式，如 Congdon（1991）提出的对数线性模型[①]：

$$\log(M_{ij}) = b_0 + b_1\log(P_i) + b_2\log(P_j) + b_3\log(d_{ij}) + \varepsilon_{ij} \qquad (2-7)$$

其中 b_0 是常数，b_1、b_2 和 b_3 是人口和距离变量的回归系数，ε_{ij} 是随机误差项。这个广义线性模型形式相当于 Wilson 的空间相互作用无约束模型。

对模型的早期拓展主要是 Lowry（1966）增加了方程右边自变量的数量，后续研究开始寻找影响迁移的最重要因素[②]。对线性模型的一个基本假设是观测值之间相互独立，且自变量与迁移人数之间的关系在研究区域中的每个空间单元上都是一致的。学者们逐渐认识到参数有可能存在局部变化，从而推动了地理加权回归模型（GWR，Fotheringham et al.，2003）的应用[③]，模型被修改成以下形式：

$$\log M_{ij}(g) = b_0(g) + b_1(g)\log(X_i) + b_2(g)\log(Y_j) + \varepsilon_{ij} \qquad (2-8)$$

其中 X_i 和 Y_j 表示解释变量，(g) 代表根据所在位置来确定的参数值，其中位置的坐标由矢量 g 给定。

由于经典模型存在严格的对数正态假设条件，而各个离散空间单元的迁移人数通常满足离散概率分布，学者们开始引入基于泊松分布的新统计模型（Congdon，1991；Flowerdew，1991）[①④]，泊松回归模型可用下式表示：

$$M_{ij} = \exp(b_0 + b_1\log P_i + b_2\log P_j + \log d_{ij}) + \varepsilon_{ij} \qquad (2-9)$$

（二）迁移因素模型（推—拉迁移模型）

空间相互作用模型的缺陷在于对迁移人数的预测力较差，由于模型

---

① Congdon, P., "An application of general linear modelling to migration in London and the South East", Chapter 7 in Stillwell, J. C. H. and Congdon, P. (eds.) Migration Models: Macro and Micro Perspectives, London: Belhaven Press, 1991, pp. 113-136.

② Lowry, I., *Migration and Metropolitan Growth: Two Analytical Reports*, San Francisco: Chandler, 1966.

③ Fotheringham A S, Brunsdon C, Charlton M. *Geographically weighted regression: the analysis of spatially varying relationships*, John Wiley & Sons, 2003

④ Flowerdew, R. *Poisson regression modelling of migration*, in Stillwell, J. C. H. and Congdon, P. (eds.) Migration Models: Macro and Micro Approaches, London: Belhaven Press, 1991, pp. 92-112.

中只用了三个影响因素。由 Everett Lee 在 20 世纪 60 年代提出的"推拉理论"奠定了人口迁移建模新阶段的基础。根据该理论，每个地区可以由很多组与迁移有关的因素来刻画。有些因素是使得该地区的人口不发生迁移的，其他因素则是促进人口迁移的"推力"或者"拉力"因素。另外还有"中间障碍因素"在限制迁移流：随着地区间距离的增加，中间障碍因素的影响力增加。这些因素包括了交通成本、对迁移的立法限制、对潜在迁入地信息的不了解。此外，个人因素也可以促进或者阻碍迁移，一些人倾向于改变生活，另一些人则安土重迁。

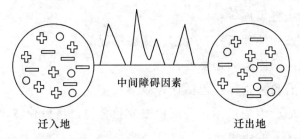

图 2-1　推拉理论研究框架中的迁移因素和中间障碍因素

图 2-1 展示了推拉理论的一般框架。假设迁入地和迁出地都存在正向力（图中+号，使居民不离开该地区或者将其他地区的居民"拉"过来）、负向力（图中-号，将居民"推"离该地区）和等于 0 的作用力（图中的○，即实现力的平衡，既不对人口产生吸引力也不产生排斥力）。

根据推拉理论，迁移决策是通过对迁出地和迁入地各方面因素进行比较而产生的。当迁入地拉力因素和迁出地推力因素的影响要强于迁入地推力因素、迁出地拉力因素和中间障碍因素的影响时，迁移才会发生。

随着社会经济学和人口学中计量经济方法的发展，推拉理论的具体实现成为可能，目前主要通过回归分析验证自变量对因变量 M_{ij} 的影响程度，然后用多元回归方程来表示出二者相关关系。如果是线性相关关系，则可用下式表示：

$$M_{ij} = a_0 + a_{1i}x_{1i} + \cdots + a_{ni}x_{ni} + a_{1j}x_{1j} + \cdots + a_{mj}x_{mj} + a_2 d_{ij} \qquad (2-10)$$

其中自变量 x_{1i}，$\cdots$，x_{ni} 是与迁出地 i 相关的因素，x_{1j}，$\cdots$，x_{mj} 是与迁入地 j 相关的因素，d_{ij} 是地区 i 和 j 之间的距离，a_0，a_{1i}，$\cdots$，

a_{ni}, a_{1j}, …, a_{mj}, a_2 是模型中估计出的回归系数。

两地间的总迁移/净迁移人数、迁出地的迁出人口和迁入地的迁入人口都可作为模型的因变量，自变量 x_{ni} 和 x_{mj}（即迁移影响因素）根据具体情况而定。以下是对迁移影响因素的概括：

（1）人口学指标：人口的自然增长、性别和年龄结构、婚姻状态、预期寿命等；

（2）经济发展指标：分产业的经济和劳动力结构、失业率、人均 GDP、平均工资等；

（3）社会发展指标：人口的受教育程度、公共卫生质量、教育和文化系统、服务发展等；

（4）生态和地理指标：气候、生态情况等；

（5）地区间原来的迁移流；

（6）政府政策指标：包括迁移政策；

（7）房地产市场指标：公寓价格或租金税，房屋建造率等；

（8）地区间的距离。

基于该理论的早期经济回归模型认为工资和就业的空间差异是人口迁移的重要影响因素，在宏观层面的迁移模型中可视为平衡供需的劳动力市场要素，而在微观层面的迁移模型中则可视为有助于增加未来个人收入的人力资本投资形式。

最著名的迁移因素模型是由美国学者 Ira Lowry（1964）提出的，分析了经济机会（劳动力市场指标）地区差异和迁移流方向之间的相互联系[1]，Andrei Rogers（1967）对模型中的自变量 L_i、L_j、U_i、U_j、d_{ij}重新作了阐释[2]，修正后的 Lowry 模型如下所示：

$$M_{ij} = k\left[\frac{U_i}{U_j} \cdot \frac{W_j}{W_i} \cdot \frac{L_i L_j}{d_{ij}}\right]e_{ij} \tag{2-11}$$

其中 M_{ij}是地区 i 到地区 j 之间的迁移人数，U_i 和 U_j 分别是地区 i 和 j

①　Ira S. Lowry., "A Model of Labor-Force Migration", Working Paper, University of California at Los Angeles, 1964.

②　Rogers A., "A regression analysis of interregional migration in California" *The Review of Economics and Statistics*, 49（2）, 1967, pp. 262-267.

的失业率，W_i 和 W_j 分别是地区 i 和 j 的工资，L_i 和 L_j 分别是地区 i 和 j 的劳动力数量，d_{ij} 是地区 j 和 i 主要城市间的距离，e_{ij} 是随机误差。

用推—拉模型可以帮助解决引力模型存在的问题：该模型考虑到了迁移流的不对称特性，增加了迁移影响因素的数量，评价了每个影响因素对因变量方差变化的贡献率。

推拉模型也存在如下主要缺陷：

（1）假设解释变量和因果关系强度是不随时间发生变化的；

（2）自变量和因变量之间的高度相关性并不意味着二者之间一定存在因果关系；

（3）为了获得统计上的显著结果，需要满足一些特殊的条件。

（三）马尔科夫链迁移模型

以上的人口迁移宏观模型均为确定性模型，而事实上人口迁移过程在一定程度上可视为是随机的。人口迁移的随机模型中最常用的是马尔科夫链迁移模型，其中人口迁移并不是由移民数量决定的，是由地区间的人口迁移概率决定的，例如，2005 年地区 i 的人口可直接取决于 1995 年地区 j 的人口[1][2]。t 时刻的特定事件通过从地区 i 迁移到地区 j 的概率与 $t-1$ 时刻的事件联系了起来，迁移概率可用从地区 i 迁移到地区 j 的移民比例来测度。

转移矩阵中列出了各地区间的迁移概率。马尔科夫链中包括了转移概率矩阵和各地区存在的状态。如果合理定义了转移矩阵和初始状态，系统状态随时间的改变是可以计算出来的——状态间的相互转化过程，以及在多个步骤（或离散时间段）后处于任意状态的概率都可以得到。

这个问题可以用数学形式表示如下：假设一个系统中包含了 m 个 $(i, j = 1, \cdots, m)$ 迁出地，在特定的离散时间段内由地区 i 迁往地区 j 的迁移概率可以表示为 P_{ij}，这些概率形成了一个转移矩阵 P。矩阵中的项 $P_{ij}(n)$ 表示个体开始处于第 i 种状态，在一段时间后处于第 j 种状态；

① Rogers A., "A Markovian policy model of interregional migration" *Papers in Regional Science*, 17 (1), 1966, pp. 205-224.

② Keyfitz, N., "Introduction to the Mathematics of Population" *Reading Mass*, 65 (331), 1968, pp. 1420.

或者 $P_{ij}(n)$ 项表示开始时位于第 i 个地区，经过 n 个时间间隔后位于第 j 个地区的人口比例。均衡解表示随时间变化的理想人口分布状态。

可以用一个简单的引力模型来算出转移概率：

$$P_{ij} = \left(g P_j D_{ij}^{-b} \right) \left[\sum_{h=1}^{m} P_h D_{ih}^{-b} \right]^{-1} \qquad (2-12)$$

其中 P_{ij} 表示地区 i 和 j 之间的相互作用（即在特定离散时间段内由地区 i 迁往地区 j 的迁移概率），D_{ij} 表示地区 i 与 j 之间的距离，P_j 是地区 j 的人口，P_h 是地区 h 的人口，其中 $h=1$，$\cdots$，m，D_{ih} 是地区 i 与 h 之间的距离，b 和 g 是由实证研究得出的常数。

用马尔科夫链模型可以有效地开展关于人口迁移结构的空间、社会和时间方面的比较研究，使得对迁移状态的估计更加精确。另外，美国人口学家 Andrei Rogers 提出一种特殊方法，用马尔科夫链的动态特性来跟踪人口迁移系统的假设发展过程，模型的最终结果在数值上接近于人口的再生产指标。

然而，马尔科夫链迁移模型的基础假设在很大程度上限制了该模型在实际中的应用，因为其不太符合客观实际：

（1）模型中的人口是同质的，每个个体的行为并不取决于其他个体的行为，而是从转移矩阵中可以直接得到；

（2）迁移过程接连经过了一系列状态，每个个体在一个时段内只能移动一次；

（3）在 t 时刻转移到 j 状态的概率只取决于 $t-1$ 时刻系统的状态，即由系统的演变历史来决定；

（4）转移概率是静止的，不随时间发生变化。

二　人口迁移综合性模型

很长一段时间以来，迁移模型仅在宏观层面或者微观层面解释迁移过程，将宏观层面和微观层面结合起来构建综合性迁移模型，逐渐受到学术界的重视。这里主要介绍以下几种综合性模型：中观迁移模型、两阶段迁移模型、空间选择模型、多区域人口预测模型和空间经济学模型。

（一）中观迁移模型

Michael Cadwallader（1992）构建了一个迁移模型，其中宏观和微观建模方法被视作互相补充而非相互竞争的[①]。模型框架主要包含了以下四种关系的集合：

第一组关系：总迁移（M）和宏观模型中提到的所谓客观变量（即迁移影响因素）O_h，O_i，O_j 之间存在联系：

$$M = f(O_h, O_i, O_j) \qquad (2-13)$$

第二组关系：客观变量和单个潜在移民对这些变量的主观感知之间存在联系。通过潜在移民对这些客观变量的感知，可将这些变量转换成对应的主观变量：

$$S_h, S_i, S_j : S_h = X(O_h), S_i = Y(O_i), S_j = Z(O_j) \qquad (2-14)$$

第三组关系：将对各个地方的感知整合进个体的总效用函数 U 中，使得潜在移民可以在各个可能的目的地之间进行选择：

$$U = \phi(S_h, S_i, S_j) \qquad (2-15)$$

第四组关系：受到一定约束的个体效用函数被转化成外显行为，这里考虑到迁移建模的微观方法：

$$M = \psi(U) \qquad (2-16)$$

其中 M 是总迁移行为，O_h，O_i，O_j 是各地区的客观迁移影响因素，S_h，S_i，S_j 为各地区的主观迁移影响因素，U 是任意地区的总吸引力，f，X，Y，Z，ϕ，ψ 是模型中定义的函数。

方程（2-13）表示的是标准推—拉迁移模型。方程（2-14）通常用某种幂函数来表示，将客观迁移因素转化成主观迁移因素，例如在测度迁移距离时，通过加入个体对外部刺激强度的主观感知，将物理距离转化成社会距离。方程（2-15）将所有潜在迁入地对个体的吸引力进行加总得到 U。

Michael Cadwallader 用美国 20 世纪 70 年代的州际人口迁移数据对该模型进行了实证检验，分析了 6 个客观变量（各州经济社会条件、

---

① Cadwallader M. T., *Migration and Residential Mobility: Macro and Micro Approaches*, Madison Wis: University of Wisconsin Press, 1992.

自然环境状况）及相应的 6 个主观变量（数据由问卷调查、家庭抽样获得）对州际净迁移率的影响①。研究结果表明模型中纳入主观变量可以提高迁移模型的拟合优度和预测能力，且主观变量在客观变量和显性迁移行为之间起到中介变量的作用。

（二）两阶段迁移模型

人们通常将迁移看成是一个两阶段的过程，第一阶段是由于居住地日益恶化的环境最终到达了一个临界值，当地居民决定往外迁移；第二阶段则是移民充分考虑其他地区的条件来决定一个合适的迁入地。这和两阶段迁移模型的基本原理是一致的。

该模型的构建中比较先进的例子是由英国副首相办公室（ODPM）开发的，一个包括对国内迁移政策敏感模型的校准及用户友好型规划支持系统的开发在内的，名为 MIGMOD（迁移建模系统）的系统，该系统的详细内容可参见 ODPM（2002），Champion et al.（2002），Rees et al.（2004）和 Fotheringham et al.（2004）的研究②—⑤。

MIGMOD 方法：该方法的核心特征是分步建模：第一阶段先根据一系列决定变量来构建各个地区的迁出人数；第二阶段同样根据一系列决定因素来构建迁往各迁入地的移民分布。该项目将阶段 1 和阶段 2 结合起来，使其具备一定的可操作性且易于操作，使用户可以快速

---

① Cadwallader M. T., *Migration and Residential Mobility: Macro and Micro Approaches*, Madison Wis: University of Wisconsin Press, 1992.

② ODPM., "Development of a Migration Model", Report prepared by the University of Newcastle upon Tyne, the University of Leeds, and the Greater London Authority/London Research Centre, London, ODPM, 2002.

③ Champion, A. G., Bramley, G., Fotheringham, A. S., Macgill, J. and Rees, P. H., "A migration modelling system to support government decision-making", in Stillwell, J. and Geertman, S. (eds.) Planning Support Systems in Practice, Berlin: Springer Verlag, 2002, pp. 257-278.

④ Rees, P. H., Fotheringham, A. S. and Champion, A. G., "Modelling migration for policy analysis", Chapter 14 in Stillwell, J. and Clarke, G.(eds.) Applied GIS and Spatial Analysis, Wiley, Chichester, 2004, pp. 259-296.

⑤ Fotheringham, A. S., Rees, P. Champion, A., Kalogirou, S. and Tremayne, A. R, "The development of a migration model for England and Wales: overview and modelling outmigration" *Environment and Planning A*, 36（9）, 2004, pp. 1633-1672.

地构建和运行各种可能的情景，可以看到海量的输入和输出因素，可以根据反映所需政策选择的决定因素来选择不同情景。模型中用到的数据是 1983—1984 年和 1997—1998 年间的英国人口迁移数据，是由国民医疗保健制度（NHS）覆盖下的病人在迁移后重新在迁入地家庭健康服务机构（FHSA）进行登记所得的数据（Stillwell，1994）[1]。模型中选择的年龄组如下：童年/学龄（0～15）、青少年离开家接受高等教育（16～19）、学生结束高等教育开始工作（20～24）、职业发展阶段（25～29）、成家立业（30～44）、工作后期（迁移活跃度较低）（45～59）、退休以后（60+）。因此，两阶段迁移模型中包含了 7 个年龄组别和两种性别。由于迁出模型将所有迁出地放在一起分析，所以第一阶段共有 14 个独立的模型。然而，迁入地选择模型的情况就不一样了，根据迁出地构建迁入地分布模型，使得决定因素对来自不同迁出地的移民选择产生不同影响。因此，第二阶段包含了 98×14 个独立的模型，数据来自于影响迁出的 139 个潜在决定因素和 69 个影响迁入地选择的潜在决定因素。有些解释变量是横截面数据，有些是时间序列数据，有些则为滞后数据。除了测度每个地区的特征变量外，第一阶段模型中还考虑到了全国层面和区域层面的变量，以刻画其他地区对某地人口迁出的拉力作用。第一阶段迁出模型中刻画了移民个人特征、迁出地属性、全国经济发展情况属性对迁出率的影响；第二阶段迁入地选择模型中则刻画了迁入地地区属性、迁入地和迁出地距离、移民对特定迁入地特征的敏感性是如何影响移民对迁入地选择的。

然而，该模型需要用到大量的调查数据，在实际应用中较难实现。

（三）空间选择模型

人口迁移的离散选择模型由于缺乏空间维度，不能更准确地刻画迁入地选择。因此 Fotheringham（1991）指出，引入空间维度可以增加备

---

① Stillwell, J. C. H., "Monitoring intercensal migration in the United Kingdom" *Environment and Planning A*, 26 (11), 1994, pp. 1711-1730.

择迁入地之间关系的复杂性，这是非空间离散选择模型所不具备的[1]。由此产生了新的空间选择模型，例如竞争迁入地模型（competing destinations model）[2]。

为了简化选择过程，对移民采用了分层信息加工策略，其中在选定聚类中选出目的地之前，已经预先对备择项的聚类进行了评价。往广义的 logit 模型中加入效用函数权重，以反映选择每个备择项的概率，则模型可表示为：

$$P_{ijn} = \frac{\exp(V_{ijn})P_{in}(j \in G)}{\sum_{k=1}^{M} \exp(V_{ikn})P_{in}(k \in G)} = \frac{\exp(V_{ijn})L_{in}(j \in G)}{\sum_{k=1}^{M} \exp(V_{ikn})L_{in}(k \in G)} \quad (2\text{-}17)$$

其中 $P_{in}(j \in G)$ 是备择项 j 出现在个体 n（来自迁出地 i）的选定聚类 G（其中所有备择项都已打分）中的概率，$L_{in}(j \in G)$ 是备择项 j 出现在个体 n（来自迁出地 i）的选定聚类 G 中的概率的可能性[2][3][4]。这就是竞争迁入地模型的一般形式。

竞争迁入地模型的其中一种形式是 Hansen（1959）式的潜在可达性测度[5]，描述了其他所有迁出地到该迁入地的可达性：

$$L_{in}(j \in G) = \left[\frac{1}{M-1} \sum_{\substack{k \\ k \neq j}} \frac{W_k}{d_{jk}} \right]^{\theta} \quad (2\text{-}18)$$

其中 M 是所有备择项的总数，第二项是测度备择项 j 与个体 n（来自迁出地 i）的所有其他备择项之间可达性的反距离权重指数（乘

① Fotheringham A S. *Statistical modelling of spatial choice: an overview.* In Ghosh, A. and Ingene, C., editors, Spatial analysis in marketing: theory, methods, and applications, Greenwich, CT: JAI Press, 1991, pp. 95-118.

② Fotheringham A S., "A new set of spatial interaction models: the theory of competing destinations" *Environment and Planning A*, 15（1），1983a, pp. 15-36.

③ Fotheringham A S., "Some theoretical aspects of destination choice and their relevance to production-constrained gravity models" *Environment and Planning A*, 15（8），1983b, pp. 1121-1132.

④ Fotheringham A S., "Modelling hierarchical destination choice" *Environment and planning A*, 1986, 18（3），pp. 401-418.

⑤ Hansen W G., "How accessibility shapes land use" *Journal of the American Institute of Planners*, 25（2），1959, pp. 73-76.

以人口规模 W_k)。在某种程度上，上式基于邻近性测度了一个备择项与选择集合中其他备择项之间的相似度。该数值较大表明备择项与其他备择项较为接近，数值较小表明备择项在空间上是相互独立的。

用上式来定义 $L_{in}(j \in G)$，并使用 c 来代表竞争程度，则竞争迁入地模型可表示为：

$$P_{in}(j) = \frac{\exp(V_{ijn})c^{\theta}}{\sum_{j=1}^{M} \exp(V_{ikn})c^{\theta}} \qquad (2-19)$$

其中 θ 作为待估参数，是测度分层信息加工的指标。当 $\theta < 0$ 时，竞争效应存在，当其他条件不变时，地理上较接近的备择项被选择的可能性很小。这同样表明备择项聚类的吸引力随着规模的增加呈对数增长。当 $\theta > 0$ 时，随着聚类中备择项数量的增加，聚类的吸引力呈指数增长，表明存在集聚效应。当 $\theta = 0$ 时，备择项聚类的吸引力随着规模增加呈线性增长。竞争迁入地模型本质上是空间的，且地理上相互邻近的备择项与相距较远的备择项相比，更有可能发生相互替代，因此备择项的位置影响着它在选定聚类 G 中出现的概率。

该模型的理论基础是由分层信息加工所产生的空间选择，其重要意义在于：为理解和解释人口迁移流提供了较好的理论方法和统计方法；空间选择模型将对（包含中心地间等级流特性在内的）空间结构的显示表达、模型参数估计值的空间差异（迁出地模型）和空间选择中分层信息加工的潜在作用结合在了一起；在控制了迁移模型中的自选择过程和空间差异后，空间选择模型可以在多变量统计模型的框架中解决更多的实质性问题。

（四）多区域人口预测模型

多区域人口预测法（Multiregional population projection），是一种能同时对多区域人口进行预测的方法。这种方法是美国人口学家 Andrei Rogers（1979）提出的[1]。可以说是在马尔柯夫链模型法基础上加以改善和发展起来的，所以较马尔柯夫链模型法，多区域人口预测法更加符合人口学理

---

[1] Rogers A，Filipov D.，"Multiregional methods for subnational population projections" *International Institute for Applied Systems Analysis*，1979.

论,方法及预测内容也更加完善。也就是说,多区域人口预测法既针对多个区域,又根据人口学基本方程式,全部考虑人口变动的出生、死亡、迁移之人口学三要素,且可预测男女、年龄别人口。这是以上所介绍的各种区域人口预测方法都无法与之相比的。多区域方法的一个显著特点就是对所有的地区同时预测,换句话说,多区域系统是作为整体来预测的。每个地区人口变量的同时预测,不仅确保了内在的一致性,并且有可能考虑更多的区域性生育率、死亡率和迁移模式[1]。

该方法假设存在两个区域——城市和农村,两个区域是相互联系的,二者之间存在人口的迁入迁出。各区域的总人口 = 原来人口 + 迁入人口,以 t 时刻的城市人口 $P_u(t)$ 为例,

$$P_u(t) = {}_uP_u(t) + {}_rP_u(t) \tag{2-20}$$

${}_uP_u(t)$ 为原先在城市、现在还在城市的人口,${}_rP_u(t)$ 为原先在农村、现在在城市的人口。

$$\begin{aligned}{}_uP_u(t) = {}& (1+b_u-d_u-o_u) * {}_uP_u(t-1) + o_r * {}_uP_r(t-1) \\ & + b_u * {}_rP_u(t-1) \end{aligned} \tag{2-21}$$

其中 b_u 为出生率,d_u 为死亡率,o_u 为迁出率,o_r 为迁入率。

例如,根据估计出的两地区出生率、死亡率、迁入率和迁出率,以及 1970 年城市和农村的原来人口和迁入人口,可构建如下矩阵来计算出 1971 年的 ${}_uP_u$、${}_rP_u$、${}_uP_r$ 和 ${}_rP_r$。

$$\begin{bmatrix} {}_uP_u(1971) \\ {}_rP_u(1971) \\ {}_uP_r(1971) \\ {}_rP_r(1971) \end{bmatrix} = \begin{bmatrix} 0.998 & 0.017 & 0.035 & 0 \\ 0 & 0.981 & 0 & 0.035 \\ 0.011 & 0 & 0.956 & 0 \\ 0 & 0.011 & 0.019 & 0.975 \end{bmatrix} \begin{bmatrix} 68 \\ 68 \\ 10.6 \\ 95.4 \end{bmatrix}$$

$$\tag{2-22}$$

但是多区域人口预测法也存在一定的问题和局限性。首先,所建立的预测方程式只包括女性人口,要预测男性人口,还需要以女性人口的数据为基础,根据年龄别、性别比加以处理计算才能得到。其

① Eichperger C L. *Regional population forecasts: approaches and issues*. In: Demographic research and spatial policy: the Dutch experience, Florida: Academic Press, 1984, pp. 235-252.

次，这种方法的基本预测方程式实际上隐含着一个重要的假设，就是在迁移发生的当年，迁移者的死亡率与生育率不受迁移的影响。另外，在预测过程中，也是假定年龄别生育率、死亡率、迁移率在预测期间保持不变。如果不这样假定，就需要做十分庞大、复杂的计算工作。此外，所需要的基础数据比较多，一般难以满足预测作业的需要。

为弥补中国缺乏人口空间格局预测演绎研究的缺陷，邓羽等（2014）构建了一种全新的自上而下的多区域人口预测方法，考虑人口自然增长和空间迁移两种影响因素，着重对一级单元（全国）和次级单元（省级）在 2010—2050 年间的人口总量进行预测，并进一步研判我国人口空间格局的发展情景和演化特征；其中省级层面的人口自然增长预测通过数学模型法外推得到，并用联合国人口司的全国人口预测总数对其进行调控和优化，省际人口空间迁移则采用马尔科夫链迁移模型进行预测[①]。

（五）新经济地理学模型

以克鲁格曼（Krugman P. R.）为代表的新经济地理学派从规模报酬递增、不完全竞争和路径依赖等理论出发，提出集聚经济是促使人口与产业由农村向城市集中的主要因素。空间经济学模型的理论假设就是基于空间经济集聚是人口迁移集聚的主要原因作出的，其模型表述如下：

$$\frac{U_1}{U_2} = \frac{w_1 - T(b_1)\,I_2^{\mu}}{w_2 - T(b_2)\,I_1^{\mu}} \qquad (2-23)$$

$$w_1 = \sum_{i1}^{N_1} c_{i1} p_{i1} + \sum_{i2}^{N_2} c_{i2} p_{i2}/\tau + r(k)S(k) + A + T(k) \qquad (2-24)$$

式中：U 为区域效用函数，w_1 为地区 1 代表性工人的工资水平；$T(k)$ 为向中心城区的通勤成本，I 为价格指数；p 为产品价格，$r(k)$ 为距离中心城区 k 处的地租水平，$S(k)$ 为住房消费量，τ 是地区间的运输成本；c_{i1} 和 c_{i2} 分别代表地区 1 和 2 的制造业产品消费量。

---

① 邓羽、刘盛和、蔡建明等：《中国省际人口空间格局演化的分析方法与实证》，《地理学报》2014 年第 10 期。

劳动力在两个地区之间的区位选择均衡式由式（2-23）决定，当 $U_1/U_2>1$ 时，表明工人居住在地区 1 效用更大，故而劳动力会由地区 2 往地区 1 移动。空间经济学模型在解释产业集聚研究方面应用已很成熟，但应用到人口迁移研究中相对较少。

第三节　相关实证研究综述

一　中国城市体系结构实证研究

中国城市体系实证研究可分为等级规模结构、职能类型结构、地域空间结构三方面[1]。

在城市体系等级规模结构研究方面，有学者认为，"城市的社会、经济问题主要是在其人口规模上表现出来"，因此，人们也习惯用城市人口的数量来划分城市的规模层级。许多研究证实，一个国家或区域的城市规模结构一般表现为"位序—规模"关系，规模分布有序列大小分布和首位式分布两种类型。学者许学强（1982）最早采用幂函数法，建立了中国城市的等级分布模型，得出城市规模呈大小序列分布，且序列与城市人口规模间呈非线性相关的结论[2]。应用这一模型，顾朝林（1990）对中国 2000 年的城市体系规模结构进行了预测研究[3]。陈勇、陈铮（1993）揭示出了城市规模结构的分形特征，指出齐普夫定律和帕雷托分布中的幂指数就是分形理论中豪斯道夫维数的实质，并揭示了它的含义，这对城市体系规模结构的分形研究具有重要意义[4]。随后，众多学者（如陈彦光，单纬东，1999；叶俊，陈秉

---

[1] 顾朝林：《地域城镇体系组织结构模式研究》，《城市规划汇刊》1987 年第 2 期。

[2] 许学强：《我国城镇规模体系的演变和预测》，《中山大学学报》（哲学社会科学版）1982 年第 3 期。

[3] 顾朝林：《中国城镇体系等级规模分布模型及其结构预测》，《经济地理》1990 年第 3 期。

[4] 陈勇、陈铮：《城市规模分布的分形研究》，《经济地理》1993 年第 3 期。

钊，2001）也在这方面进行了进一步的实证研究和理论探讨①②。除了用城市规模来划分城市等级，还有构建城市中心性指标来划分城市等级体系的，比较典型的如周一星等（2001）构建了包含商贸中心性、航空中心性、制造业中心性在内的城市中心性指标体系，用克氏区位商法、莫尔最小需要量法和主成分分析法测度了各地级市的中心性，从而将全国地级市划分成五个等级③，后续的很多研究在此基础上对城市中心性指标体系进行了不同的改进④⑤。

在城市体系职能类型结构研究方面，田文祝、周一星（1991）运用纳尔逊统计分析和聚类分析等多种研究方法，将中国城市按职能分为了4个大类、18个中类和43个职能组，较清楚地划分了中国城市职能类别，也为后来学者从事这方面的研究提供了基础⑥。庞效民（1996）、顾朝林（1997）等则先后研究了世界城市对中国的影响，对新国际经济背景下的城市职能做了重新理解和界定，基本认为：香港、北京、上海、广州等将是中国介入世界城市体系的节点城市，这一从探讨国际经济背景入手的研究视角颇具价值⑦⑧；张文奎等（1990）用纳尔逊求标准差原理，并结合哈里斯定界限值方法，将全国城市职能分为9种类型，提出了新的城市体系职能类别划分法⑨。

---

① 陈彦光、单纬东：《区域城市人口分布的分形测度》，《地域研究与开发》1999年第1期。

② 叶俊、陈秉钊：《分形理论在城市研究中的应用》，《城市规划汇刊》2001年第4期。

③ 周一星：《中国城市（包括辖县）的工业职能分类——理论，方法和结果》，《地理学报》1988年第4期。

④ 孙斌栋、胥建华、冯卓琛：《辽宁省城市中心性研究与城市发展》，《人文地理》2008年第2期。

⑤ 闻洁：《武汉城市圈城市中心性研究》，硕士学位论文，华中师范大学，2009年。

⑥ 田文祝、周一星：《中国城市体系的工业职能结构》，《地理研究》1991年第1期。

⑦ 庞效民：《关于中国世界城市发展条件与前景的初步研究》，《地理研究》1996年第2期。

⑧ 顾朝林、张勤：《新时期城镇体系规划理论与方法》，《城市规划汇刊》1997年第2期。

⑨ 张文奎、刘继生、王力：《论中国城市的职能分类》，《人文地理》1990年第3期。

在城市体系地域空间结构研究方面，陈田（1992）认为可以从纵横向两个角度来进行划分，纵向为区域—城镇空间发展的四阶段：低水平均衡阶段、极核发展阶段、集聚—扩散阶段和高水平网络化发展阶段，横向则可分为四大类型：大城市地区城镇体系结构类型、地区城镇群结构类型、以自然资源综合开发利用为主的城镇体系结构类型、行政经济区城镇体系结构类型，这种纵横向的划分法，能更准确地反映出城镇体系的当前发展状态①。王新生等（2003）提出了用常规 Voronoi 图和加权 Voronoi 图划分城市影响空间的方法，并结合 Okabe 确定区域点集等级的方法，建立起了中国城市体系的空间组织模式②。郭庆胜等（2003）提出了将断裂点模型和构建 Delaun 网结合起来，产生了划分城市影响范围的又一新方法③。闫卫阳等（2003，2004）在对断裂点模型研究的基础上，进一步提出了扩展断裂点模型，解决传统断裂点只能计算两个城市之间一个点的问题，还指出，城市之间影响范围的界线在理论上是一条圆弧，并给出其圆心和半径计算公式④⑤。扩展断裂点模型解决了长期困扰人们的断裂点连接问题，为城市吸引范围的划分和城市经济区的划分提供了充分的理论依据和基础框架。

二　中国人口迁移实证研究

这里根据本书的研究需要，主要从空间模式研究和影响因素研究两个方面来总结人口迁移实证研究的进展。

---

① 陈田：《省域城镇空间结构优化组织的理论与方法》，《城市问题》1992 年第 2 期。

② 王新生、刘纪远、庄大方等：《Voronoi 图用于确定城市经济影响区域的空间组织》，《华中师范大学学报》（自然科学版）2003 年第 2 期。

③ 郭庆胜、闫卫阳、李圣权：《中心城市空间影响范围的近似性划分》，《武汉大学学报》（信息科学版）2003 年第 5 期。

④ 闫卫阳、郭庆胜、李圣权：《基于加权 Voronoi 图的城市经济区划分方法探讨》，《华中师范大学学报》（自然科学版）2003 年第 4 期。

⑤ 闫卫阳、秦耀辰、郭庆胜等：《城市断裂点理论的验证，扩展及应用》，《人文地理》2004 年第 2 期。

（一）人口迁移的空间模式研究

随着 GIS 等空间分析技术的发展以及人口空间数据的逐渐普及，近年来对人口迁移的空间模式研究日益兴起，尤其是在中国城市化快速发展、人口大规模跨地区迁移的时代背景下。迁移人口规模、迁移强度（迁移率）及迁移流的空间分布格局主要用空间可视化方法和空间统计方法（如空间自相关分析等探索性空间数据分析方法）来分析（Fan，2005；Johnson，Voss，Hammer 等，2005；丁金宏等，2005；李薇，2008；刘望保等，2012；王国霞等，2012）[1]-[6]，此外还有对人口迁移的空间集中程度分析。Plane & Mulligan（1997）定义人口迁移的空间集中程度（spatial focus）为包含具体迁出地（origin）和迁入地（destination）在内的一组迁移流，其相对值大小分布的不平衡性[7]。空间集中程度较高，意味着大部分迁入人口有选择性地往几个主要迁入地集中，或者大部分迁出人口都来自几个主要迁出地；空间集中程度较低，意味着迁移人口在所有可能的迁出地和迁入地之间的流量分布相对较均匀。Rogers & Sweeney（1998）分别用基尼系数（Gini Index）和变异系数（CV Index）对美国省际人口迁移进行分析，得出的结论是变异系数是分析人口迁移空间集中程度的一种较可行、

---

① Fan C C., "Interprovincial migration, population redistribution, and regional development in China: 1990 and 2000 census comparisons" *The Professional Geographer*, 57 (2), 2005, pp. 295-311.

② Johnson K M, Voss P R, Hammer R B, et al., "Temporal and spatial variation in age-specific net migration in the United States" *Demography*, 42 (4), 2005, pp. 791-812.

③ 丁金宏、刘振宇、程丹明等：《中国人口迁移的区域差异与流场特征》，《地理学报》2005 年第 1 期。

④ 李薇：《我国人口省际迁移空间模式分析》，《人口研究》2008 年第 4 期。

⑤ 刘望保、汪丽娜、陈忠暖：《中国省际人口迁移流场及其空间差异》，《经济地理》2012 年第 2 期。

⑥ 王国霞、秦志琴、程丽琳：《20 世纪末中国迁移人口空间分布格局》，《地理科学》2012 年第 3 期。

⑦ Plane D A, Mulligan G F., "Measuring spatial focusing in a migration system" *Demography*, 34 (2), 1997, pp. 251-262.

简单且直观的测度方法，且与标准差相比可以消除量纲的影响①；He（2002）也用变异系数来分析了中国1982—1990年省际人口迁移的区域集中程度②。目前中国人口迁移的空间模式研究多从省级层面入手，缺乏市级空间层面研究。

（二）人口迁移的影响因素研究

人口迁移动因的研究是长期以来最为学者所关注的，对其的论著也颇为丰富。这类研究涉及从决定迁移到迁移结束这一过程中各个方面，影响人口迁移的因素较多，包括社会、经济、资源环境、空间地域、个人特征等。但以经济利益为主要动机是人口迁移的一般规律。在大规模人口迁移的背后，追求经济效益最大化始终都是导致人口自主迁移的最根本因素。

从迁移机制方面来看，以往研究主要从宏观的结构性因素和微观的个体选择两方面来进行分析，宏观层面的研究认为，人口迁移是对自然、政治、经济、社会以及文化等因素的空间差异性的反应，而人口迁移可以调节区域间的资源配置，弱化区域间的差异。人口的迁移方向一般是从经济欠发达地区流向收入水平较高、社会资源相对丰富、就业机会较多的发达地区。与宏观研究不同，微观层面的研究比较关注迁移者的人口学特征，主要分析性别、年龄、婚姻状况、受教育程度和职业等方面对迁移者迁移决策的影响。目前国内对省际人口迁移影响因素的研究主要采用引力模型及其变体，分析的影响因素主要有迁入地和迁出地人口、经济发展水平、人民收入水平、受教育水平、两地间距离等，如表2-1所示。

① Rogers A, Sweeney S., "Measuring the spatial focus of migration patterns" *The Professional Geographer*, 50（2），1998, pp.232-242.

② He J., "The regional concentration of China's interprovincial migration flows, 1982—90" *Population and Environment*, 24（2），2002, pp.149-182.

表 2-1   近年来中国人口迁移影响因素研究总结

作者	研究对象（数据）	研究方法（模型）
Fan C C（2005）	1990 年、2000 年全国人口普查省际迁移数据	模型：$\ln M_{ij} = a_0 + a_1\ln P_i + a_2\ln P_j + a_3\ln d_{ij} + a_4\ln G_i + a_5\ln G_j + a_6\ln S_{ij}$ 要素：迁出地人口、迁入地人口、两地距离、迁出地人均 GDP、迁入地人均 GDP、迁移存量（前段时间的迁移率）
Shen J（2012）	1990 年、2000 年全国人口普查省际迁移数据	模型：$M_{ij} = \exp(a_0 + \sum a_{1k}\ln x_i k + \sum a_{2k}\ln x_{jk} + b\ln d_{ij} + e_{0i}) + u_{ij}$ 要素：迁入地和迁出地 GDP、文盲比例、农业就业人口占比、人口增长率、人口密度、两地距离
严善平（2007）	1990 年、2000 年全国人口普查省际迁移数据，1995 年 1% 人口抽样调查数据	模型：$\text{Ln}(MR_{ij}) = c + a_1\ln(X_{1j}/X_{1i}) + a_2\ln(X_{2j}/X_{2i}) + a_3\ln(X_{3j}/X_{3i}) + a_4\ln(X_{4j}/X_{4i}) + a_5\ln(X_{5j}/X_{5i}) + a_6\ln(X_{ij}) + a_7\ln(X_7) + \sum dummy\ H + e$ 要素：迁入地和迁出地的人均 GDP、经济增长率、非农就业增加率、城镇非国有部门职工比率、城镇登记失业率、省会之间的铁路里程、输出地与输入地之间存在的流动链（信息网络）、地区和年度的虚拟变量
于文丽、蒲英霞、陈刚，等（2012）	2000 年全国人口普查省际迁移数据	模型：$y = a + a_1 * D\_ PCGDP + a_2 * D\_ Invest + a_3 * D\_ Popu + a_4 * D\_ Sea + a_5 * D\_ College + b_1 * O\_ Landuse + b_2 * O\_ Popu + b_3 * O\_ Sexrate + b_4 * O\_ Student + b_5 * O\_ College + c * Distance + \varepsilon$ 要素：迁入地人均 GDP、迁入地 FDI、迁入地人口总数、迁入地是否为沿海省份、迁入地大专以上人口、迁出地人均耕地面积、迁出地人口总数、迁出地人口性别比、迁出地高等院校在校大学生比例、迁出地大专及本科以上人口比例、省会城市之间铁路里程。
王桂新、潘泽瀚、陆燕秋（2012）	2000 年与 2010 年全国人口普查省际迁移数据	模型：$\ln M_{ij} = \alpha_0 + \alpha_1\ln P_i + \alpha_2\ln P_j + \alpha_3\ln RI_i + \alpha_4\ln UI_j + \alpha_5\ln d_{ij} + \alpha_6 N_{ij} + \varepsilon_i$ 要素：迁出地和迁入地的人口规模、迁出地农村人均纯收入、迁入地城镇人均可支配收入、迁出地和迁入地之间的距离、迁入地和迁出地之间的相邻性指数
雷光和、傅崇辉、张玲华，等（2013）	2000 年、2010 年全国人口普查省际迁移数据，2005 年 1% 人口抽样调查数据	模型：$\text{Log}(M_{ij}) = a_0 + a_G\text{Log}(GDP_j/GDP_i) + a_I\text{Log}(I_j/I_i) + a_{pop}\text{Log}(POP_i/POP_j) + a_{dist}\text{Log}(Dist_{ij}) + a_F\text{Log}(F\_ POP) + a_{adj}Adj$ 要素：迁入地和迁入地的人均 GDP、人均可支配收入、人口数，两地距离，i 地流往 j 地的人数占 i 地流出总人数的比例，流动人口的户籍所在地性质，迁出地与迁入地是否相邻

第四节　基于人口迁移的城市体系研究

本节先介绍构建城市体系研究和人口迁移研究之间的桥梁——城市网络研究，然后在此基础上提出人口迁移与城市体系的集成模型。

一　城市网络研究

城市体系是一个国家或地区中不同类型和规模的城市空间分布结构，是经济和社会发展中的重要因素。城市体系和城市规模分布理论中阐述的城市之间关系是相互竞争的关系和等级关系，而实际上城市间更重要的是存在合作和互补关系，意味着所有城市都在一个紧密联结的网络中，城市体系中的每个城市都是一个网络节点，由经济活动的空间集聚和扩散所形成。城市网络研究已经从研究各个城市的属性转向研究全球视角下的城市网络。世界城市体系研究逐渐地吸引了学术界的兴趣，目前主要通过测度航空流、互联网基础设施分布、先进生产服务业跨国企业的空间分布和全球扩张来研究世界城市体系的组织变化[1]—[4]。

为了克服传统城市体系中缺乏城市间关系研究的缺点，目前世界城市网络研究已经作出了较大的转变，从单独研究城市属性向研究城

---

① Choi J H, Barnett G A, Chon B S., "Comparing world city networks: a network analysis of Internet backbone and air transport intercity linkages" *Global Networks*, 6 (1), 2006, pp. 81-99.

② Derudder B, Taylor P, Ni P, et al., "Pathways of change, shifting connectivities in the world city network" *Urban Studies*, 47 (9), 2010, pp. 1861-1877.

③ Mahutga M C, Ma X, Smith D A, et al., "Economic globalisation and the structure of the world city system: the case of airline passenger data" *Urban Studies*, 47 (9), 2010, pp. 1925-1947.

④ Vinciguerra S, Frenken K, Valente M., "The geography of Internet infrastructure: an evolutionary simulation approach based on preferential attachment" *Urban Studies*, 47 (9), 2010, pp. 1969-1984.

市间相互关系转变，从研究城市体系到城市网络转变，从研究闭合的城市体系向开放的城市体系转变，从使用统计方法向网络分析方法转变[1]。

（一）城市网络理论研究

随着全球化的快速发展，Cohen，Dear and Scott（1981）提出了世界城市的概念[2]，Friedmann（1986）则提出了世界城市的较完整的研究框架，世界城市理论开始形成[3]。Taylor（2003）指出，不能单纯相信经典城市理论家提出的城市体系假说，只有通过研究城市间相互关系才能真正实现对世界城市网络本质的深层次了解[4]。基于 Castells（1996）的"流动空间"理论，世界城市网络的研究方法可以划分为以下三个层次：在第一层次上，交通和通讯基础设施网络构成了世界城市网络的物质基础，这与城市间相互联系直接相关，因此航空流和互联网信息流主要用来分析城市间的联系强度和空间模式；在第二层次上，世界城市被定义为网络社会中的中心和节点，世界城市网络仅由城市间企业内相互联系来测度，这里的企业多具有世界影响力；在第三层次上，由信息精英的空间呈现形式构成了流动空间的另一个基本维度[5]。因此，世界城市网络的空间特征可以通过跨国企业精英的空间流动数据（主要通过企业访谈方法）来测度，该数据比较难获取。从世界城市系统来看，世界城市作为"流动空间的节点和枢纽"而存在。Castells 认为世界城市不是一个地点的概念，而是一种联系过程，世界城市是"在全球网络中作为一种高级服务生产和消费连接过程的中心"。Castells 构建了基于关系连接的世界城市研究框架，为

---

① 杨永春、冷炳荣、谭一沼等：《世界城市网络研究理论与方法及其对城市体系研究的启示》，《地理研究》2011 年第 6 期。

② Cohen R B, Dear M, Scott A J., "The new international division of labor, multinational corporations and urban hierarchy", 1981.

③ Friedmann J., "The world city hypothesis" *Development and Change*, 17 (1), 1986, pp. 69–83.

④ Taylor P J., *World city network*: a global urban analysis, Routledge, 2003.

⑤ Castells M. *The rise of the network society*, Vol. 1 of the information age: Economy, society and culture, Massachusetts and Oxford: Blackwell, 1996.

GaWC 小组 （Globalization and World Cities） 的世界城市网络研究提供了理论基础，但在实践研究中数据是贫乏的，需要强化世界城市体系中的关系数据收集工作，这就是 GaWC 小组为世界城市研究做出的巨大贡献。

这里重点介绍城市网络研究中较经典的网络演化空间模型——Barabasi-Albert 模型[①]：在该模型中，原有网络随着新加入节点而发生变化。在每个时间阶段，当新节点产生时，它随机地与任意一个已有节点建立联系，偏好连通性较高的节点，即新节点 i 与已有节点 j 建立联系的概率与已有节点的连通性成比例。该偏好依附（或优先连接）模型存在路径依赖。B-A 模型虽然只是众多幂律形成机制中的一种，也是较简单的一种，但是其中揭示的两种生成机制——增长（Growth）和偏好依附（或优先连接，Preferential attachment），却抓住了复杂系统的本质。研究表明，多数幂律形成机制都与这个模型所揭示的思想类似[②③④]。

根据 B-A 模型提出的偏好依附理论，进入基础设施网络的新城市倾向于与连接良好的节点（well-connected nodes）建立联系，从而获得转接机会（transfer opportunities）。首先，假设具有高连通性（connectivity）的城市连通性增加的概率较大，因为进入网络的新城市倾向于与连接良好的节点建立联系，由于连接良好的节点具备规模经济，能够以较低的成本提供可靠的服务和更多的转接机会。该原则意味着先进入网络的节点比后进入的节点更有可能实现较好的连接。其次，假设网络连接的成本随着地理距离增加而增加，新节点与已有节

---

① Barabasi A L, Albert R., "Emergence of scaling in random networks" *Science*, 286 (5439), 1999, pp. 509-512.

② Newman M E J., "Power laws, Pareto distributions and Zipf's law" *Contemporary physics*, 46 (5), 2005, pp. 323-351.

③ Albert R, Barabási A L., "Statistical mechanics of complex networks" *Reviews of modern physics*, 74 (1), 2002, p. 47.

④ Mansury Y, Gulyas L., "The emergence of Zipf's Law in a system of cities: An agent-based simulation approach" *Journal of Economic Dynamics and Control*, 31 (7), 2007, pp. 2438-2460.

点建立联系的概率随着地理距离增加而降低。

(二) 城市网络研究方法

1. 网络分析基本特征参数

网络概念很好理解，由点图层和交织成网的线图层两个层面的要素组成。如交通网由交通站点和交通线两个层组成、社会支持网络由社会成员和（情感、物质支持等）社会关系组成。城市交往关联也是这样，可以将城市视为节点层、城市交往关系视为网状图层。在网络（network）中，节点（node）之间不会相互独立，而是彼此之间通过联系（tie）（边（edge）、链接（link））连接（connect）起来。当节点连接后，它们之间就会相互影响。表 2-2 总结了网络分析的基本特征参数。

表 2-2　　　　　　　　网络分析特征参数总结

测度指标	概念	作用
节点的度（度中心性，包括入度和出度）	与节点直接相连的边（即点）的数目，在有向图中分为入度和出度	刻画节点在网络中的重要性，又称为度中心性
介数中心性	一个网络中经过该节点的最短路径的数量	刻画节点在网络通信中的重要性，反映其对网络中其他节点之间交往的控制能力
紧密度中心性	一个节点到网络内其他所有节点的平均距离	评价一个节点到其他所有节点的紧密程度，反映其在信息传播中的独立性（不受其他节点控制的测度）
特征向量中心性	网络邻接矩阵的主特征向量	用与该节点连接的节点的重要性来测度其重要性
网络密度	网络中实际存在的边数 M 与最大可能的边数之比	评价网络连接的疏密程度
平均路径长度	网络中所有节点对之间的平均最短距离	衡量网络的传输性能与效率，反映网络内部的联系紧密程度
网络直径	网络中任意两个节点之间的距离的最大值	衡量网络的传输性能与效率
聚类系数	包含节点 i 的三角形的数目/包含节点 i 的三角形的最大可能的数目	网络的局部特征，反映了节点之间存在的密集连接性质，即节点聚集程度，用来测度是否为小世界网络
度分布	p_k 可视为网络中一个随机选择的节点的度为 k 的概率	反映网络的拓扑特征（节点数的多少以及节点与边之间的关系）
幂律分布	许多实际网络的度分布较好地服从幂律分布：$P(k) \sim k^{-\gamma}$	反映网络的无标度特性（各节点之间的连接状况具有严重的不均匀分布性，即异质性）

2. 网络结构分析: 社团发现

当网络中节点和连接具有相当规模的时候, 从直观上看就存在某些节点集中一团而团与团之间连接相对稀疏的现象, 即是可以将一个整体划分为几个亚群体的组织结构。从科学研究的角度看, 社会学中认为一团中的节点内部连接紧密即是组织内聚性强 (Subgroup Cohesion), 这种组团称之为子群 (Sub group) 或子网络或社团/社区 (Community)。社会网络分析中借助于派系 (Cliques)、n-派系 (n-cliques)、n-宗派 (n-clan)、k-丛 (k-plex)、k-核 (k-core)、成分 (components)、块 (blocks) 等概念研究社会网络的这种结构关系①, 从而发现网络的内部组织结构。在城市研究中可以借鉴这类分析概念, 分析城市网络体系的联系层次性 (哪些城市处于城市联系网络的核心位置等), 以及基于城市外部关系的城市经济区聚类方法等。

3. 网络动态演化分析

对于复杂网络理论具有开拓性贡献的是 BA 网络 (或 SF 网络) (Scale-free, 无标度网络) 和 SW 网络 (Small-world network, 小世界网络) 的提出②③。由于现实数据收集的有限, 传统上认为, 网络的连接是随机的, 即为 Erdos-Renyi (ER) 网络, 认为网络的节点连接数符合泊松分布, 从概率分布上看呈钟形分布, A-LBarabasi 和 R. Albert 在研究 World Wide Web (WWW) 时发现网络的节点连接数符合幂次分布, 呈典型的右偏态状, 称之为无标度网络。D. J. Watts 和 S. H. Strogatz 提出虽然网络规模很大, 但仍然可以通过很短的路径达到网络的任何节点, 并不矛盾的是网络表现出高聚类性质, 即为节点的邻居之间也偏向于发生连接②, 这跟 1967 年心理学家 S. Milgram 发表的论文《小世界问题》中 "六度隔离" 实验结论一致④, 在后续

---

① 刘军:《整体网分析讲义: UCINET 软件实用指南》, 上海格致出版社 2009 年版。

② Watts D J, Strogatz S H., "Collective dynamics of 'small-world' networks" *Nature*, 393 (6684), 1998, pp. 440–442.

③ Barabasi A L, Albert R., "Emergence of scaling in random networks" *Science*, 286 (5439), 1999, pp. 509–512.

④ Milgram S., "The small world problem" *Psychology today*, 2 (1), 1967, pp. 60–67.

的网络研究中称之为"小世界"网络。

随着快速城市化过程推进城市节点的增加，城市网络的增长特征是什么？节点增加所引起的连接线是采取平均概率和已有节点发生连接，还是偏向于同高"度"节点连接？若是满足高度节点的优先连接规律，其择优概率及机制是什么？城市网络演化研究对城市网络未来发展的探索具有重大意义。

4. 城市网络研究的不同视角

世界城市由交通网络和在不同层次上提供纵向和横向联系的服务网络所联结起来。因此，如表2-3所示，世界城市网络的实证研究主要包括基础设施网络和经济（或跨国企业）网络两部分。基础设施网络研究主要关注交通网络，包括了航空运输网络、铁路网络和道路网络，用交通流数据来刻画；经济网络研究则主要分析城市间的经济联系，由各种经济模型和相关指标来描述。

表 2-3　　　　世界城市网络实证研究的两种主要视角

研究方法	基础设施网络		经济网络	
二分法	通信网络	航空网络	全球性服务企业	跨国企业
相关研究	Townsend (2001a, b)	Smith&Timberlake (2001, 2002)	Taylor, Catalano and Walker (2002a, b)	Alderson& Beckfield (2004, 2006)
	Malecki (2002)	Matsumoto (2004, 2007)	Derudder, Witlox and Catalano (2003)	Rozenblat& Pumain (2007)
	Rutherford, Gillespie and Richardson (2004)	Zook&Brunn (2005, 2006)	Taylor&Derudder (2004)	Van Oort, Burgerand Raspe (2010)
相关研究	Rutherford (2005)	Derudder&Witlox (2005, 2008)	Derudder&Taylor (2005)	Alderson, Beckfield and Sprague-Jones (2010)
	Vinciguerra, Frenken and Valente (2010)	Derudder, Witlox and Taylor (2007)	Taylor, Evans and Pain (2008)	
		Mahutga et al. (2010)	Orozco Pereira &Derudder (2010)	
		Neal (2010)	Derudderet al. (2010)	

续表

研究方法	基础设施网络		经济网络	
二分法	通信网络	航空网络	全球性服务企业	跨国企业
差异	采用城市间实际基础设施流量的统计数据，更加直接和客观		由于不可能获取到城市间经济联系的实际流量数据，只能用相关指标和建模方法来代替，相对较主观	

二 人口迁移与城市体系集成模型的提出

构建模型来解释城市规模分布规律，可以将城市体系视为工业活动和社会联系构成的网络。Watts（1999）指出许多社会网络满足小世界网络的特征，点之间特征路径长度小，接近随机网络，而聚合系数依旧相当高，接近规则网络[1]。上述网络的共同特征是度分布服从幂律分布（无标度网络，Strogatz，2005）[2]。已有的网络模型（Barabasi and Albert，1999；Menczer，2004）[3][4] 提出了偏好依附的假设（类似于 Simon（1955）的随机理论），使得网络的连接情况服从幂律分布。网络模型缺乏空间维度，只有 Andersson et al.（2003）在 Barabasi and Albert（1999）原始模型的基础上引入空间视角来产生城市地价的幂律分布[5]。因此，用网络模型来解释城市规模分布的 Zipf 律，具有较广阔的研究空间。正如 Batty（2001）所指出的，城市网络理论是研究城市内与城市间复杂联系的关键所在[6]。

---

① Watts D J., *Small worlds: the dynamics of networks between order and randomness*, Princeton university press, 1999.

② Strogatz S H., "Complex systems: Romanesque networks" *Nature*, 433 (7024), 2005, pp. 365-366.

③ Barabasi A L, Albert R., "Emergence of scaling in random networks" *Science*, 286 (5439), 1999, pp. 509-512.

④ Menczer F., "Evolution of document networks" *Proceedings of the National Academy of Sciences*, 101 (suppl 1), 2004, pp. 5261-5265.

⑤ Andersson C, Hellervik A, Lindgren K, et al., "Urban economy as a scale - free network" *Physical Review E*, 68 (3), 2003, p. 036124.

⑥ Batty M. "Cities as small worlds" *Environment and Planning B: Planning and Design*, 28 (5), 2001, pp. 637-638.

Mansury & Gulyas（2007）采用自下而上（Bottom-up）的研究方法，通过构建微观基础（基于主体的模型）来解释复杂的宏观格局，即分析个体决策者的迁移行为如何影响城市规模空间分布[①]。本模型的特征包括空间维度的引进、由外部性驱动的迁移、有限的空间可达性以及个体移动性的异质性，包括以下几个模型：

空间性（最基本的主体移动行为）：初始时刻将一定数量 N 的主体随机地均匀地安置在 ZxZ 的区域内。每个主体的视野无限大，即主体可以游走到该区域的任何一点，也就是说，这是一个纯随机游走模型。

人口动态变化：当前的城市人口由前一时刻的城市人口、迁入和迁出人口共同决定：

$$n_i(t) = n_i(t-1) + \sum_j \gamma_{ji}(t-1) - \sum_j \gamma_{ij}(t-1) \quad (2-25)$$

有限理性的主体迁移过程：Simon（1956）假定主体具有有限理性，在该模型中表现为主体不能迁移到他们视野范围之外的地点，主体只能选择其视野范围内最有吸引力（城市规模最大）的地点作为迁入点，符合网络模型的偏好依附理论[②]。

迁移行为受到负外部性的影响：城市人口规模较大时，会产生拥挤效应，则地区 j 对人口的吸引力可表示为：

$$\psi_{j,a}(t) = n_j(t) - c \cdot n_j(t)^2 \quad (2-26)$$

王展（2007）在该模型的基础上对主体进行了等级划分，主体在选择目的地的时候不但要以规模大为标准，还要选择与自己等级相同的点，考虑到了不同迁入地的竞争力，并在人口总数不变的原始模型中加入了人口增加因素[③]。薛丹芝（2010）在该模型的基础上引入了

① Mansury Y, Gulyas L., "The emergence of Zipf's Law in a system of cities: An agent-based simulation approach" *Journal of Economic Dynamics and Control*, 31（7），2007, pp. 2438-2460.

② Simon H A., "Rational choice and the structure of the environment" *Psychological review*, 63（2），1956, p. 129.

③ 王展：《基于 agent 的城市人口空间迁移模型——关于 Zipf 律形成机制的研究》，硕士学位论文，浙江工商大学，2007 年。

地理溢出效应和主体间相互作用①。

在文献综述的基础上，本书将综合新经济地理学城市体系演化模型、空间经济学人口迁移模型和城市网络研究理论，构建一个基于人口迁移的城市体系演化研究框架，如图 2-2 所示。该图清晰地反映出文献综述各部分内容与本研究的相关关系，以及本研究的逻辑框架构建，在下面的小结部分将对图中显示出的已有研究存在缺陷和本研究所作出的贡献展开详细的阐述。

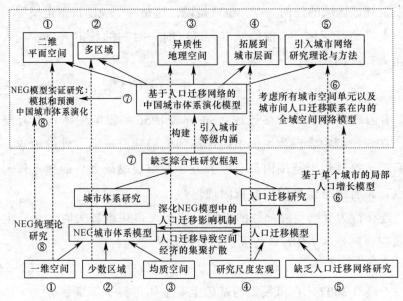

图 2-2　基于文献综述的本研究逻辑框架示意图②

第五节　本章小结

从城市体系演化模型来看，经典城市体系模型多为静态分析，有

---

①　薛丹芝：《城市人口规模分布的统计规律性及其形成机制——基于主体自组织模型的研究》，硕士学位论文，浙江工商大学，2010 年。

②　图中的序号①—⑧是为了将现有研究中存在的缺陷和本研究为弥补这些缺陷所做出的贡献一一对应起来。

的缺乏空间维度（城市最优规模理论），有的缺乏完整的经济学基础（中心地理论），有的则没有考量人口迁移；复杂性科学建模方法从微观个体行为出发，动态模拟城市增长过程，较少用于模拟城市体系演化，且缺乏经济学基础理论支撑；而 NEG 城市体系模型在传统经济学模型的基础上引入空间维度，并结合微观个体行为（人口迁移）和宏观区域层面来动态模拟城市体系自组织演化过程，具备完备的经济学基础，将城市体系演化理论推向了一个新的发展高度。在研究区域方面，基于新经济地理学的城市体系模型主要以两区域的核心—边缘模型为主，多区域模型较少（只有 Krugman（1993）的 12 区域跑道经济模型）①，应用多区域模型来分析城市体系演化的研究也较少：Stelder（2005）在跑道经济模型基础上引入了地理空间构造②，葛莹（2013）又引入了地理空间异质性来改良模型，陈良文（2008）则在Krugman（1993）模型中加入了简单的区位条件来将均质空间的假设放松到非均质空间③。在研究视角方面，该类理论模型主要从产业集聚的角度出发，对人口迁移因素考虑较少，模型中影响人口迁移的决定因素为各区域间的工资差异或效用水平差异；此外，该类理论模型过于理想化，一般仅有两区域，与现实情况有较大差距，模型存在很强的非线性特征，且模型假设不易处理，因而很难通过真实世界的数据来进行实证验证，也很难应用于真实城市体系的模拟。

从人口迁移模型来看，各种理论模型的应用极大程度上促进了对迁移过程本质的理解并提升了人口预测可靠性，使得人口情况更容易得到掌控；这些模型可以较好地反映人口迁移的不同方面，揭示它们的决定因素。然而，作为重要的研究工具，大多数较成熟的模型都只用于描述人口迁移过程的某些方面，适用范围较有限，如对美国跨区域人口迁移的研究结果不能直接应用到中国城市间人口迁移上。更重

---

① Krugman P., "On the number and location of cities" *European Economic Review*, 37（2），1993，pp. 293-298.

② Stelder D., "Where Do Cities Form? A Geographical Agglomeration Model for Europe" *Journal of Regional Science*, 45（4），2005，pp. 657-679.

③ 陈良文：《城市体系的集聚经济模型研究》，博士学位论文，北京大学，2008 年。

要的是，人口迁移过程模型是基于不完整的信息建立起来的，造成许多理论模型无法在实际中应用，必须牺牲掉质量来简化模型。此外，由于传统的宏观模型和微观模型在研究角度上都各有侧重，前者忽略了人口迁移的微观个体特征，后者忽略了人口迁移在空间层面上的属性，最近学者们开始尝试在中观分析（meso-analysis）的层面来研究人口迁移过程，将宏观和微观方法结合起来构建综合性模型，是目前研究热点所在，这个方向的未来发展可以促进人口迁移统一理论的形成。本书构建的理论模型实际上同时包括宏观层面分析（对城市间人口迁移的考量）和微观层面研究（对各城市消费者效用水平的测度），也属于综合性人口迁移模型。

关于人口迁移模型所揭示的影响机制，宏观模型包括的人口迁移影响因素主要有：迁入地和迁出地的人口规模、经济规模（如经济发展水平、人均收入、工资水平、就业率等）、社会环境等地区属性，两地间距离，迁移存量（两地间原来迁移量）；综合性模型除了宏观模型所包含的因素外，还包含了微观模型的影响因素：人口年龄、性别、职业、受教育程度、居住地区等个体属性，预期迁移收益（经济收益、非经济收益），迁移成本（交通成本、机会成本、心理成本），人力资本投资评估，对迁出地和迁入地信息的收集和加工情况，迁入地效用（为迁入地各项吸引力的综合函数）。

目前城市体系演化和人口迁移都已形成较为完整的独立理论体系，而将二者结合起来进行综合分析并未形成系统的研究体系。事实上，人口迁移和城市体系演化是密切相关的，人口迁移作为城市化的本质，直接导致了城市体系的规模结构与空间结构发生变化，这将在下一章中进行具体分析。在前文所梳理的城市体系模型和人口迁移模型中，新经济地理学模型由于兼顾这两方面研究，同时出现在了 NEG 城市体系演化模型和综合性人口迁移模型中。

在城市体系中，城市与城市之间的联系方式是多种多样的，包括了人流、物流、资金流、信息流等方方面面，所以城市体系的重要研究视角——城市网络也包括了交通通信网络、经济网络、人口迁移网络等方面。而目前城市网络研究主要集中在交通基础设施网络和经济网络两大方面，对城市化的本质——人口迁移网络方面的研究较为缺乏。

总的来说，目前研究主要存在以下问题：（1）现有城市体系模型（经典城市体系模型和新经济地理学城市体系模型）均以一维空间为主，一般只有两区域（核心—边缘区）或者少数区域（最多12个区域，如跑道经济模型，人口只能沿圆环迁移），且为均质空间，难以落实到真实地理环境上进行实证检验；（2）目前中国人口预测多为基于单个城市的局部人口增长模型，缺乏将整个城市体系视作一体的人口空间格局预测演绎研究（邓羽等，2014），且人口迁移研究空间尺度较为宏观（多为省级层面）；（3）城市网络研究多为对交通和通信基础设施网络、创新网络和经济网络（跨国企业联系）的分析，对城市化的本质——人口迁移网络方面的研究较为缺乏；（4）目前城市体系演化和人口迁移都已形成较为完整的独立理论体系，而将二者结合起来进行综合分析并未形成系统的研究框架，缺乏具有空间维度、全域均衡、包含城市间人口迁移机理的城市体系模型。

本研究为弥补目前研究缺陷所做出的贡献：（1）本研究通过引入地理空间构造和地理空间异质性，将新经济地理学模型从一维线性空间拓展到二维平面空间，从两区域拓展到多区域，用于模拟和预测中国真实城市体系的演化，以推进新经济地理学理论的实证研究发展；（2）本研究构建了考虑所有城市单元以及城市间人口迁移联系的全域网络模型，该模型为空间参考明确的人口增长模型，即把整个城市体系视作一个通过人口迁移相互联系的网络整体来预测各城市人口变化情况，并结合人口迁移理论和中国实际国情得到中国人口迁移的重要影响因素，将其引入模型，以深化新经济地理学模型的人口迁移机制，并将中国人口迁移研究的空间尺度从省级层面拓展到城市层面；（3）根据城市网络研究理论和方法，对城市化的核心——人口迁移网络进行探讨，引入网络研究理论来拓展本研究的理论模型，丰富和拓展现有城市网络研究内容；（4）基于新经济地理学理论中的城市体系演化模型（即Krugman（1993）跑道经济模型），构建人口迁移和城市体系的综合性研究框架，因为该模型中的城市规模分布变化是由城市间人口迁移决定的。

第三章

理论模型构建基础：人口迁移

由于本研究的目的在于构建人口迁移和城市体系的集成模型，则可将人口迁移视作城市体系的重要且唯一的影响因素，通过分析人口迁移影响机制来探讨各种因素如何通过影响人口迁移最终作用于城市体系演化的，即人口迁移可作为本研究理论模型的构建基础。因此，本章先分析人口迁移与城市体系之间的关系，证明人口迁移决定中国城市体系演化，然后总结中国城市人口迁移网络的几大特征，探讨人口迁移影响机制，为下一章构建基于人口迁移的城市体系演化理论模型奠定基础。

第一节　人口迁移与城市体系之间的关系分析

六普数据显示，中国城镇人口为 6,6557,5306 人，城市化率为 49.68%；居住在乡村的人口为 6,7414,9546 人，占 50.32%。与第五次全国人口普查相比，城镇人口增加 2,0713,7093 人，乡村人口减少 1,3323,7289 人，城市化率上升了 13.46 个百分点。

1990 年第四次全国人口普查全国总人口为 116002 万人，2000 年第五次全国人口普查全国总人口为 129533 万人（增长率为 11.66%），2010 年第六次全国人口普查全国总人口为 137054 万人（增长率为 5.81%）；1995—2000 年间全国迁移人口（来自本县（市）/本市市区、本省其他县（市）和市区、外省的迁入人口之和）为 1,4439,0748 人（迁入率为 11.15%），2005—2010 年间全国总迁移人口为 2,6093,7942 人（迁入率为 19.04%）；2000 年和 2010 年全国334个地级行政单元的平均自然增长率分别为6.32‰和5.15‰。由于人口规模变化是由人口自然增长和人口迁移共同决定的，由以上这组数据可看出，中国各地级单元在两次人口普查间的变化主要取决于人口迁移，人口自然增长对人口总数变化的影响相对较小。

2000—2010年间人口规模增长率较高的地级市中有部分是由行政区划调整导致的，如淮安（299.91%）、海口（146.47%）、南宁（106.68%）、柳州（79.00%）、乌鲁木齐（49.51%）等，其余城市则主要为迁入率较高的城市，如厦门、苏州、深圳、北京、惠州、鄂尔多斯、上海等。城市规模增长率与城市人口迁入率的分布较为类似，均形成了西北和东南高，中部低的漏斗状空间格局。人口增长率较高的主要城市，均为经济发达的大城市，其迁入率普遍较高，增长率和迁入率在全国排名均靠前，自然增长率则普遍较低（表3-1）。由此可见，人口迁移对中国各城市人口规模变化，尤其是对城市体系中规模较大、等级较高的城市，起到了决定性作用。

表3-1   2000—2010年间人口增长率较高的主要城市基本情况

地级市	增长率（%）	增长率排名	迁入率（%）	迁入率排名	自然增长率（‰）
厦门	72.00	5	56.31	3	6.57
银川	69.25	6	28.96	28	5.19
苏州	54.00	7	43.23	8	1.53
深圳	47.79	9	79.92	1	8.20
北京	44.54	13	45.46	7	1.98
惠州	42.98	15	36.34	14	5.44
三亚	42.11	16	29.21	27	9.23
鄂尔多斯	41.68	17	39.07	11	7.93
上海	40.29	18	47.86	6	0.62
佛山	34.84	20	49.74	5	4.01
中山	32.07	21	52.94	4	3.53
天津	31.37	23	29.81	25	2.20

从图 3-1 可看出，城市人口规模与迁入人口之间存在显著的相关关系，城市迁入人口越多，城市规模越大，城市间人口迁移直接影响整个城市体系的演化，二者之间是紧密联系的。因此，可将人口迁移视作本研究中模型构建的理论基础，下文将详细分析中国人口迁移的特征事实和影响机制。

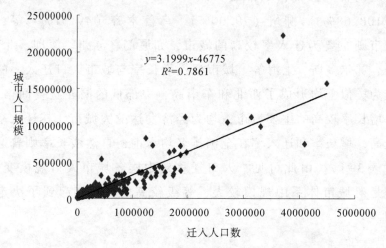

图 3-1　2010 年城市体系与人口迁移的相关关系

第二节　中国城市人口迁移网络特征分析

如今对城市体系演化的研究，不再将城市变化诠释为在一系列不相关的"国家城市体系"中城市的增长或衰落问题，而是将城市视作复杂跨国网络中不断变化的相互连接部分，通过商品流、资金流、客流和信息流来定义①②。由于网络分析方法是近年才引入社会科学研究领域的，在科研人员合作网、论文引用网、高速公路网、航空网、国

---

① Smith D A, Timberlake M., "Conceptualising and mapping the structure of the world system's city system" *Urban Studies*, 32（2），1995，pp. 287-302.

② Brown E, Derudder B, Parnreiter C, et al., "World City Networks and Global Commodity Chains: towards a world-systems' integration" *Global Networks*, 10（1），2010，pp. 12-34.

际贸易网等社会科学领域得到了广泛的发展和运用，但相对来说关于网络的地理空间特性研究还不够深入，没有能够和中国城市体系研究有效结合起来，且由于城市间人口流动数据较为缺乏，网络研究方法并没有在人口迁移网络中得到应用。

城市人口迁移网络是指劳动者及其带着家属的跨城市迁移，从网络构成来看把迁出区域与迁入区域作为节点、迁移量和迁移方向作为连接形成错综交织的网络组织，由于社会网络关系的存在，先迁人口可以为后迁人口提供便利。Massey（1990）把"迁移网络"定义为："通过血亲、友情和地缘联结的迁移者、前期迁移者以及迁出地与迁入地的非迁移者三个群体的人际关系的集合"①。由于迁移行为嵌入在一定的社会网络之中，因此人们会根据自己拥有的网络资源以及所处等级做出是否流迁的决策判断。由于人口迁移网络本身与社会网络存在着紧密的联系，因此用社会网络分析方法来研究人口迁移网络具备一定的可行性。

本研究用第五次人口普查千分之一（0.095%）抽样数据处理所得的地级市间人口迁移矩阵，构建起全国城市人口迁移网络，用网络分析方法探索其特征。

一　研究数据和方法

城市网络包括了复杂网络的三种分析类型，即为复杂拓扑网络（仅考虑连与不连的二值情况），权重网络（连接强度的强弱情况）、有向网络（连接的方向性质），具有复杂网络研究的综合特征。

本研究所用数据为五普千分之一（0.095%）抽样数据，经处理后得到 2000 年 340 个地级行政单元之间的迁移人数（受数据可得性限制，地级市人口迁移矩阵数据只有 2000 年的）。将这 340 个地级行政单元作为网络节点，地级市之间有人口迁移即为存在相互联系，人口迁移的数量表示地级市间联系强弱。本研究构建的人口迁移网络包

---

① Massey D S., "The social and economic origins of immigration" *The Annals of the American Academy of Political and Social Science*, 510（1）, 1990, pp. 60-72.

括如下三种：一是有向加权网络，分析各个地级市节点之间的迁入和迁出流，即城市间的联系是有方向的（细分人口从 i 地迁往 j 地，或从 j 地迁往 i 地），把两地 i 和 j 之间的迁移人数作为节点间的权重；二是有向二值网络，只考虑两个城市间是否有人口迁移（有迁移则值为 1，无迁移则值为 0），迁移仍然分为迁入和迁出两个方向，不再考虑迁移人数的多少；三是无向二值网络，城市间的联系是无方向的，只要两地级市间有人口流动，则值为 1，不考虑迁移人数的多少。

这里详细介绍本书用到的网络分析方法，主要包括网络基本特征参数和网络结构分析方法。

（一）网络基本参数计算

本节列出了上一章文献综述中总结的各网络分析特征参数在人口迁移网络中的应用：

（1）节点的度：根据每个城市节点的迁入流算其入度，用迁出流算其出度，用迁移人数作为度的权重，节点的度反映城市在人口迁移网络中的核心位置，在有向加权网络、有向二值网络和无向二值网络中均有应用。

（2）中介度中心性：测度城市节点在人口迁移网络中的中转和衔接作用，仅在无向二值网络中应用。

（3）紧密度中心性：测度城市节点在人口迁移网络中与其他节点的接近程度（可达性），仅在无向二值网络中应用。

（4）平均路径长度：测度东、中、西、东北四个区域城市网络内部联系的紧密程度，仅在无向二值网络中应用。

（5）聚类系数：测度东、中、西、东北四个区域城市网络内部节点的聚集程度，仅在无向二值网络中应用。

（6）度分布：看累积概率分布 P(k) 服从哪种函数分布，以判别城市网络属于哪种类型的网络，应用于三种网络。

（7）幂律分布：用幂律函数来拟合人口迁移网络的 P(k)，看是否服从幂律分布，应用于三种网络。

（二）派系结构分析

对于不同性质的网络来说，派系的定义也不同。在一个无向网络中，"派系"指至少包含三个点的最大完备子图（maximal complete sub-graph）。首先，派系的成员至少包括三个点，即一个互惠对（mutual dyad）是不构成派系的；其次，派系是"完备的"，即其中任何两点之间都是直接相关，都是邻接的，并且不存在任何与派系中所有点都有关联的其他点；第三，派系是"最大"的，即不能向其中加入新的点，否则将改变"完备"这个性质。有向网络中派系的含义稍有所不同：在无向网络中，所有点之间的关系都是相互的，所以考察派系要用到网络中所有连线；而在有向网络中，根据派系的定义，只有"互惠"的关系才能纳入派系之中。所以分析有向图中的派系，一定针对的是节点之间的互惠关系，且这种要求往往是比较严格的。有向网络中区分出来的派系叫做强派系（strong cliques），从无向网络中分析得到的派系叫做弱派系（weak cliques）。

一个城市派系（clique）结构是指派系内部城市之间的彼此连接（最大完全连接子图），派系与派系之间存在着重叠的城市节点，若一个城市节点参与到多个城市派系中，则说明该城市处于这些派系的中枢位置（一个派系中的城市节点需要联系其他派系的非重叠城市节点时，需要经过这些重叠节点（overlap node））。

（三）基于分块模型的聚类分析

分块模型（Blockmodelling）最早由 White et al.（1976）提出，它是一种研究网络位置模型的方法[1]，Snyder & Kick（1979）曾用此方法研究过世界经济体系[2]。该方法的本质是聚类方法，在社会网络分析中利用它来确定网络中节点的位置与在网络中所扮演的角色。将相似的节点集中在一起，通过相似性或者欧氏距离来判断矩阵的结构对等性进而对矩阵进行分块（更严格意义上说，用到的是规则对等性分析（regular equivalence））。一个块模型是由以下两项组成的：（1）把

---

① White H C, Boorman S A, Breiger R L., "Social structure from multiple networks. I. Block-models of roles and positions" *American Journal of Sociology*, 81 (4), 1976, pp. 730-780.

② Snyder D, Kick E L., "Structural position in the world system and economic growth, 1955-1970: A multiple-network analysis of transnational interactions" *American Journal of Sociology*, 84 (5), 1979, pp. 1096-1126.

一个网络中的各个行动者按照一定标准分成几个离散的子集，称这些子集为"位置"，也可称之为"聚类"、"块"；（2）考察每个位置之间是否存在关系。根据这种定义可以认为，一个"块"就是邻接矩阵的一部分，是一个整体中的子群体。总之，一个块模型就是对一元关系或者多元关系（包括二值关系以及多值关系）网络的一种简化表示，它代表的是该网络的总体结构。每个位置中的各个行动者都具有结构对等性。因此，块模型是在位置层次上的研究，而不是在个体层次上的研究，因而研究的是网络的总体特点[①]。

其实，在城镇体系研究中也是将结构相似的城市集聚到一种类型中来划分城市的层次性，因此分块模型适合对城镇体系的层域划分。但是，分块模型有别于基于多指标体系城市属性数据的传统聚类方法，分块模型方法是从城市之间联系的角度出发来研究城市的聚类特征。已经有相关研究采用这种方法来探究城市网络的结构特征：Alderson & Beckfield（2004）利用企业总部和其他分支机构的二值划分方法，收集 500 强企业在全球城市体系的分布情况进而构建城市联系网络，最后采用分块模型的方法对全球城市网络进行了结构划分[②]。

二　人口迁移网络空间模式分析

本小节利用 GIS 空间分析技术对城市人口迁移网络进行空间可视化，将人口迁移网络的空间分布规律清楚地从地图上反映出来，从而准确刻画其空间模式。

净迁移人数最多的地级市集中分布在东部沿海三大都市区，其余净迁入区零散分布在北部边疆（内蒙古、东北）和西部边疆（新疆大部、西藏和云南小部），净迁出地级市数目远多于净迁入地级市，分布于净迁入区外围，中部地区大部分地级市为净迁出人数最多的地区。由表 3-2 可看出：2000 年主要迁入城市中珠三角城市占了半壁江山，其中深圳、东莞、广州位居前三名，佛山、中山分别为第六、

---

① 刘军：《整体网分析讲义：UCINET 软件实用指南》，格致出版社 2009 年版。

② Alderson A S, Beckfield J., "Power and Position in the World City System" *American Journal of Sociology*, 109（4）, 2004, pp. 811-851.

七名；长三角的中心城市上海位于第四名，苏州位于第八名；京津冀的中心城市北京位于第五名；成都、武汉位于第九、十名。主要迁出城市全部为中西部城市，其中西部的重庆、南充和达州位列第一、二和第六名，其余七个全为中部六省的地级市：湖南邵阳、江西上饶、河南信阳、安徽六安、安徽阜阳、湖南衡阳和江西赣州。

表 3-2　　　　　　　　　前十位主要迁入和迁出城市

主要迁入地	净迁入人数	排名	主要迁出地	净迁出人数	排名
深圳市	4323158	1	重庆市	1123158	1
东莞市	3944211	2	南充市	671579	2
广州市	2405263	3	邵阳市	565263	3
上海市	2017895	4	上饶市	555789	4
北京市	1809474	5	信阳市	523158	5
佛山市	1562105	6	达州市	510526	6
中山市	712632	7	六安市	502105	7
苏州市	643158	8	阜阳市	496842	8
成都市	638947	9	衡阳市	478947	9
武汉市	583158	10	赣州市	471579	10

由中国人口迁移优势流连接方向的空间分布上来看，东部沿海地区人口迁移流密集，中部地区次之，广大西部地区人口迁移流特别稀疏；城市联系网络的连接节点主要集中在环渤海地区、长三角地区和珠三角地区，中国的三大都市区最重要的节点城市是北京、上海、广州，空间极化现象明显，尤其是以广州、深圳为中心的珠三角地区，网络连接最为紧密。

三　人口迁移网络基本特征

这一节将解决以下问题：中国城市人口迁移空间网络属于哪种网络类型？网络的度分布特征、函数拟合关系、聚类系数、路径长度等测度指标反映了中国城市网络怎样的连接规律？中国城市网络的二值网络、有向网络与权重网络三种网络的结构特征又如何？

（一）度和度分布

本书将对城市人口迁移网络的度和度分布分别采用以下三种网络类型来进行分析：有向加权网络、有向二值网络和无向二值网络。

表 3-3 　　　　　　　　**加权入度和加权出度排名前二十城市**

排名	地级市	加权入度值	地级市	加权出度值
1	深圳市	4208	重庆市	1532
2	东莞市	3897	南充市	715
3	广州市	2529	邵阳市	574
4	上海市	2095	上饶市	558
5	北京市	1915	达州市	555
6	佛山市	1578	信阳市	546
7	成都市	997	六安市	538
8	温州市	904	赣州市	534
9	武汉市	821	阜阳市	513
10	泉州市	789	衡阳市	505
11	苏州市	775	黄冈市	483
12	中山市	719	南阳市	470
13	杭州市	692	安庆市	452
14	昆明市	686	孝感市	443
15	宁波市	599	温州市	439
16	南京市	576	梅州市	437
17	郑州市	567	永州市	433
18	惠州市	561	盐城市	431
19	西安市	545	广安市	428
20	无锡市	524	荆州市	422

表 3-3 显示出在有向加权网络中，入度较高的为东部沿海地区城市，主要分布在三大都市圈，出度较高的为中部六省城市和西部部分城市（四川、重庆），与前面的人口迁移网络空间模式基本一致。

表 3-4   **入度和出度排名前二十城市**

排名	地级市	入度值	地级市	出度值
1	北京市	242	重庆市	144
2	深圳市	237	温州市	93
3	东莞市	195	成都市	85
4	广州市	190	南充市	79
5	上海市	187	北京市	78
6	西安市	137	贵阳市	74
7	佛山市	134	武汉市	73
8	武汉市	131	绵阳市	72
9	重庆市	128	内江市	70
10	温州市	127	南阳市	69
11	中山市	125	阜阳市	69
12	天津市	124	徐州市	67
13	苏州市	111	泸州市	67
14	南京市	109	哈尔滨市	66
15	泉州市	109	信阳市	66
16	成都市	109	邵阳市	66
17	大连市	107	广安市	64
18	惠州市	106	广州市	62
19	宁波市	99	安庆市	62
20	杭州市	98	西安市	61

    表 3-4 显示出在有向二值网络中，入度较高的城市与有向加权网络类似，主要为东部沿海地区城市，还包括了武汉和重庆。而出度较高的城市除了中西部主要的迁出城市外，还包括了温州和北京。由于不再考虑人口迁移的权重，入度和出度的刻画结果逐渐趋同，更多的只是共同反映了一个城市节点在网络中的核心位置，但其由于存在迁入和迁出的方向区分，对网络中心性的刻画结果又不如无向二值网络准确。因此，有几个城市同时出现在了入度和出度的前十名中：北京、重庆、武汉、温州。

    如表 3-5 所示，在无向二值网络中，度、中介度和紧密度中心性最高的前十名城市都是北京、深圳、东莞、广州、上海、重庆、温州、武汉、西安和成都，反映出这些城市在整个人口迁移网络中的绝对核心位置和控制能力，与其他城市之间的联系最为紧密。

表 3-5　　　　度、中介度和紧密度中心性排名前二十城市

排名	地级市	度	地级市	中介度	地级市	紧密度
1	北京市	248	北京市	6.774	北京市	78.837
2	深圳市	237	深圳市	5.366	深圳市	76.871
3	东莞市	195	重庆市	3.212	东莞市	70.186
4	广州市	195	东莞市	2.976	广州市	69.897
5	上海市	191	上海市	2.906	上海市	69.467
6	重庆市	188	广州市	2.612	重庆市	69.184
7	温州市	172	西安市	2.572	温州市	66.732
8	武汉市	163	武汉市	2.122	武汉市	65.825
9	西安市	159	温州市	1.964	西安市	65.067
10	成都市	147	成都市	1.754	成都市	63.722
11	佛山市	143	天津市	1.578	佛山市	63.011
12	天津市	140	大连市	1.096	天津市	62.894
13	中山市	131	兰州市	1.070	中山市	61.302
14	泉州市	126	昆明市	1.046	南京市	61.191
15	南京市	124	佛山市	1.043	泉州市	61.081
16	郑州市	123	郑州市	0.989	郑州市	60.862
17	苏州市	121	保定市	0.929	苏州市	60.753
18	宁波市	118	苏州市	0.922	杭州市	60.000
19	杭州市	116	无锡市	0.906	昆明市	59.894
20	昆明市	115	徐州市	0.869	宁波市	59.894

（二）各网络的度分布情况

　　由表 3-6 可看出，三种网络的各种度中心性用指数分布函数来拟合，得到的拟合优度要高于幂律分布，但其度分布总体来说还是近似幂律分布的，因此可以将这些网络视为无标度网络（scale-free），即网络中少数的节点（核心节点）往往拥有大量的网络连接，而大部分节点却连接很少，基本符合 Zipf 定律。

表 3-6　　　　　　　　　　各网络的度分布函数拟合关系

网络类型	中心性	指数函数	幂函数
有向加权网络	入度	$P(K) = 90.642e^{-0.0007k}$, $R^2 = 0.8222$	$P(K) = 200.42k^{-0.217}$, $R^2 = 0.7714$
	出度	$P(K) = 115.53e^{-0.004k}$, $R^2 = 0.9173$	$P(K) = 505.4k^{-0.443}$, $R^2 = 0.5875$
有向二值网络	入度	$P(K) = 107.09e^{-0.015k}$, $R^2 = 0.9848$	$P(K) = 307.56k^{-0.499}$, $R^2 = 0.7257$
	出度	$P(K) = 175.32e^{-0.037k}$, $R^2 = 0.9033$	$P(K) = 716.09k^{-0.786}$, $R^2 = 0.5725$
无向二值网络	度	$P(K) = 144.49e^{-0.017k}$, $R^2 = 0.9814$	$P(K) = 876.74k^{-0.725}$, $R^2 = 0.6464$
	中介度	$P(K) = 93.445e^{-0.479k}$, $R^2 = 0.8923$	$P(K) = 53.634k^{-0.181}$, $R^2 = 0.6426$
	紧密度	$P(K) = 286723e^{-0.168k}$, $R^2 = 0.8306$	$P(K) = 2E+16k^{-8.534}$, $R^2 = 0.7595$

(三)聚类系数和平均路径长度

按照国家区域发展政策,将全国划分为四大地区:东部地区(北京、天津、河北、上海、江苏、浙江、福建、山东、广东、海南等十省市)、中部地区(山西、河南、安徽、江西、湖北、湖南六省)、西部地区(重庆、四川、贵州、云南、广西、陕西、甘肃、青海、宁夏、西藏、新疆、内蒙古等十二省市自治区)和东北地区(辽宁、吉林、黑龙江三省),香港、澳门、台湾因数据缺乏暂不考虑。

对数据进行对称化和二值化处理后,得到无向二值网络的两种聚类系数,其中根据局部密度计算出的聚类系数(Overall graph clustering coefficient)为 0.425,根据传递性计算出的聚类系数(Weighted Overall graph clustering coefficient)为 0.341;网络的平均路径长度为 1.906。

表 3-7　　　　　不同区域的聚类系数和平均路径长度

分区	聚类系数 1	聚类系数 2	平均路径长度
东部	0.584	0.504	1.714
中部	0.494	0.429	1.875
西部	0.466	0.391	2.110
东北	0.592	0.535	1.570

聚类系数高表示区域内敛性强,说明城市网络之间的连接偏向于大量节点内部之间的连接,聚类系数低表示区域开放程度高,城市网络连接有分散化趋势。平均路径长度短表示区域间联系较为紧密,连接通道较多,人口流动需要经过的城市节点少;平均路径长度长表示空间约束下的城市网络连接在全局视角下需要经过的节点多,不利于城市之间的人口流动。高聚类系数和短路径长度是"小世界"网络的典型特征。

由此可看出,东北地区的情况较为特殊,由于面积较小,且处于中国版图的"鸡头"位置,其区域内敛性较强,聚类系数最大,平均路径最短。东北地区的城市网络与其他地区相比,其网络特征趋向于"小世界"网络的特征。从西往东,聚类系数逐渐增加,平均路径长度逐渐减少,表明由于受到地形因素、交通条件和区域发展政策的影响,越往东部沿海地区,城市群集聚程度要越高,且城市间的联系要越紧密,通达性越强。西部地区和中部地区的人口主要倾向于跨区域的长距离迁移(迁往东部),而东部地区的人口流动在本地区内部比较活跃,短距离迁移占主导。

四　中国城市网络的层域划分

城市体系存在着城市的层级性问题。即便是城市等级不够明显,网络分析方法也无法避开这个话题,因为从网络整体分析肯定存在某些城市处于整个网络的连接中枢位置(集散节点、枢纽节点等),相反某些城市则处于联系的末端、跟外界联系少的边缘位置。城市经济区的腹地划分也是区域经济研究的重要话题,划分的主要依据是根据城市与区域之间的经济协作与互动、交通走向与流量、中心辐射与地区集聚特征,兼顾行政管理边界的可行性(便于行政单元之间的组织协调),为政府的区域发展政策与相关规划提供参考。本书从城市间人口流动联系的角度,判断全国城市体系的层次结构,对中国城市网络体系做层域划分。

(一)中国城市网络的派系结果分析

对有向二值人口迁移网络进行派系分析,采用 Ucinet 软件得出每个城市属于多少个派系所共有,计算结果如表 3-8,总共形成了 834 个强派系。超过 100 个派系所共有的城市节点为重庆、北京、上海和广州，其次为成都、温州、武汉、深圳、东莞、西安等，以上这些城市节点均处于各大派系的中枢位置，在城市网络中起到重要的联结枢纽作用。前十名城市与无向二值网络中各中心性（度、中介度、紧密度）最高的十大城市是一致的。

表 3-8　　　　　　　参与派系个数不少于 20 个的城市节点

地级市	参与派系数	排名	地级市	参与派系数	排名
重庆市	179	1	济南市	31	22
北京市	139	2	合肥市	30	23
上海市	125	3	大连市	29	24
广州市	101	4	南通市	28	25
成都市	94	5	长沙市	26	26
温州市	75	6	常州市	26	27
武汉市	67	7	安庆市	26	28
深圳市	65	8	洛阳市	25	29
东莞市	50	9	泰安市	25	30
西安市	49	10	无锡市	24	31
泉州市	48	11	长春市	24	32
哈尔滨市	48	12	保定市	24	33
南京市	47	13	郑州市	23	34
杭州市	40	14	石家庄市	23	35
赣州市	40	15	南昌市	23	36
沈阳市	37	16	台州市	22	37
苏州市	35	17	福州市	22	38
昆明市	34	18	金华市	21	39
徐州市	34	19	抚州市	21	40
宁波市	32	20	乌鲁木齐市	20	41
天津市	31	21	潍坊市	20	42

（二）基于分块模型的中国城市网络层域划分

社会网络中的凝聚子群指的是在该集合中的行动者之间具有相对

较强、直接、紧密、经常的或者积极的关系。城市网络凝聚子群用于揭示和刻画城市群体内部子结构状态。找到城市网络中凝聚子群的个数以及每个凝聚子群包含哪些城市成员,分析凝聚子群间关系及连接方式,都可以从新的维度考察城市网络的发展状况。

对城市人口迁移网络经过对称化和二值化处理后,采用 Ucinet 软件的 CONCOR 工具(分块模型)来进行城市网络的凝聚子群分析,分析对象是相关系数矩阵,最终得出各个城市节点的分区情况。计算结果如表 3-9,总共形成以下 8 个城市聚类:北京—东北—山东城市区(中心城市为北京)、天津—河北—山西—内蒙古城市区(中心城市为天津)、陕西—甘肃—宁夏—新疆城市区(中心城市为兰州)、西藏—青海城市区、长三角及外围城市区(安徽、福建、江西、河南一带,中心城市为上海)、西南城市区(四川、重庆、贵州、云南一带,中心城市为成都和重庆)、中部城市区(江西、河南、湖北一带,中心城市为武汉)、珠三角及外围城市区(广东、湖南、广西、海南一带,中心城市为广州和深圳)。

表 3-9　　　　基于分块模型的 2000 年中国城市体系聚类结果

聚类	城市个数	城市名称
1	64	北京市,唐山市,秦皇岛市,承德市,沧州市,赤峰市,通辽市,呼伦贝尔盟,兴安盟,沈阳市,大连市,鞍山市,抚顺市,本溪市,丹东市,锦州市,营口市,阜新市,辽阳市,盘锦市,铁岭市,朝阳市,葫芦岛市,长春市,吉林市,四平市,辽源市,通化市,白山市,松原市,白城市,延边朝鲜族自治州,哈尔滨市,齐齐哈尔市,鸡西市,鹤岗市,双鸭山市,大庆市,伊春市,佳木斯市,七台河市,牡丹江市,黑河市,绥化市,大兴安岭地区,徐州市,济南市,青岛市,淄博市,枣庄市,东营市,烟台市,潍坊市,济宁市,泰安市,威海市,日照市,莱芜市,临沂市,德州市,聊城市,滨州市,菏泽市,新乡市
2	29	天津市,石家庄市,邯郸市,邢台市,保定市,张家口市,廊坊市,衡水市,太原市,大同市,阳泉市,长治市,晋城市,朔州市,晋中市,运城市,忻州市,临汾市,吕梁地区,呼和浩特市,包头市,锡林郭勒盟,乌兰察布盟,伊克昭盟,巴彦淖尔盟,阿拉善盟,安阳市,焦作市,濮阳市
3	33	乌海市,鹤壁市,三门峡市,铜川市,宝鸡市,咸阳市,渭南市,延安市,榆林市,兰州市,嘉峪关市,金昌市,白银市,天水市,武威地区,定西地区,陇南地区,平凉地区,庆阳地区,银川市,石嘴山市,吴忠市,固原地区,哈密地区,昌吉回族自治州,博尔塔拉蒙古自治州,巴音郭楞蒙古自治州,阿克苏地区,克孜勒苏柯尔克孜自治州,和田地区,伊犁地区,阿勒泰地区,新疆省直辖行政单位

聚类	城市个数	城　市　名　称
4	17	迪庆藏族自治州,山南地区,日喀则地区,那曲地区,林芝地区,酒泉地区,张掖地区,临夏回族自治州,甘南藏族自治州,海东地区,海北藏族自治州,黄南藏族自治州,海南藏族自治州,玉树藏族自治州,海西蒙古族藏族自治州,吐鲁番地区,伊犁哈萨克自治州
5	62	上海市,南京市,无锡市,常州市,苏州市,南通市,连云港市,淮阴市,盐城市,扬州市,镇江市,泰州市,宿迁市,杭州市,宁波市,温州市,嘉兴市,湖州市,绍兴市,金华市,衢州市,舟山市,台州市,丽水市,合肥市,芜湖市,蚌埠市,淮南市,马鞍山市,淮北市,铜陵市,安庆市,黄山市,滁州市,阜阳市,宿州市,巢湖市,六安市,亳州市,池州市,宣城市,福州市,厦门市,莆田市,三明市,泉州市,漳州市,南平市,景德镇市,鹰潭市,抚州市,上饶市,郑州市,商丘市,十堰市,宜昌市,毕节地区,西安市,汉中市,安康市,西宁市,塔城地区
6	47	重庆市,成都市,自贡市,攀枝花市,泸州市,德阳市,绵阳市,广元市,遂宁市,内江市,乐山市,南充市,眉山市,宜宾市,广安市,达州市,雅安市,巴中市,资阳市,阿坝藏族羌族自治州,甘孜藏族自治州,凉山彝族自治州,贵阳市,六盘水市,遵义市,安顺市,昆明市,曲靖市,玉溪市,昭通地区,楚雄彝族自治州,红河哈尼族彝族自治州,思茅地区,西双版纳傣族自治州,大理白族自治州,保山地区,德宏傣族景颇族自治州,丽江地区,怒江傈僳族自治州,临沧地区,拉萨市,昌都地区,阿里地区,商洛地区,乌鲁木齐市,克拉玛依市,喀什地区
7	31	龙岩市,宁德市,南昌市,萍乡市,九江市,新余市,赣州市,宜春市,开封市,洛阳市,平顶山市,许昌市,漯河市,南阳市,信阳市,周口市,驻马店市,武汉市,黄石市,襄樊市,鄂州市,荆门市,孝感市,荆州市,黄冈市,咸宁市,随州市,恩施土家族苗族自治州,湖北省直辖行政单位,怀化市,铜仁地区
8	57	吉安市,长沙市,株洲市,湘潭市,衡阳市,邵阳市,岳阳市,常德市,张家界市,益阳市,郴州市,永州市,娄底市,湘西土家族苗族自治州,广州市,韶关市,深圳市,珠海市,汕头市,佛山市,江门市,湛江市,茂名市,肇庆市,惠州市,梅州市,汕尾市,河源市,阳江市,清远市,东莞市,中山市,潮州市,揭阳市,云浮市,南宁市,柳州市,桂林市,梧州市,北海市,防城港市,钦州市,贵港市,玉林市,宁德市,柳州地区,贺州地区,百色地区,河池地区,海口市,三亚市,海南省直辖行政单位,黔西南布依族苗族自治州,黔东南苗族侗族自治州,黔南布依族苗族自治州,文山壮族苗族自治州,海南省直辖县级行政单位

　　结合表 3-9 和图 3-2 可看出,各大城市聚类是按地理邻近性和相互之间人口流动的联系紧密程度而形成的,均由一或两个中心城市与其周边中心性大小不同的其他城市所构成,其中可以明显地看出长三角城市群、珠三角城市群、环渤海城市群这三大城市聚类最为明显,包

含城市最多,尤其是长三角城市群的各地级市度中心性都较高。除三大城市群外,成渝城市群和以武汉为中心的中三角城市群也较为突出。

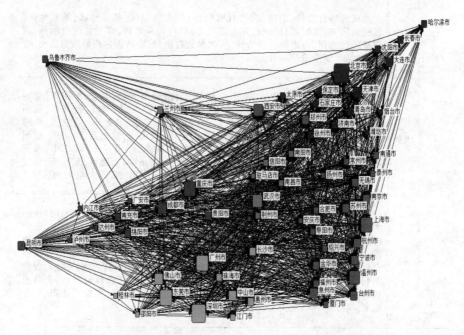

图 3-2　基于人口迁移网络的 2000 年中国城市聚类结果图①

本书基于分块模型的城市聚类划分结果与传统城市群划分结果存在一定的差异,由于分块模型与基于多指标体系城市属性数据的传统聚类方法不同,是从城市之间人口迁移联系的角度出发来研究城市的聚类特征。然而,基于分块模型的城市聚类划分,其总体规律还是与中国目前城市群划分基本一致的,仍以长三角、珠三角、环渤海、成渝和中三角城市群为最主要城市区域,同一城市区域内部的人口迁移流最为紧密。

其中西部地区的两个城市聚类由于城市中心性较低,无法在图 3-5 中表现出来:其中陕西—甘肃—宁夏—新疆城市区只显示出了中心城

---

① 本图中的城市度中心性都大于 70,城市点的大小表示度中心性的大小,颜色深浅表示不同的城市聚类。

市兰州；西藏—青海城市区则没有地级行政单元显示在图上，该区的实际位置应该位于乌鲁木齐、兰州和昆明之间的空白地带；这两个城市聚类内部联系相对较为紧密，而与外部地区联系较少。

五　本节小结与讨论

中国城市人口迁移网络特征可总结如下：

（1）城市节点中心性：在有向加权网络中，入度较高的为东部沿海地区城市，主要分布在三大都市圈，出度较高的为中部六省城市和西部部分城市（四川、重庆）；在无向二值网络中，度、中介度和紧密度中心性最高的前十名城市都是北京、深圳、东莞、广州、上海、重庆、温州、武汉、西安和成都，反映出这些城市在整个人口迁移网络中的核心作用。

（2）城市节点中心性分布：有向加权网络、有向二值网络和无向加权网络的度分布总体来说还是近似幂律分布的，因此可以将这些网络视为无标度网络（scale-free），即网络中少数的节点（核心节点）往往拥有大量的网络资源，与其他城市联系较为紧密，而大部分节点却连接很少，城市网络分布是不均衡的。

（3）人口迁移流空间分布：东部沿海地区人口迁移流密集，中部地区次之，广大西部地区人口迁移流特别稀疏；城市联系网络的连接节点主要集中在环渤海地区、长三角地区和珠三角地区，中国的三大都市区最重要的节点城市是北京、上海、广州，空间极化现象明显，尤其是以广州、深圳为中心的珠三角地区，网络连接最为紧密；从西往东（东北地区例外），网络聚类系数逐渐增加，平均路径长度逐渐降低，表明越往东部沿海地区，城市群集聚程度要越高，且城市间的联系要越紧密，通达性越强。

（4）城市网络层域划分：超过 100 个派系所共有的城市节点为重庆、北京、上海和广州，其次为成都、温州、武汉、深圳、东莞、西安等，以上这些城市节点在整个城市网络中起到重要的联结枢纽作用；按网络凝聚子群分析可分成八大城市聚类，其中长三角城市群、珠三角城市群、环渤海城市群这三大城市聚类最为明显，尤其是长三角城市群的各地级市度中心性都较高，其次突出的为成渝城市群和以武汉为中心的中三角城市群,西部地区的两个城市聚类中城市中心性均较低,与外部联系较少。

第三节 人口迁移影响机制分析

一 人口迁移影响因素分析

人口迁移有很多影响因素,包括了自然环境、经济社会条件、政策因素、个体特性等方方面面。这些因素通过影响城市间人口迁移的过程,从而影响各城市人口规模变化,最终导致整个城市体系的演变。中国国土面积辽阔,从东到西,从北到南间存在巨大的区域差异,各个地级行政单元在地理环境、经济社会发展程度及至区域发展政策方面都存在显著区别。导致区域差异的主要影响因素,新经济地理学将其分成两大类——第一性因素(first nature,生产要素禀赋的空间差异,由城市自身因素决定)和第二性因素(second nature,经济空间集聚系统的内生力量,由城市间相互作用决定)。

Everett Lee 在 20 世纪 60 年代提出的"推—拉迁移理论"是经典人口迁移理论,也是目前中国人口迁移研究中较为常用的一种人口迁移模型。该理论提出,每个地区可以由很多组与迁移有关的因素来刻画,有些因素是使得该地区的人口不发生迁移的,其他因素则是促进人口迁移的"推力"或者"拉力"因素,另外还有"中间障碍因素"在限制迁移流。该模型提到的迁移影响因素包括:人口学指标——人口的自然增长、性别和年龄结构、婚姻状态、预期寿命等;经济发展指标——分产业的经济和劳动力结构、失业率、人均 GDP、平均工资等;社会发展指标——人口的受教育程度、公共卫生质量、教育和文化系统、服务发展等;生态和地理指标——气候、生态情况等;地区间原来的迁移流;政府政策指标——包括迁移政策等;房地产市场指标——公寓价格或租金税、房屋建造率等;地区间的距离。

根据人口迁移理论,并结合中国实际情况,本书提出以下几种影响

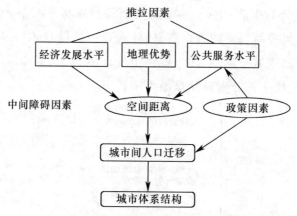

图 3-3　各影响因素的作用机理

人口迁移的重要因素,影响机制如图 3-3 所示:

（一）地理优势

　　各城市的自然资源禀赋（第一性因素）是促进人口迁移的重要"推力"和"拉力"因素。资源的丰富与贫瘠、气候的好坏、环境状况的优劣对人口迁移有一定的影响,特别是在环境污染（尤其是空气污染）日益严重的今天,环境质量,已成为人们选择居住地的一个重要因素。地形、气候、土壤（土壤肥力）、资源（水资源、森林资源、矿产资源）等自然因素相互作用,影响一个地区的人口分布。中国特有的地形环境、气候条件、自然资源的空间分布（西部地区海拔高,干旱少雨,昼夜温差大,东部地区沿海平原地形平坦,湿润多雨,气温适中;北部寒冷,南部温暖）造成了全国人口分布不均衡:东部多,西部少;平原、盆地多,山地、高原少;农业地区多,林牧业地区少;温湿地区多,干寒地区少;沿江、海、交通线的地区多,交通不便的地区少。

　　目前还没有计算地理优势度的统一指标,多用综合城市承载力来反映各城市的居住环境条件,重点评价自然环境外还加入了对城市社会经济发展环境的评价。城市承载力一般通过构建综合指标评价体系来测度,包括资源承载力、环境承载力、生态系统承载力和基础设施承载力,评价的理论基础为各城市经济活动与各种自然资源要素的供给与需求方面的协同作用,例如分为土地、水资源、交通、环境等方面评价指标[①],或者分为生态、生产、生活等方面评价指标[②]。当一个城市的承载力高于其目前所供养的人口数量时,人口可持续迁入该城市;当城市人口数量超过该城市承载力时,就会出现环境恶化、资源短缺等严重城市病,从而迫使一部分人口从该城市中迁出。

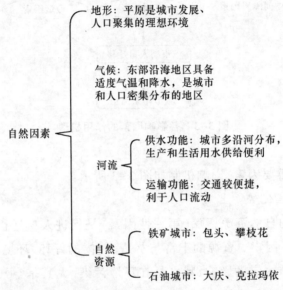

地形:平原是城市发展、人口聚集的理想环境

气候:东部沿海地区具备适度气温和降水,是城市和人口密集分布的地区

自然因素

河流
供水功能:城市多沿河分布,生产和生活用水供给便利

运输功能:交通较便捷,利于人口流动

自然资源
铁矿城市:包头、攀枝花

石油城市:大庆、克拉玛依

图3-4　自然因素对人口分布和城市形成的影响

受地理环境因素的影响,中国形成了城市体系基本空间格局:东部地区人口密集,形成城市数量较多,且规模较大、等级较高的城市居多;西部地区地广人稀,城市数量较少,且城市规模普遍较小。

(二)经济发展水平

地区经济发展水平是人口迁移"推拉力"中的第二性因素,不仅指地区总体经济实力,还包括了各地区的就业机会和收入水平,因为这三者是紧密联系的。推—拉迁移理论(迁移因素模型)指出,迁移的流向

---

① 孙莉、吕斌、周兰兰:《中国城市承载力区域差异研究》,《城市发展研究》2009年第3期。

② 方创琳、鲍超、张传国:《干旱地区生态—生产—生活承载力变化情势与演变情景分析》,《生态学报》2003年第9期。

和流量与迁入地和迁出地的经济状况有密切关系，人口倾向于从经济发展落后的地区往经济发达地区迁移，因为一般来说经济发展水平较高的地区就业机会较多，工资收入较高，生活水平也较高。地区经济发展水平（对个人来说主要表现在就业机会和收入水平）是目前影响中国人口迁移的最重要因素。改革开放以来，中国劳动力增长和就业增长的地区分布不匹配，东部沿海地区经济发展速度很快，经济规模大，就业机会多，从而吸引人口自然增长较快的中西部地区剩余劳动力大规模向东部大城市迁移。目前中国还是以经济导向的人口迁移居多。

由表 3-10 可看出，迁入人口数与迁入地的经济发展水平（人均GDP）和就业收入水平（平均工资）呈显著的正相关，反映出地区经济发展水平对迁移人口存在明显的影响效应。区域经济差异对各城市人口的再分配使得城市体系空间分布更加趋向于极化发展。

表 3-10　　　　　人口迁移与地区经济发展水平之间的相关性

年份	经济变量	Pearson 相关系数	Spearman 相关系数	置信度水平
2000	人均 GDP	0.679	0.642	0.01（双侧）
2010	人均 GDP	0.489	0.617	0.01（双侧）
2000	职工平均工资	0.614	0.419	0.01（双侧）
2010	职工平均工资	0.528	0.418	0.01（双侧）

数据来源：《中国城市统计年鉴 2001、2011》

（三）公共服务水平

公共服务水平是推—拉迁移理论中提到的社会发展因素，也属于第二性因素，是决定迁入地拉力和迁出地推力的重要依据。公共服务包括义务教育、公共卫生和基本医疗、基本社会保障、公共就业服务等方面。根据蒂布特公共产品供给假说（1956），在就业机会均等的情况下，人们"以足投票"，会迁移到最适合自己公共产品偏好的地区，以满足自己的效用最大化，提高生活质量。国际上来说，关于"福利移民"的证据很少，但是其他国家的公共服务质量的地区差异和城乡差异也不像中国这么巨大。对于中国的迁移人口来说，迁入地公共服务水平是影响其迁移的重要因素之一（如当前大量的高考移民，实质上反映了迁移人口对政府提供的高等教育服务的需求）。在中国的中小城市，公共服务和社会保障不如大城市完善,这也是那些试图吸引农民工到中小城市的政策不太见成效的原因之一①。

然而,由于公共服务资源在区域间的配置不均衡以及对公共服务享受的准入限制,公共服务水平对人口迁移的实际影响因受到相关政策限制而打了折扣。自改革开放以来,中国地方政府的主要职能以经济建设为中心,基本公共服务投入不足,为避免公共服务产生拥挤效应,提高了使用公共服务的准入标准,如对户籍和教育程度的限制,这排除了很大一部分迁入人口(主要是流动人口)使用该地区的公共服务,即使使用也要付出比本地居民更大的代价,如非本地学生缴纳借读费等。此外,中国基本公共服务投入是由政府决定的,缺少显示居民基本公共服务偏好的机制。

由于没有专门的公共服务数据,根据数据可得性,这里选择科学事业费支出和教育事业费支出来表示各地级市的教育和科技事业的公共服务水平,研究单项公共服务对迁入人口的影响。如图3-5所示,2010年各地级市科学支出、教育支出与迁入人数呈显著正相关,判定系数达到了0.7以上,表明城市科学教育事业的公共服务水平越高,对人口吸引力越强。

公共服务水平的地区差异导致人口迁移,也有推动城市体系空间分布极化发展的作用,但是由于受到政策因素的限制,影响作用没有经济发展水平那么显著。

(四)迁移成本

推—拉迁移理论中提出的限制迁移流的"中间障碍因素",随着地区间距离的增加,中间障碍因素的影响力增加,这些因素包括交通成本、对迁移的立法限制、对潜在迁入地信息的不了解等。迁移成本具体包括迁移的交通费、求职过程中的生活费等直接费用,以及失去已有工作的机会成本和适应新生活的心理成本等。迁入地和迁出地之间的空间距离越近,交通成本越小,由于生活环境变化而导致的心理成本也有

---

① 国务院发展研究中心和世界银行联合课题组:《中国:推进高效、包容、可持续的城镇化》,《管理世界》2014年第4期。

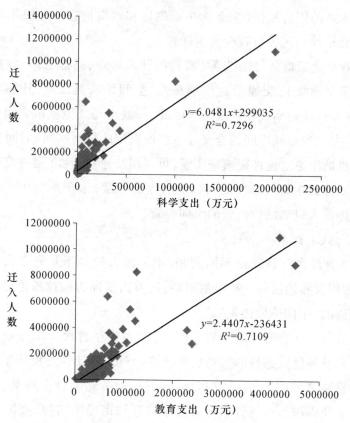

$y=6.0481x+299035$
$R^2=0.7296$

$y=2.4407x-236431$
$R^2=0.7109$

图 3-5　2010 年各地级市科学支出、教育支出与迁入人数之间的关系

数据来源：《中国城市统计年鉴 2011》。

所减轻；两地居民之间存在较多的血缘或同乡关系（社会网络联系越紧密），各种各样的生活信息、就业信息就可以比较容易地传递，前期迁移者为后期迁移者提供便利，可以有效降低由距离较远产生的负面效应。这在中国人口迁移中也是个很重要的影响因素，从大城市中外来人口根据来源地不同形成的聚居区（如北京的"浙江村"）可见一斑。

　　不管在任何国家和地区，空间距离仍然是影响迁移的一个重要变量，距离的增加不仅导致迁移成本上升，同时由于对迁入地的信息了解更少，也增加了迁移的不确定性和迁移的风险。地级行政单元之间的人口迁移显著受到空间距离（地理邻近性）的影响，珠三角、长三角和京津冀这三大城市群作为全国主要人口迁入地,吸引的迁移人口多来自邻近迁入地的周边地区(主要为中部地区和西南地区的地级单元),西部和东北偏远地区人口较少发生迁移。

随着交通运输条件的改善(高铁的开通运营,高速公路、铁路和空港数量不断增加),交通通达度的提高,空间距离被压缩,迁移成本下降,促使人口长距离迁移的增加。因此,一城市与其他城市之间的空间距离,应考虑到由城市间综合交通系统所决定的相对空间(时间)距离,而非简单地用绝对地理距离来衡量,可以用交通通达度(通过交通系统从一个地方到达其他地方便利程度的综合考量)来刻画每个城市在整个城市体系人口流动中所处的空间位置。

(五)政策因素

与各种经典迁移理论不同的是,中国的人口并不是完全自由流动的,受到国家和地区各项政策的限制,政策因素即为推拉理论提出的限制迁移流的"中间障碍因素"之一。

用城市人口来衡量城市规模时,劳动力迁移直接影响城市规模大小。国家及各地区施行的人口迁移政策会对人口迁移过程产生极大的影响。梁琦等(2013)的研究指出,若城市间劳动力自由流动,自由市场机制会使得城市规模分布形成金字塔型城市层级结构,如图3-6中虚线所示;而当劳动力流动受到限制时,这种稳态均衡将被打破,从而形成中国目前"两头小,中间大"的城市规模结构,即二级城市数量不足,小城市和小城镇发展滞后①。中国户籍制度的存在,导致劳动力从农村向城市、从低阶城市向高阶城市的流动受到阻碍。尽管近年来政府已逐渐放松对人口迁移的管制,户口仍然是决定迁移机会和迁移途径的决定性因素。2014年,国家决定建立城乡统一的户口登记制度,取消农业户口与非农业户口的性质区分,统一登记为居民户口。但户籍仍与所能享受到的公共服务紧密挂钩,尤其对于流动人口最多的大城市来说,城市级别越高,落户难度越大,流动人口越难享受到迁入地

---

① 梁琦、陈强远、王如玉:《户籍改革,劳动力流动与城市层级体系优化》,《中国社会科学》2013年第12期。

公共服务。如北京一直收紧户籍政策，上海、广州、天津则实行严格的积分落户制度，按科技贡献、专业技能、学历、在迁入地居住时间、缴纳社保情况等方面进行积分，满一定积分方可落户。

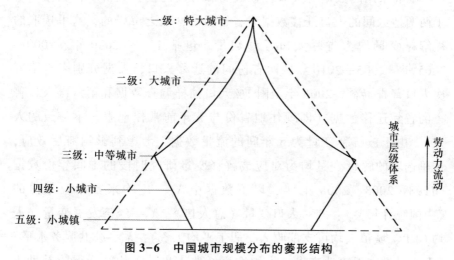

图 3-6　中国城市规模分布的菱形结构

资料来源：梁琦、陈强远、王如玉：《户籍改革，劳动力流动与城市层级体系优化》，《中国社会科学》2013 年第 12 期。

除了户籍政策以外，国家人口迁移政策、区域发展政策，以及国家一系列宏观经济政策（如财政政策、货币政策、产业政策、区域政策、收入政策等）的调整和完善，都会使人口迁移的方向、规模、结构等发生变化。

二　人口迁移影响因素计量分析

参考以往的人口迁移影响因素分析，本节采用经典的引力模型——$M_{ij}=k\dfrac{P_i^{b_1}P_j^{b_2}}{d_{ij}^c}$来进行人口迁移影响因素的计量分析，以验证前文提出的人口迁移影响机制。经过对数变换后，得到模型为：$\ln M_{ij}=a_0+a_1\ln(X_{1j}/X_{1i})+a_2\ln(X_{2j}/X_{2i})+\cdots\cdots+a_n\ln d_{ij}+e$

其中把 i 地迁往 j 地的人数 M_{ij} 作为因变量，把两地间各因素的相对差距（即 X_j/X_i）作为自变量，d_{ij} 为两地间距离。该模型将引力模型和推—拉模型结合在一起，相对差距值的分子（X_j）实际测度了迁入地的拉力，分母（X_i）测度了迁出地的推力，从而考虑到了迁移流的不对称特性。

　　本节采用的数据为人口普查数据和有关的社会经济统计数据。由于两两地区间的人口迁移数据只有省级的，缺乏市级的，这里选取的被解释变量均为省际人口迁移数量，包括 1995—2000 年、2000—2005 年、2005—2010 年两两省份间的迁移人口，数据分别来自第五次人口普查资料、2005 年全国 1% 人口抽样调查数据和第六次人口普查的省际迁移数据（即现住地省份与五年前常住地省份不一致的人口）。由于被解释变量为 5 年间的流量数据，考虑到影响滞后效应，这里选取的解释变量均为对应被解释变量研究时段的中间年份数据（1998、2003、2008 年）[①]，以下数据中 X_1—X_5 均来自相应年份的《中国统计年鉴》：X_1—人口变量（总人口）；X_2—经济发展变量（人均 GDP、城镇人均可支配收入、职工平均工资）；X_3—公共服务水平[②]（人均科教文卫事业支出、人均教育经费支出、人均社会保障补助支出、每万人医疗机构床位数、每万人卫生技术人员数、每万人在校大学生数）；X_4—居住条件变量（用住房价格表示，即商品房销售金额/商品房销售面积）；X_5—环境质量变量（用人均公共绿地面积表示）；X_6—社会网络变量，用严善平（2007）提出的"流动链指数"表示——前一个时期流往其他省份的迁移人口数量作为两地之间的流动链指标，等于迁出人口在各迁入地的构成比（i 省流向 j 省的迁移人口 /i 省的总迁出人口）[③]，数据来自 1995 年全国 1% 人口抽样调查资料[④]、第五次人口普查、2005 年全国 1% 人口抽样调查资料的省际迁

---

　　①　C. Cindy Fan., "Modeling Interprovincial Migration in China, 1985–2000" *Eurasian Geography & Economics*, 46（3），2005，pp. 165–184.

　　②　《中国统计年鉴 2009》没有基本建设支出这一项，而《中国统计年鉴 1999》和《中国统计年鉴 2004》没有一般公共服务支出这一项，故用人均科教文卫事业支出和社会保障支出来表示公共服务水平。

　　③　严善平：《中国省际人口流动的机制研究》，《中国人口科学》2007 年第 1 期。

　　④　由于 1995 年重庆市还没有从四川省中独立出来，故将 1995 年的重庆市与四川省的迁入比视作是相等的。

表3-11　模型选取变量的描述性统计

模型 变量	模型1：1995—2000年迁移人口模型				模型2：2000—2005年迁移人口模型				模型3：2005—2010年迁移人口模型			
	均值	标准差	最小值	最大值	均值	标准差	最小值	最大值	均值	标准差	最小值	最大值
迁移人口	6.665	1.617	1.950	12.440	6.823	1.854	2.300	12.670	7.283	1.557	3.300	12.590
两地距离	7.389	0.638	4.920	8.610	7.408	0.646	4.920	8.610	7.408	0.646	4.920	8.610
流动链指数	0.267	1.537	-4.010	4.370	0.281	1.496	-6.130	4.480	-0.009	1.673	-5.790	4.470
人口比值	-0.012	1.263	-3.610	3.610	0.008	1.260	-3.580	3.580	0.008	1.229	-3.500	3.500
人均GDP比值	-0.002	0.736	-2.390	2.390	0.003	0.763	-2.340	2.340	0.004	0.713	-2.110	2.110
人均可支配收入比值	0.005	0.340	-0.790	0.790	0.000	0.335	-0.820	0.820	0.001	0.330	-0.890	0.890
平均工资比值	0.002	0.347	-0.930	0.930	-0.004	0.401	-0.970	0.970	-0.003	0.356	-0.990	0.990
人均科教文卫支出比值	0.004	0.756	-2.120	2.120	-0.003	0.706	-1.900	1.900	-0.003	0.616	-1.670	1.670
人均社会保障支出比值	-0.021	0.937	-2.310	2.310	-0.001	0.850	-2.520	2.520	-0.002	0.693	-1.890	1.890
人均教育支出比值	0.003	0.738	-2.450	2.450	0.000	0.750	-2.380	2.380	-0.001	0.542	-1.480	1.480
每万人在校大学生数比值	-0.007	0.858	-2.690	2.690	0.005	0.720	-2.090	2.090	0.004	0.536	-1.590	1.590
每万人医疗机构床位数比值	-0.003	0.423	-1.250	1.250	0.001	0.405	-1.200	1.200	0.000	0.298	-0.860	0.860
每万人卫生人员数比值	-0.002	0.472	-1.400	1.400	0.002	0.429	-1.350	1.350	0.001	0.380	-1.330	1.330
住房价格比值	0.005	0.584	-1.950	1.950	0.001	0.501	-1.440	1.440	0.002	0.620	-1.850	1.850
人均绿地面积比值	0.013	0.633	-2.560	2.560	0.012	0.685	-3.160	3.160	0.002	0.265	-0.920	0.920
样本数	884				915				915			

注：以上变量数据均经过了取对数处理。

移数据；X_7—迁移成本变量，用省会城市间铁路距离 d_{ij} 来表示，数据收集自在线列车时刻查询表。其中，地理优势度并没有较好的计算指标，这里为了计算简便，用居住环境（居住条件和环境质量变量）来代替；本模型中并未考虑政策因素，由于难以对其进行具体量化。

在对以上数值进行对数变换加入模型后，除去因 0 值取对数而出现的空值，1995—2000 年、2001—2005 年、2006—2010 年间的迁移人口模型分别包含了 884、915、915 个迁移流样本。

由于时间序列数据太短，只有三年，不能充分反映出时间上的变化，且为了比较各个年份的影响因素差异，故这里放弃使用面板数据回归法，而是用 OLS 法对三年的截面数据分别进行逐步回归，剔除了共线性因素及不显著因素，得到的回归结果如表 3-12 所示。

1995—2000 年省际迁移人口的影响因素中，人口迁移与距离呈反比，与流动链指数呈正比，与人口比值呈反比，与每万人在校学生数比值成反比，与城镇居民平均可支配收入比值成反比，与房价比值成正比，与人均科教文卫支出比值成正比。2001—2005 年迁移人口的计量分析结果表明：人口迁移与距离成反比，与流动链指数成正比，与人口比值成反比，与人均 GDP 比值成正比，与人均公共绿地面积比值成正比，与人均科教文卫支出比值成正比。2006—2010 年迁移人口的计量分析结果表明：人口迁移与距离成反比，与流动链指数成正比，与人口比值成反比，与人均 GDP 比值成正比，与人均教育支出比值成正比。

由于模型中自变量和因变量都取的对数形式，回归系数 b 可表示自变量变动 1% 所引起的因变量变动的相应百分比。因此，模型 1 中各变量对人口迁移影响作用由大到小分别是：社会网络（0.703）、公共服务（0.636）、空间距离（-0.511）、人均城镇可支配收入（-0.376）、住房价格（0.319）；模型 2 中对人口迁移影响作用较大的是：社会网络（0.844）、空间距离（-0.653）、人口（-0.438）、公共服务（0.283）；模型 3 中人口迁移的重要影响因素包括：空间距离（-0.646）、社会网络（0.627）、人口（-0.455）、公共服务（0.334）。

表3-12　中国省际人口迁移影响因素计量分析结果

变量	指标	1995—2000年 B	1995—2000年 t	2000—2005年 B	2000—2005年 t	2005—2010年 B	2005—2010年 t
人口变量	总人口比值	-0.181 (0.000)	-4.73 (0.000)	-0.438 (0.000)	-9.49 (0.000)	-0.455 (0.000)	-12.57 (0.000)
经济发展变量	人均城镇可支配收入比值	-0.376 (0.029)	-2.19 (0.029)				
	人均 GDP 比值	0.636 (0.000)	6.24 (0.000)	0.163 (0.076)	1.78 (0.076)	0.247 (0.003)	2.98 (0.003)
	人均科教文卫事业支出比值			0.283 (0.012)	2.52 (0.012)		
公共服务变量	人均教育经费支出比值					0.334 (0.007)	2.69 (0.007)
	每万人在校大学生数比值	-0.148 (0.008)	-2.67 (0.008)				
居住条件变量	住房价格比值	0.319 (0.003)	2.94 (0.003)				
环境质量变量	人均公共绿地面积比值			0.106 (0.091)	1.69 (0.091)		
社会网络变量	流动链指数	0.703 (0.000)	29.14 (0.000)	0.844 (0.000)	28.54 (0.000)	0.627 (0.000)	31.09 (0.000)
迁移成本变量	两地空间距离	-0.511 (0.000)	-9.39 (0.000)	-0.653 (0.000)	-10.45 (0.000)	-0.646 (0.000)	-13.99 (0.000)
	常数项	10.249 (0.000)	25.20 (0.000)	11.424 (0.000)	24.38 (0.000)	12.076 (0.000)	35.22 (0.000)
	模型拟合合度	R^2	0.718	R^2	0.689	R^2	0.754

注：括号中为对应的显著性水平（p值）。

综上所述，经济发展水平（人均 GDP）、公共服务水平（人均科教文卫支出）、空间距离、居住环境、社会网络都是影响人口迁移的重要因素，这验证了前文提出的人口迁移影响机制（图 3-3）。

第四节   本章小结

本章先分析中国人口迁移与城市体系之间的关系，证实了城市间人口迁移直接决定城市体系的演化方向。因此，本研究围绕理论模型的构建基础——人口迁移展开，先剖析中国城市人口迁移网络的基本特征，然后从人口迁移的影响机制分析出发，探讨各因素如何通过影响人口迁移进而影响城市体系演化的。

从中国人口迁移的特征事实来看，中国城市人口迁移网络主要呈现出以下几大特征：（1）入度较高的为东部沿海地区城市，主要分布在三大都市圈，出度较高的为中部六省城市和西部部分城市；（2）城市的网络中心性呈幂律分布，少数城市迁移人口较多，大多数城市迁移人口较少；（3）人口迁移流空间分布特征：东部沿海地区人口迁移流密集，中部地区次之，广大西部地区人口迁移流特别稀疏，城市联系网络的连接节点主要集中在环渤海地区、长三角地区和珠三角地区；（4）根据人口迁移网络可将中国城市划分为八大聚类，其中长三角城市群、珠三角城市群、环渤海城市群这三大城市聚类最为明显，尤其是长三角城市群的各地级市度中心性都较高，其次突出的为成渝城市群和以武汉为中心的中三角城市群。

第五章将通过对真实城市体系的模拟来验证以上几大规律，从而证实理论模型的模拟结果是符合特征事实的，具备一定的网络特征。

从人口迁移的影响因素来看，本章具体探讨了地理环境条件、经济发展水平、公共服务水平、空间距离、社会网络、政策因素等通过人口迁移来影响城市体系演化的动力机制，通过计量方法进行验证后，最终将中国各城市人口迁入率的函数表示为：$M_i = f$（地理优势，

经济发展水平，公共服务水平，空间距离，社会网络，政策因素），
括号中均为影响中国人口迁移的重要因素。第四章理论模型的构建将
引入本章所提出的人口迁移影响机制，从而深化对城市化的本质——
人口迁移网络的内涵研究。

第四章

基于人口迁移网络的城市体系模型构建

在分析了模型构建的理论基础——人口迁移的基本特征事实和影响机制后，本章将着手构建基于人口迁移网络的中国城市体系演化理论模型。本章先从已有城市体系模型中选出合适的基准模型，从人口迁移的视角对模型进行改进，提出基础理论假设并对简化的理论模型进行初步的数值模拟分析，最后根据城市等级体系的概念和内涵对理论模型进行进一步的拓展。

第一节　中国城市体系演化基础理论模型选择

从本书的研究目的出发，构建理论模型，需要解决以下问题：

一是需要分析人口迁移对城市体系演化的影响：经济发展水平、公共服务水平、空间距离、居住环境等因素如何通过影响人口迁移进而影响城市体系结构？

二是将城市体系视为一个整体（假设总人口不变），通过城市间的人口迁移连接成一个紧密联系的城市网络，各城市人口的变化是相互影响的。

三是需要将现有城市体系模型拓展到多区域，且初始时各区域为非均质的，使得城市体系模拟结果可以落实到真实地理空间上。

经过比较选择，作者发现 Krugman（1997）、Fujita，Krugman and Venables（1999）、Stelder（2005）的城市体系演化模型能够满足以上

条件①②③：一是模型中是由地区间人口迁移导致的各地区人口规模变化；二是多区域情况下模型中的各地区是通过人口迁移紧密联系在一起的；三是在已有研究中，Stelder（2005）和葛莹等（2013）引入地理空间构造和空间异质性对该模型进行改进，分别用于欧洲和中国浙江省城市体系演化模拟，模拟结果大体符合现实，具有一定的适用性③④。因此，本研究借鉴该模型，引入前文分析的人口迁移影响因素，来模拟人口迁移对中国城市体系演化的影响。

　　该城市体系演化模型也属于新经济地理学城市体系演化理论中的一种，由于 NEG 城市体系演化理论包括基于线性无限延展空间和圆形跑道空间（十二区域）设定的经济模型⑤，这两种城市体系模型都是"核心—边缘"模型的引申，向我们展示了若干资源禀赋相似的区位如何在规模报酬递增、要素流动以及运输成本的相互作用下，最终演绎成各等级的城市体系框架。在 NEG 的城市和区域体系中，最常用的建模方式是关注集聚的空间分布（例如数量、规模、空间位置以及产业间空间协调），将集聚的内部空间结构抽象化了，模型中的城市或区域都只用位置空间上的一个点来表示。制造业活动的空间分布决定了均衡的城市数量、规模与区位：在集聚与分散力量作用下，如果某个地区有制造业活动分布，则该地区会形成城市；如果某一地区制造业份额较大，则该城市的规模也较大。在模型中加入连续空间的最早尝试是 Krugman（1993）提出的"跑道经济"模型，将核心—边缘模型扩展成围绕圆环的 12 个区域，像时钟一

①　Krugman P R., Development, *geography, and economic theory*, MIT press, 1997.

②　Fujita M, Krugman P R, Venables A J., *The spatial economy: cities, regions and international trade*: Cambridge, MA: MIT Press, 1999.

③　Stelder D., "Where Do Cities Form? A Geographical Agglomeration Model for Europe" *Journal of Regional Science*, 45（4），2005，pp. 657–679.

④　葛莹、朱国慧、吴野：《地理环境下的克鲁格曼式城市体系模拟分析》，《地理科学》2013 年第 3 期。

⑤　Fujita M, Mori T., "Frontiers of the new economic geography" *Papers in Regional Science*, 84（3），2005，pp. 377–405.

样，货物沿圆周进行运输①。在该模型中，从十二区域初始经济活动均匀分布开始，模拟结果总是制造业平均集聚于两个相对的区域，从而导致了中心地体系的自组织形成。

Fujita，Krugman and Venables（1999）核心—边缘（CP）模型通过数理分析，解释一个最初最有对称结构的经济系统（假定由两个完全相同的区域构成）如何通过制造业人口（工人）的迁移内生地演化为工业核心区与农业边缘区②。根据模型假定，构成经济系统的北部和南部两个区域在初始时是对称的，只有制造业人口即工人可以跨区自由流动。在区域对称的情形下，假设两区域的初始对称状态受到轻微的扰动，这种扰动是由少量制造业工人从南部迁移到北部的过程引发的，将使得北部的消费需求增加从而市场规模变大，南部则反之，从而吸引更多南部企业向北部迁移，增加了北部生产的产品种类和数量，导致北部生活成本的下降，吸引更多工人从南部向北部迁移，在这种情况下制造业向北部加速聚集。也就是说，CP 模型中经济活动集聚的实现，依赖于两个重要的经济效应所产生的循环累积因果机制，这两个重要的效应就是"本地市场效应"和"生活成本效应"。该演化过程的关键是，当广义上的运输成本或贸易成本降低到某个特定临界值时，制造业必然向两个区域中的某一个区域集中，而且这种聚集过程一旦开始就将自行维持下去并不断自我加强，直到一个区域拥有全部制造业成为工业核心区而另一个区域完全失去制造业沦为农业边缘区为止。

第二节　基于人口迁移网络的多区域
人口分布模型构建

模型的基本结构和假设如下所示：

① Krugman P.，"On the number and location of cities" *European Economic Review*，37（2），1993，pp. 293-298.

② Fujita M，Krugman P R，Venables A J.，*The spatial economy：cities，regions and international trade*：Cambridge，MA：MIT Press，1999.

产业结构：经济体由两个部门组成，垄断竞争的制造业部门 M 和完全竞争的农业部门 A，分别使用工人和农民这两种劳动力资源，其中制造业供给大量的差异化产品，具有规模报酬递增的特征，农业部门生产单一的同质产品。

要素流动：工人可以在两区域之间自由流动，但农民不可自由流动。决定工人在地区之间区位选择的力量是经济中的集聚经济效应和集聚不经济效应。

集聚与分散力：制造业工人区位选择背后的决定力量是经济中的集聚与分散机制。集聚力量包括新经济地理学模型中的本地市场效应（考虑到规模经济效应，垄断企业倾向于选择市场规模较大的区位进行生产并向规模较小的市场区出售其产品）和生活成本效应（企业比较集中的地区，本地生产的产品种类和数量较多，支付运输成本较少，商品价格较低，实际收入水平较高）。分散力量为市场竞争/拥挤效应，指不完全竞争性企业趋向于选择竞争者较少的区位。

制造业活动空间分布和均衡的城市规模分布：由于劳动力是工业企业的唯一投入要素，制造业工人在各地区之间的区位选择实际上决定了制造业的空间分布，制造业工人集中的地区也就是制造业活动集聚的地区。而制造业活动的空间分布决定了均衡的城市数量、规模与区位；在集聚与分散力量作用下，如果某个地区有制造业活动分布，则该地区会形成城市；如果某一地区制造业份额较大，则该城市的规模也较大。

在 CP 模型的基础上，本模型引入第三章总结的人口迁移重要影响因素，令工人的空间流动由地区间的效用水平差异决定，在消费者效用函数中引入外生变量公共品消费，将其与户籍制度相挂钩，假设农民数量受到地区自然禀赋的影响，并将模型从两区域拓展到多区域，从而引入空间距离和社会网络对人口迁移的影响，模型基本框架如图 4-1 所示。下文介绍模型的具体推导过程，按经济学分析脉络，分为消费者行为、生产者行为、将模型拓展到多区域的相关设定、模型的短期和长期均衡状态这几个部分。

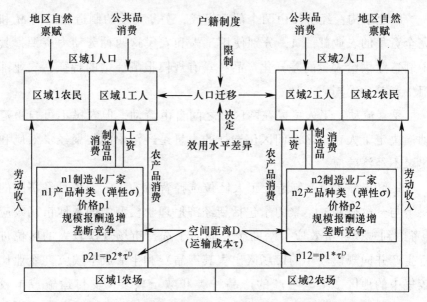

图 4-1　基于人口迁移的城市人口规模演化基本框架（两区域）

注：效用水平由地区居民对制造品、农产品和公共品的消费共同决定。

一　消费者效用最大化

消费者的效用函数可表示为：

$$U = \frac{M^{\mu} A^{1-\mu} S^{\gamma}}{\mu^{\mu}(1-\mu)^{1-\mu}\gamma^{\gamma}(1+\gamma)^{-(1+\gamma)}} \tag{4-1}$$

M 代表制成品消费量的综合指数，A 是农产品的消费量，S 是公共产品的消费量，μ 是制成品的支出份额，$(1-\mu)$ 是农产品的支出份额。γ 显示消费者的效用关于地方公共品的弹性，即地方公共品供给每增加一单位，消费者福利水平提升 γ 倍。因此 γ 数值越大，显示消费者对公共产品供给越敏感，体现在福利偏好上，即相对的更加偏好地方公共品。除以分母 $\mu^{\mu}(1-\mu)^{1-\mu}\gamma^{\gamma}(1+\gamma)^{-(1+\gamma)}$ 是为了简化间接效用函数的形式[1]。

M 为不变替代弹性函数（CES）：

$$M = \left[\int_{0}^{n} m(k)^{\rho} d_{k}\right]^{1/\rho}, 0 < \rho < 1 \tag{4-2}$$

---

① 梁涵：《集聚经济与地方政府的整合研究》，博士学位论文，北京大学，2010 年。

$m(k)$ 表示每种可得制成品的消费量（k 指代各个制成品种类）；n 表示制成品种类的数目；ρ 表示消费者对制成品多样性的偏好程度。令 $\sigma = 1/(1-\rho)$，则 σ 表示任意两种制成品之间的替代弹性。

给定收入 Y 和一组价格：p^A 是农产品的价格，$p(k)$ 是每种制成品的价格，p^s 是公共品的价格，那么消费者效用最大化问题必须建立在以下的预算约束条件上：$p^A A + \int_0^n p(k) m(k) dk + p^S S = Y$

解决效用最大化问题的第一步：使制成品组合 M 的成本最小化，

$$\min \int_0^n p(k) m(k) dk \quad \text{s.t.} \quad \left[\int_0^n m(k)^\rho dk \right]^{1/\rho} = M \qquad (4-3)$$

实现成本最小化的一阶条件是边际替代率等于价格比率，即：

$$\frac{m(k)^{\rho-1}}{m(\ell)^{\rho-1}} = \frac{p(k)}{p(\ell)} \qquad (4-4)$$

其中 k 和 ℓ 指代任意两种不同的制成品。将 $m(k) = m(\ell)$ $\left(\dfrac{p(\ell)}{p(k)} \right)^{1/(1-\rho)}$ 代入约束条件 $\left[\int_0^n m(k)^\rho dk \right]^{1/\rho} = M$，得到：

$$m(\ell) = \frac{p(\ell)^{1/(\rho-1)}}{\left[\int_0^n p(k)^{\rho/(\rho-1)} dk \right]^{1/\rho}} M \qquad (4-5)$$

上式为第 ℓ 种制成品的补偿需求函数。

则制成品集合 M 的最低成本表达式为：

$$\int_0^n p(\ell) m(\ell) d\ell = \left[\int_0^n p(k)^{\rho/(\rho-1)} dk \right]^{(\rho-1)/\rho} M \qquad (4-6)$$

将 （4-6） 式右边第一项定义为制成品的价格指数 G，则

$$G = \left[\int_0^n p(k)^{\rho/(\rho-1)} dk \right]^{(\rho-1)/\rho} = \left[\int_0^n p(k)^{1-\sigma} dk \right]^{1/(1-\sigma)} \qquad (4-7)$$

将 （4-7） 代入 （4-5），则

$$m(k) = \left(\frac{p(k)}{G} \right)^{1/(\rho-1)} M = \left(\frac{p(k)}{G} \right)^{-\sigma} M \qquad (4-8)$$

解决效用最大化问题的第二步：选择 A、M、S 使效用最大化，即

$$\max U = M^\mu A^{1-\mu} S^\gamma \quad \text{s.t.} \quad GM + p^A A + p^S S = Y \qquad (4-9)$$

得到 $\quad M = \dfrac{\mu Y}{(1+\gamma) G}, A = \dfrac{(1-\mu) Y}{(1+\gamma) p^A}, S = \dfrac{\gamma Y}{(1+\gamma) p^S} \qquad (4-10)$

对每种制成品有：$m(\ell) = \dfrac{\mu Y}{1+\gamma} \cdot \dfrac{p(j)^{-\sigma}}{G^{-(\sigma-1)}}, \ell \in [0, n]$ $\qquad$ (4-11)

将最大化效用看成是收入 Y、农产品价格 p^A、公共品价格 p^s 以及制成品价格指数 G 的函数，由此得到间接效用函数：

$$U = Y^{1+\gamma} G^{-\mu} (p^A)^{-(1-\mu)} (p^S)^{-\gamma} \qquad (4-12)$$

假定所有制成品的价格都是 p^M，(4-7) 式可简化为：

$$G = \left[\int_0^n p(k)^{1-\sigma} dk \right]^{1/(1-\sigma)} = p^M n^{1/(1-\sigma)} \qquad (4-13)$$

二　多区域构建与运输成本设定

假设存在 R 个独立地区，每种产品只在一个地区生产，而且所有特定地区生产的产品都是对称的，有相同的生产技术和相同的价格，用 n_i 表示地区 i 生产的产品种类数，用 p_i 表示各类产品的出厂价或离岸价。

如果把 1 单位农产品（或任何一种制成品）从地区 i 运到地区 j，只有其中的一部分 $\left[即 1/T_{ij}^A (1/T_{ij}^M) \right]$ 能够到达，其余的都在运输途中损耗掉了，T_{ij} 为两地之间的运输成本。因此要使得有 1 单位农产品（或制成品）能运送到目的地，在生产地必须装运 $T_{ij}^A (T_{ij}^M)$ 单位的该产品。

某种制成品在生产地 i 的售价是 p_i^M，那么这种制成品在消费地 j 的交货价或到岸价 p_{ij}^M 就是：

$$p_{ij}^M = p_i^M T_{ij}^M \qquad (4-14)$$

改写 (4-7)，则地区 j 的价格指数为：

$$G_j = \left[\sum_{i=1}^R n_i (p_i^M T_{ij}^M)^{1-\sigma} \right]^{1/(1-\sigma)}, i = 1, \cdots, R \qquad (4-15)$$

根据 (4-11) 可知道地区 j 对地区 i 生产的一种产品的消费需求为：

$$\frac{\mu}{1+\gamma} Y_j (p_i^M T_{ij}^M)^{-\sigma} G_j^{(\sigma-1)} \qquad (4-16)$$

将该产品在各地区的消费量相加，就可得到地区 i 此种产品的总销售量为：

$$q_i^M = \frac{\mu}{1+\gamma} \sum_{j=1}^{R} Y_j (p_i^M T_{ij}^M)^{-\sigma} G_j^{\sigma-1} T_{ij}^M \qquad （4-17）$$

三　生产者利润最大化

假设农产品市场是完全竞争的，并且采用规模报酬不变的技术进行生产，而工业制成品的生产存在规模经济。假设所有地区所有工业制成品的生产技术都相同，固定投入为 F，边际投入为 c^M。暂且假定生产中只有一种要素投入即劳动，在给定地区生产数量为 q^M 的任何产品需要的劳动投入为 ℓ^M，即：

$$\ell^M = F + c^M q^M \qquad （4-18）$$

由于规模经济、消费者对差异产品的偏好以及存在无限种潜在差异产品的原因，没有一家厂商会选择与别的厂商生产同类产品，这就意味着每种产品只在一个地区由一个专业化厂商生产，所以现有厂商的数量与可获得的差异产品的种类数相同。

一家地区 i 的厂商只生产一种特定产品，该特定厂商支付给制造业工人的工资率是给定的 w_i^M，产品的出厂价为 p_i^M，则利润可表示为：

$$\pi_i = p_i^M q_i^M - w_i^M (F + c^M q_i^M) \qquad （4-19）$$

根据利润最大化原则可知对于所有地区 i 生产的产品种类有：

$$p_i^M (1-1/\sigma) = c^M w_i^M \text{ 或 } p_i^M = c^M w_i^M / \rho \qquad （4-20）$$

上式即为边际成本加成定价法。

假设厂商盈利或亏损时可以自由进入或退出。如果定价原则是给定的，那么地区 i 的厂商利润是：

$$\pi_i = w_i^M \left[\frac{q_i^M c^M}{\sigma-1} - F \right] \qquad （4-21）$$

所以，零利润条件意味着任何自由厂商的均衡产出为：

$$q^* = F(\sigma-1)/c^M \qquad （4-22）$$

每个厂商相应的均衡劳动力投入为：

$$\ell^* = F + c^M q^* = F\sigma \qquad （4-23）$$

在该经济体中，所有自由厂商的 q^* 和 ℓ^* 都是相同的常数。因此，如果 L_i^M 表示地区 i 的制造业工人数量，n_i 表示地区 i 的制造业厂商数

目（等于制造业的产品种类数），则

$$n_i = L_i^M / \ell^* = L_i^M / F\sigma \tag{4-24}$$

在市场出清条件下，厂商产出 q^* 与产品的需求量（式（4-17））相等，则地区 i 厂商的产出就能够达到该水平：

$$q^* = \frac{\mu}{1+\gamma} \sum_{s=1}^{R} Y_j (p_i^M)^{-\sigma} (T_{ij}^M)^{1-\sigma} G_j^{\sigma-1} \tag{4-25}$$

即自由厂商的定价当且仅当满足下面的条件时才能达到收支平衡：

$$(p_i^M)^{\sigma} = \frac{\mu}{(1+\gamma)q^*} \sum_{s=1}^{R} Y_j (T_{ij}^M)^{1-\sigma} G_j^{\sigma-1} \tag{4-26}$$

利用（4-20）的定价法则可以把（4-26）表示为：

$$w_i^M = \left(\frac{\sigma-1}{\sigma c^M} \right) \left[\frac{\mu}{(1+\gamma)q^*} \sum_{j=1}^{R} Y_j (T_{ij}^M)^{1-\sigma} G_j^{\sigma-1} \right]^{1/\sigma} \tag{4-27}$$

关于地方公共品的供给，虽然公共品表现出一定的公共性，但它也可以通过私人供给、俱乐部供给等非公共形式给予提供，这里为了将模型简化，故不引入地方政府作为供给主体，只将公共品视为模型的外生变量[①]。用 λ_i 来表示地区 i 在任何时点上的制造业劳动力份额，设各个地区公共产品供给量 Q_i 是外生的，且为工人份额 λ_i（城市规模）的增函数，由于在大多数情况下，城市层级越高（即规模越大），居民能享受到的排他性的公共产品（包括医疗、教育等）越多；但城市户籍制度决定了劳动力是否能够享受到公共产品，而城市层级越高，户籍制度越严格，迁移人口获得公共产品的难度越大[②]，因此令 λ_i 的增长系数 $\varepsilon < 1$，则：

$$Q_i = \lambda_i^{\varepsilon}, 0 < \varepsilon < 1 \tag{4-28}$$

公共产品市场出清要求各地区的公共品需求量与供给量相等，由式（4-10）公共产品需求量 $S_i = \dfrac{\gamma Y_i}{(1+\gamma)p_i^S}$ 加总的和（单个消费者的公

① Pflüger M, Südekum J., "Integration, agglomeration and welfare" *Journal of Urban Economics*, 63 (2), 2008, pp. 544-566.

② 梁琦、陈强远、王如玉：《户籍改革，劳动力流动与城市层级体系优化》，《中国社会科学》2013 年第 12 期。

共品需求量乘以该地区消费者总人数）与供给量 Q 相等，即：$S_i(\lambda_i + \phi_i) = Q_i$，其中 ϕ_i 为每个地区的农业劳动力份额（是既定的外生变量），从而求得公共品价格：

$$p_i^S = \frac{(\lambda_i + \phi_i) \gamma Y_i}{(1+\gamma) \lambda_i^\varepsilon} \qquad (4-29)$$

四　模型简化处理

为了简化方程求解和数值模拟过程，这里选择合适的计量单位对方程加以简化，使边际劳动需求满足下面方程：

$$c^M = \frac{\sigma - 1}{\sigma}(=\rho) \qquad (4-30)$$

这一标准化使定价方程（4-20）变为：

$$p_i^M = w_i^M \qquad (4-31)$$

同时产量方程变为 $q^* = \ell^*$。

选择合适的计量单位，使固定投入需求 F 满足下列方程：

$$F = \mu/\sigma \qquad (4-32)$$

根据（4-24）可知，各个地区的厂商数目与该地制造业劳动力的规模有关，则方程（4-24）变为：

$$n_i = \frac{L_i^M}{\mu} \qquad (4-33)$$

这些单位的选择也决定了厂商的规模。厂商零利润（4-22）时的产出水平变为：

$$q^* = \ell^* = \mu \qquad (4-34)$$

运用这些标准化方法，可将式（4-15）的价格指数变为：

$$G_i = \left[\sum_{j=1}^{R} n_j (p_j^M T_{ij}^M)^{(1-\sigma)} \right]^{1/(1-\sigma)} = \left[\sum_{j=1}^{R} \frac{L_j^M}{\mu} (w_j^M T_{ij}^M)^{(1-\sigma)} \right]^{1/(1-\sigma)}$$

由于 $L_j^M = \mu \lambda_j^M$，则 $\quad G_i = \left[\sum_{j=1}^{R} \lambda_j^M (w_j^M T_{ij}^M)^{(1-\sigma)} \right]^{1/(1-\sigma)} \qquad (4-35)$

式（4-27）的工资方程可变为：

$$w_i^M = \left(\frac{\sigma - 1}{\sigma c^M} \right) \left[\frac{\mu}{(1+\gamma) q^*} \sum_{j=1}^{R} Y_j (T_{ij}^M)^{1-\sigma} G_j^{\sigma-1} \right]^{1/\sigma}$$

$$= \left[\frac{1}{1+\gamma} \sum_{j=1}^{R} Y_j (T_{ij}^M)^{1-\sigma} G_j^{\sigma-1} \right]^{1/\sigma} \tag{4-36}$$

五　模型均衡状态

模型中有 R 个地区，所有地区的农民总数为 L_A，且每个地区的资源禀赋即农业劳动力份额是外生变量且既定的，记为 ϕ_i。与此相对应，制造业的劳动力是随时间变化的。用 L_M 表示所有地区的工人总数，并且用 λ_i 来表示地区 i 在任何时点上的制造业劳动力份额。适当地选择单位可使得 $L_M = \mu$，$L_A = 1 - \mu$。

用"冰山"形式来表示工业制成品的运输成本，即如果 1 单位的工业制成品由地区 i 运往地区 j，那么只有 $1/T_{ij}$ 单位的产品可以运抵目的地。与之相对应，假定农产品运输是无成本的。由于农产品的运输是免费的且规模报酬不变，所以各地区农民的工资相同。令各地区农民的工资和农产品价格都为 1，即 $w_i^A = 1$，$p_i^A = 1$。然而，各地区制造业工人的名义工资和实际工资都可能有所不同。将 w_i 和 ω_i 分别定义为地区 i 制造业工人的名义工资和实际工资。

用同时满足 4R 方程的解来描述短期均衡（市场供需平衡，工人不发生流动的情况）是一种非常有效的方法。这组方程决定了各地区的收入、各地区消费的工业制成品的价格指数、该地区工人的工资以及该地区的效用。令 $T_{ij} = \tau^{D_{ij}}$，τ 为单位运输成本，D_{ij} 为地区 i 和 j 之间的距离。

收入方程可表示为：

$$Y_i = \mu \lambda_i w_i + (1-\mu) \phi_i \tag{4-37}$$

由式（4-35）可得价格指数方程为：

$$G_i = \left[\sum_j \lambda_j (w_j \tau^{D_{ij}})^{1-\sigma} \right]^{1/(1-\sigma)} \tag{4-38}$$

由式（4-36）可得名义工资方程为：

$$w_i = \left[\frac{1}{1+\gamma} \sum_j Y_j \tau^{D_{ij}(1-\sigma)} G_j^{\sigma-1} \right]^{1/\sigma} \tag{4-39}$$

由式（4-12）可得间接效用函数方程为：

$$U_i = Y_i^{1+\gamma} G_i^{-\mu} (p_i^S)^{-\gamma} = Y_i^{1+\gamma} G_i^{-\mu} \left[\frac{(\lambda_i + \phi_i)\gamma Y_i}{(1+\gamma)\lambda_i^{\varepsilon}} \right]^{-\gamma} \tag{4-40}$$

　　此模型的短期均衡由能够同时满足 4R 方程的解来确定，4R 方程包括式（4-37）至式（4-40）。

　　模型的长期均衡状态考虑的是人口移动问题，而人口追求的是效用最大化，如果某区域的效用水平较高，则人口就会流向该区域，长期均衡是指由 $(U_i - \overline{U})$ 的状态决定人口移动是否处于稳定状态的问题。

　　假定工人会从效用水平低于平均效用水平的地区流向效用水平高于平均效用水平的地区，则将平均效用水平定义为：

$$\overline{U} = \sum_i \lambda_i U_i \qquad\qquad (4-41)$$

同时假定人口迁移动态方程为：

$$d\lambda_i = \eta_i \lambda_i (U_i - \overline{U}) \qquad\qquad (4-42)$$

　　其中 η_i 为迁移速度，即地区 i 人口的净迁入量 $d\lambda_i$ 与地区 i 的城市人口规模 λ_i 成正比，若地区 i 的效用高于所有地区平均效用，则地区 i 为净迁入地，反之则为净迁出地。

六　模型改进说明

　　初始 CP 模型中人口迁移的唯一影响因素为两地工资差，工人从实际工资低的地区往实际工资高的地区迁移，而本模型根据上一章的人口迁移影响因素分析结果，还引入了其他人口迁移影响因素：

　　（1）经济发展水平：与 CP 模型一样，通过工资、收入这两个变量来表现经济发展水平，CP 模型假定人口倾向于往工资高的地区迁移，本模型的人口则往效用水平高的地区迁移，而效用水平受到收入的影响（式（4-40）），收入又受到工资的影响。一地的工资和收入水平越高，人口越倾于往该地区迁移。

　　（2）公共服务水平：公共服务水平对人口迁移的影响，主要体现在消费者的效用关于地方公共品的弹性 γ 上（式（4-1））。经济活动的微观个体追求效用最大化，不仅在较高收入水平，还在较高公共服务水平的利益驱动下通过迁移进行空间区位选择，从而影响城市空间结构演化。假设地方公共品需求量（消费量）与供给量（公共服务水平）相等，且地区效用水平与公共服务水平成正比，则一地的公共服务水平越高，往该地迁移的人口越多。

（3）地理环境条件：本模型中各地区的地理优势度可反映在农民数量上。CP 模型假设农业是完全竞争的，生产同质化产品，各地区农民工资相等且不流动，各地区的农民数量是相等且外生给定的。本模型假设各地区的农民数量 ϕ_i 是由各地区适于耕种的耕地数量来决定的，也就是由地形、气温、降水等地理环境条件综合决定了本地区的农作物生长条件，从而决定了农民数量，因此农民数量可作为地区第一性因素的替代指标，各地区农民的数量是不相等的。根据式（4-37），某地区的农民数量越多，该地区收入水平越高，从而使得地区效用水平越高，对迁移人口的吸引力越大。

（4）两地间的空间距离：由于制造品的运输存在冰山交易成本，在运输过程中产品存在损耗（损耗数量由运输成本和运输距离所决定），致使产品从地区 i 运到地区 j 后价格发生改变（式（4-14））。空间距离对人口迁移的影响反映在两地之间距离变量 D_{ij} 上，价格指数方程（式（4-38））、工资方程（式（4-39））和间接效用函数方程（式（4-40））都包含该变量。由式（4-39）可看出，由于（$1-\sigma$）<0，因此两地空间距离 D_{ij} 与工资 w_i 成反比，与地区效用水平也成反比，即一地区与其他所有地区的距离总和越小，其效用水平越高。

（5）政策因素：本模型中户籍政策主要通过对各地区公共服务水平的影响（式（4-28））来影响人口迁移，城市规模越大、级别越高的城市，户籍制度越严格，公共服务享受的准入门槛越高。因此，在对真实城市进行模拟时，可以根据各城市的具体落户难度（户籍收紧程度）对其赋予不同权重加以计算。户籍制度因素对地区间人口迁移起到了限制作用。

（6）两地之间的社会网络联系：网络研究中的偏好依附理论指出，网络中新节点产生时，它随机地与任意一个已有节点建立联系，偏好连通性较高的节点，即新节点 i 与已有节点 j 建立联系的概率与节点 j 的连通性成比例[1]。由于各个城市的连通性（与上一章分析的流动链指数类似）较难定量表示，模型中用城市人口规模 λ 来代替城市的连通性，因为人口规模越大，城市等级越高，城市与其他城市间的联系也相对越紧密[2]。从人口迁移动态方程（式（4-42））可看出，人口倾向于往初始人口较多的地方迁移，满足偏好依附理论。此外，式（4-40）中人口规模 λ_i 的幂次参数 ε 也能表示人口规模对效用水平的影响。大城市人口众多，密度高，劳动力集聚具有显著外部性。从厂商角度来看，可以非常容易地雇用和解雇员工，企业用工数量富有弹性，劳动市场的工资可以保持相对稳定；从劳动者角度来看，可以有效降低对工作岗位的搜寻成本和流动成本，方便地在产业间实现就业转移。

通过将以上几种影响因素引入模型，最终影响公式（4-42）人口迁移动态方程中的净迁入率 $d\lambda_i/\lambda_i$ 的变化。

总而言之，通过将模型中的多区域视作一个完整的城市体系，本研究提出了如下几个重要的理论假设：

（1）特定时期内城市体系总人口不变，各城市规模和等级的变化由城市间人口迁移所决定，所有城市的净迁移人口总和为 0，即 $\sum d\lambda_i = 0$；

（2）初始人口规模较大（网络连通度较高）的城市，其迁入人口规模也较大；

（3）城市的地理优势度越大，对迁移人口越具有吸引力；

（4）城市的经济发展水平越高，公共服务水平越高，对迁移人口的吸引力越大；

（5）城市与其他城市之间的空间距离总和越小（交通通达度越高），则其越容易发生人口迁移；

（6）户籍制度越严格的城市，其迁入人口越受到限制。

---

① Barabasi A L, Albert R., "Emergence of scaling in random networks" *Science*, 286 (5439), 1999, pp. 509-512.

② 王展：《基于 agent 的城市人口空间迁移模型——关于 Zipf 律形成机制的研究》，硕士学位论文，浙江工商大学，2007 年。

第三节　模型分析：经济集聚与分散表征

相对于标准的 CP 模型而言，本研究引入了公共产品消费和人口规模作为人口迁移的影响因素。因此数值模拟重点关注理论模型中消费者效用关于地方公共品的弹性（γ）和人口规模参数（ε）对城市以及城市体系形成的影响，需要考察 γ 和 ε 不同取值条件下的数值模拟结果，分为两区域和十二区域两种不同情形。

一　两区域模型分析结果

由于工人倾向于迁往效用水平较高的地区，则判断两区域是否达到均衡状态的条件是：地区 1 工人的份额 $\lambda_1 \in (0, 1)$，则 $U_1 - U_2 = 0$ 时达到均衡状态，即两地区工人效用完全相等，工人没有动机从一个地区搬迁到另外一个地区去；如果 $\lambda_1 = 0$，则 $U_1 - U_2 < 0$ 时达到均衡，即如果所有工人集聚在地区 2，且地区 2 的效用高于地区 1，则地区 2 的工人没有动机迁往地区 1，此时，即使两地区效用不相等也达到空间均衡；同理，如果 $\lambda_1 = 1$，则 $U_1 - U_2 > 0$ 时达到均衡。

（一）公共品消费参数（γ）对集聚程度的影响

根据既有研究和经验值，模型中其他外生变量取值如下：制造业份额 $\mu = 0.4$，替代弹性 $\sigma = 5$，单位运输成本 $\tau = 1$，人口规模参数 $\varepsilon = 0.3$，模拟结果如图 4-2 所示。

当 $\gamma = 1$ 时，两地效用水平差值随着 λ_1 单调上升，表明其中一个地区的制造业份额越大，该地区就越有吸引力，在本地市场效应和生活成本效应的作用下，人口不断向该区域聚集，最终形成所有工人都集中在一个地区的核心—边缘模式。当 $\gamma = 5$ 时，对称均衡是局部稳定的，如果 λ_1 的初始值足够高或者足够低，那么该经济就不会收敛于对称均衡；相反，所有的制造业都会集中于一个地区，从而形成核心—边缘模式；因此，图中存在三个稳定均衡（对称均衡——$\lambda_1 = 0.5$ 以及工人集中于任何一个地区的均衡——$\lambda_1 = 0$ 和 $\lambda_1 = 1$）和两个

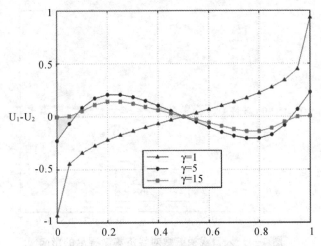

图 4-2 公共品消费参数对经济集聚程度的影响

不稳定均衡 ($U_1-U_2=0$)。当 $\gamma=15$ 时，$\lambda_1<0.5$ 时效用差值为正，反之效用差值则为负，这说明如果一个地区拥有超过半数的制造业劳动力，那么该地区对工人的吸引力就比不上另一个地区，经济很明显将收敛于长期对称均衡，此时制造业和工人在两地区间平均分布。从中可以看出，随着 γ 的增加，经济集聚程度是逐渐减弱的，地方公共品的引入增加了 CP 模型的分散力。

（二）人口规模参数（ε）对集聚程度的影响

各参数取值依然不变：制造业份额 $\mu=0.4$，替代弹性 $\sigma=5$，单位运输成本 $\tau=1$，公共品消费参数 $\gamma=5$。模拟结果如图 4-3 所示。

当 ε=0.1 时，效用差值在 $\lambda_1<0.5$ 时为正，在 $\lambda_1>0.5$ 时为负，经济将趋向于长期对称均衡；当 ε=0.3 时，图中存在三个稳定均衡和两个不稳定均衡，集聚状态是稳定的，对称均衡是局部稳定的，工人有可能集聚也有可能分散分布；当 ε=0.5 时，工人集聚在一个地区是唯一的稳定均衡，即使一个地区制造业部门的规模比另一地区哪怕大一点，其制造业部门也会随着时间流逝不断扩大，而另一地区的制造业部门会不断萎缩，最终所有制造业和工人都会集中在一个地区。从而，随着 ε 值的增加，经济集聚程度是逐渐增加的。

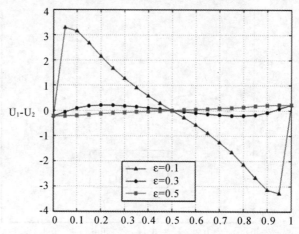

图 4-3　人口规模参数对经济集聚程度的影响

二　十二区域模型分析结果

这里将二区域拓展到多区域，以 12 区域为例，模拟不同情形下城市的形成、城市数量及其规模变化。假设各区域沿圆环等距离分布，每个地区仅与相邻地区直接联系，要与其他地区联系必须通过中间间隔的区域，即区域 1 与区域 2、区域 12 之间的距离均为 1，而区域 1 与区域 3 之间的距离为 2，因此区域 1 与区域 2 之间的运输成本为 τ，区域 1 与区域 3 之间的运输成本为 τ^2，该假设即为新经济地理学模型中的"跑道经济"假设[①]。

（1）初始情况为各区域分布相对均衡，地区 1 具有先发优势：$\lambda_1 = 1/12$，$\lambda_2 = \lambda_3 = 1/60$，$\lambda_4 = \lambda_5 \cdots\cdots = \lambda_{12} = 1/30$，令参数值 $\mu = 0.4$，$\sigma = 5$，$\tau = 1.2$。

当 $\gamma = 5$，$\varepsilon = 0.7$ 时：均衡状态下经济中城市的分布状况以及城市的规模如图 4-4 所示，$\lambda_1 = \lambda_{10} = \lambda_{11} = \lambda_{12} = 0.1$，$\lambda_2 = \lambda_3 \cdots\cdots = \lambda_9 = 0$。具有先发优势的地区 1 及其邻近它的 3 个地区集聚力量较强，各分到了 1/4 的人口，城市数量由 12 个减少到了 4 个。

当 $\gamma = 10$，$\varepsilon = 0.7$ 或 $\gamma = 5$，$\varepsilon = 0.4$ 时：均衡状态如图 4-5 所示，

① Krugman P., "On the number and location of cities" *European Economic Review*，37（2），1993，pp. 293-298.

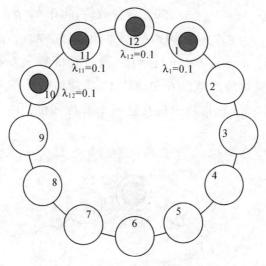

图 4-4　十二区域均衡状态（1）

$\lambda_1 = \lambda_2 \cdots\cdots = \lambda_{12} = 1/12$。在这两种情形下，分散力均强于集聚力，导致均衡状态下人口均匀分布于 12 个地区，即模型中城市数量保持不变，城市规模一致。

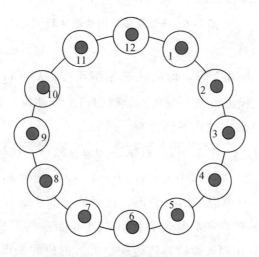

图 4-5　十二区域均衡状态（2）

（2）初始分布较为集中的情形：$\lambda_6 = \lambda_{12} = 1/6$，$\lambda_1 = \lambda_2 \cdots\cdots = \lambda_5 =$ $1/150$，$\lambda_7 = \lambda_8 \cdots\cdots = \lambda_{11} = 1/150$，令参数值 $\mu = 0.4$，$\sigma = 10$，$\tau = 2$。

当 $\gamma = 10$，$\varepsilon = 0.7$ 时：均衡状态见图 4-6，$\lambda_6 = \lambda_{12} = 0.2$，$\lambda_1 = \lambda_2 \cdots\cdots = \lambda_5 = 0$，$\lambda_7 = \lambda_8 \cdots\cdots = \lambda_{11} = 0$。这时经济集聚力量足够强，使得具有绝对先发优势的地区 6 和地区 12 将周边地区的人口全部吸引过来（阴影效应），城市只出现在这两个对称区位，两个城市的人口各占总人口的一半。

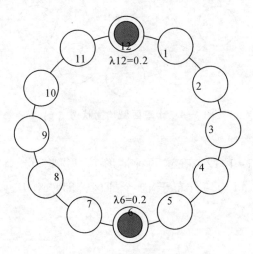

图 4-6　十二区域均衡状态（3）

当 $\gamma = 10$，$\varepsilon = 0.3$ 时：均衡状态见图 4-7，$\lambda_1 = \lambda_2 \cdots\cdots = \lambda_{12} = 1/12$。$\varepsilon$ 值减少，模型集聚力减弱，分散力占主导地位，最终形成了 12 个城市，人口在各个城市平均分布。

仍令 $\gamma = 10$，$\varepsilon = 0.3$，将参数值变为 $\sigma = 5$，$\tau = 1.2$，则达到均衡时，$\lambda_3 = \lambda_9 = 0.2$，$\lambda_1 = \lambda_2 \cdots\cdots = \lambda_5 = 0$，$\lambda_7 = \lambda_8 \cdots\cdots = \lambda_{11} = 0$，如图 4-8 所示。经济中只形成了两个城市，且对称分布。这与克鲁格曼圆环模型的结论相一致：产品替代弹性 σ 减小，企业拥有更强的市场力，从而使得均衡时达到的规模经济效应更大，形成的城市数量较少；运输成本 τ 降低，使得成立多个城市中心的激励机制减弱，经济集聚程度增加。

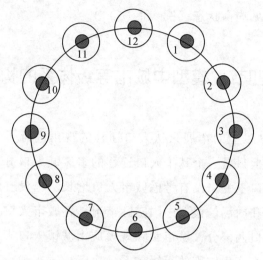

图4-7　十二区域均衡状态（4）

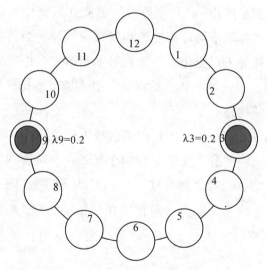

图4-8　十二区域均衡状态（5）

　　可以看出，十二区域分析结果与二区域分析结果一样，都反映出随着 γ 的降低和 ε 的增加，集聚力量越来越强，形成城市数量减少，且城市规模变大。此外，地区的初始人口分布对其均衡状态影响较大，具有先发优势的地区较容易形成人口集聚，且克鲁格曼圆环模型提出的最终形成两个中心地基本对称的空间模式也在本模型分析结果中有所体现（见均衡状态（3）和（5））。

第四节　模型中城市等级体系的构建

以上对 CP 模型的拓展只从人口迁移的视角进行了改进，构建的理论模型实际上只是一个基于人口迁移的多区域人口分布模型，由于模型假设总人口不变，没有考虑城市人口增长，也没有考虑到城市等级体系的概念和内涵。根据中国实际情况，各城市人口均可分为城镇人口和农村人口两部分，城市实际规模应由城镇人口来测度，不同规模城市的存在，产生城市的等级体系。对于中国来说，城市等级体系中可按城市的规模大小将所有城市分为超大城市、特大城市、大城市、中等城市和小城市[①]这几个等级。因此在后文城市体系的模拟和预测过程中，将各城市均分为城镇和农村两区域，为简化研究，本模型只考察城镇部分人口变化。这里要对本章第二节中提出的理论假设（1）进行拓展，引入城市体系的内涵，引入城市增长机制，从而完成整个理论模型的构建。

根据 Andrei Rogers（1979）的多区域人口预测（Multiregional population projection）模型，假设存在两个区域——城镇和农村，两个区域是相互联系的，二者之间存在人口的迁入迁出[②]。即人口可分成四部分：$_uP_u(t)$ 为原先在城镇、现在还在城镇的人口，$_rP_u(t)$ 为原先在农村、现在在城镇的人口，$_uP_r(t)$ 为原先在城镇、现在在农村的人

---

① 国务院 2014 年 10 月 29 日印发的《关于调整城市规模划分标准的通知》将全国城市划分为五类：城区常住人口 50 万以下的城市为小城市；城区常住人口 50 万以上 100 万以下的城市为中等城市；城区常住人口 100 万以上 500 万以下的城市为大城市；城区常住人口 500 万以上 1000 万以下的城市为特大城市；城区常住人口 1000 万以上的城市为超大城市。

② Rogers A，Filipov D.，"Multiregional methods for subnational population projections" International Institute for Applied Systems Analysis，1979.

口，$_rP_r(t)$ 为原先在农村、现在还在农村的人口。各区域的总人口 =
原来人口 + 迁入人口，以 t 时刻的城镇人口 $P_u(t)$ 为例，

$$P_u(t) = {}_uP_u(t) + {}_rP_u(t) \qquad (4\text{-}43)$$

　　以上为只有一个城市的情况，当模型拓展到多个城市时，不考虑
人口自然增长时，i 城市的城镇人口可表示为：

$$P_u(i,t) = {}_uP_u(i,t) + d\lambda_i + {}_rP_u(i,t) \qquad (4\text{-}44)$$

　　其中 $d\lambda_i$ 为从其他城市的城镇地区迁入 i 城市城镇地区的人口
（这里替换了式（4-42）中 $d\lambda_i$ 的概念），$_rP_u(i, t)$ 为从各城市的农
村地区迁入 i 城市城镇地区的人口。

　　按城市等级可将其所有城市分为特（超）大城市、大城市、中等
城市和小城市，若式（4-44）中所示 i 为特大城市，则 $P_u(i, t)$ 为
该特大城市 t 时刻的城镇人口，则 $_uP_u(i, t)$ 为原先和现在都在 i 城市
城镇地区的人口，$d\lambda_i$ 则包括了从其他特大城市城镇地区迁入 i 城市
城镇地区的人口 $d\lambda_{i1}$、从各大城市城镇地区迁入 i 城市城镇地区的人
口 $d\lambda_{i2}$、从各中等城市城镇地区迁入 i 城市城镇地区的人口 $d\lambda_{i3}$、从
各小城市城镇地区迁入 i 城市城镇地区的人口 $d\lambda_{i4}$。对于不同等级的
城市来说，其中 $d\lambda_{i1}$、$d\lambda_{i2}$、$d\lambda_{i3}$、$d\lambda_{i4}$ 的构成是不一样的：从第三章
第一节人口迁移与城市体系之间的关系分析可以看出，人口规模越大
（规模等级越高）的城市，其迁入人口越多，从低等级城市向高等级
城市迁移的人口数较大。

　　从各城市的农村地区迁入 i 城市城镇地区的人口 $_rP_u(i, t)$ 亦可细
分成从特大城市、大城市、中等城市和小城市农村地区迁入 i 城市城
镇地区的人口，由于本研究重点在于研究城镇地区间的人口迁移，这
里不再详述。

　　假设中国现阶段并不存在逆城市化现象，即 $_uP_r(t) = 0$；此外，由
于只考虑 $P_u(t)$ 的变化，$_rP_r(t)$ 对 $P_u(t)$ 并没有直接影响，实际上为
不往城镇转移的农村人口数，$_rP_r(i, t)$ 与式（4-37）中的 ϕ_i 是等同
的。总的来看，不考虑自然增长时，式（4-44）中 $_uP_u(i,t) = P_u(i, t-1)$，因此全国城镇人口总数 $P_u(t)$ 与 $P_u(t-1)$ 相比是增加的。由于
根据理论假设（1），$\sum d\lambda_i = 0$，则式（4-44）中后两项加总得 $\sum$

$(d\lambda_i + {}_rP_u(i,t)) > 0$，即全国城镇地区人口是净迁入的，增加部分为来自农村地区的迁入人口。设 $(t-1)$ 时刻各城市城镇人口占全国城镇人口比例之和为 1，则 t 时刻该比例总和 > 1，可设为 $(1+\alpha)$，其中 $\alpha = {}_rP_u(t) / P_u(t)$，即 t 时刻全国农村向城镇转移的人口与全国城镇人口之比，各城市城镇人口的变化由其占全国城镇人口比例的变化来决定。

综上所述，根据研究需要，本书将理论假设（1）修改成：假设不存在逆城市化，则各城市规模（城镇人口）的变化由城镇地区间的人口迁移、农村地区往城镇地区的人口迁移以及人口自然增长率共同决定：

$$P_u(i,t) = [{}_uP_u(i,t) + d\lambda_i + {}_rP_u(i,t)] * (1+b_i) \qquad (4\text{-}45)$$

其中 $$\qquad\qquad {}_uP_u(i,t) + d\lambda_i = \lambda_i \qquad\qquad\qquad (4\text{-}46)$$

城镇地区间的净迁移人口总和 $\sum d\lambda_i = 0$，而迁入各城市城镇地区的农村人口与该城市城镇人口的比例均为 α（${}_rP_u(i,t) / P_u(i,t) = \alpha$），$b_i$ 为 i 城市的人口自然增长率。$d\lambda_i$ 又可进一步细分为由不同等级城市的城镇地区迁入 i 城市城镇地区的人口，即城市体系中的各城市可按城市人口规模划分成特（超）大城市、大城市、中等城市、小城市这几个不同等级。

本研究中的城镇人口是增长的，城市增长动力来自于本章所引入的两个外生变量——从农村地区向城镇地区转移的人口（转移比例为 α）和各城市人口自然增长（增长率为 b_i）。

第五节　本章小结

本章引入上一章提出的人口迁移影响因素来拓展 CP 模型，将之由二区域拓展到多区域，且用于分析城市的形成、城市数量及规模的变化过程。本章所构建的理论模型中，除了 CP 模型自带的集聚力（本地市场效应和生活成本效应）和分散力（市场竞争/拥挤效应）外，还引入了地方公共品消费作为分散力，人口规模效应作为集聚力。通过对二区域和十二区域模型进行数值模拟分析，证明新引入的因素对经济集聚程度的影响是符合理论假设的，并验证了原模型中制造业份额 μ、替代弹性 σ、运输成本 τ 对经济集聚程度的影响，因此新模型可用于模拟人口迁移对城市体系演化的影响。本章的数值模拟分析主要是为了检验新引入的参数（γ 与 ε）对经济集聚程度及城市体系演化的影响，而此部分基于人口迁移网络的多区域人口分布模型尚停留在理论层面，仅提出关于城市体系演化和人口迁移影响机制的几个重要理论假设，相对来说较为简化。因此，本章第四节根据城市体系的概念和内涵，通过对理论假设（1）进行修正，拓展了这个较简化的理论模型，在本章前面多区域人口分布模型的基础上构建起了包括不同规模等级城市、城镇地区和农村地区在内的完整城市等级体系，并引入了城市增长动力机制，从而使基于人口迁移网络的城市体系演化理论模型最终构建完成。

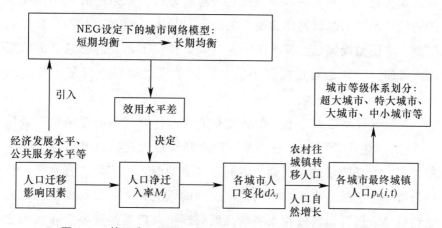

图 4-9　基于人口迁移网络的城市体系演化模型简明示意图

　　总的来说，本章构建的理论模型属于基于微观主体作用演变机制的准动态城市人口空间增长模拟模型[1]，是在三维空间（空间、时间

---

　　① 陈睿，吕斌：《城市空间增长模型研究的趋势、类型与方法》，《经济地理》2007年第 2 期。

和属性特征）内对考察物体的模型化表示。模型核心方程组包括了短期均衡方程（式（4-37）—（4-40））、长期均衡方程（式（4-41）、（4-42））和城市增长方程（式（4-45））。整个模型的基本框架图如图4-9所示。

　　与其他城市空间增长模型（基于因果关系的城市空间增长影响因素静态模型、基于空间发展理论和GIS空间分析的准动态城市空间增长模型、基于系统动力学微分方程（组）的城市空间增长动态模型、基于CA或Agent建模方法的城市空间增长模拟模型）相比，本模型的优势在于研究空间尺度较为微观，且具备完整的经济学基础。由于引入了人口迁移影响机制（推—拉迁移理论），因此本模型事实上是同时包含微观空间尺度（微观主体行为）和宏观空间尺度（城市间人口迁移）的研究。之所以将本模型称为准动态模型，是因为基础NEG模型中已包含了动态模拟过程，由于模型中并不存在时间变量，只是依据现实空间分布来对未来发展趋势进行评价，以第一时刻作为模型的初始状态，第二时刻作为模型的最终（均衡）时刻，并不存在中间时刻。本模型确实已经反映了一定的动态性，不再是静态意义上的影响因素研究，开始通过模型中的影响因子来对未来进行某种程度的预测。

　　在微观研究层面，本模型通过对消费者行为（核心是消费者效用最大化）、生产者行为（核心是生产者利润最大化）以及市场均衡条件等多个方程的建立，得到了不同区位下的收入、实际工资水平、价格指数等反映经济生活水平的指标之间的联立关系。微观模拟过程的驱动就是依据各地区效用水平的高低而产生人口等经济要素在区域之间的流动。基于微观主体相互作用机制进行空间模拟的方法对很多现实因素（主要为政策因素）缺乏完全的考虑，本研究通过将户籍制度与公共服务水平挂钩，在模型中引入了对中国政策因素的考量。

　　在对各城市人口的模拟和预测方面，本模型属于多区域（全局）人口预测模型，引入网络研究方法，将整个城市体系通过人口迁移形成一个相互联系的网络，从而预测各个城市的人口变化。

　　通过引入城市等级体系，本模型对新经济地理学模型的城市体系内涵进行了深化，使得模型中的城市由原先被简化表示的位置空间点变得更加具体，各城市均包含城镇地区和农村地区，并可按等级分成超大城市、特大城市、大城市、中等城市和小城市，各城市规模（城镇人口）的变化由城镇地区间的人口迁移和农村地区往城镇地区的人口迁移共同决定，与中国实际国情接轨。

此外，本模型中的"网络"是通过城市间的人口迁移网络体现出来的，人口迁移网络是城市网络的一种，以迁出城市与迁入城市为节点，人口迁移量和迁移方向作为连接形成错综复杂的网络组织，由于社会网络关系的存在，先迁人口可以为后迁人口提供便利。具体来说，"网络"一是指城市体系中的城市通过人口迁移相互联系成紧密的城市网络，每个城市是否发生人口迁移是由该城市的效用水平与所有城市平均效用水平之差决定的；二是指人口迁移动态方程（式4-42）中引入了网络研究中的偏好依附理论，即人口倾向于往初始人口较多（城市网络连通度较高）的地方迁移。

在后文对中国真实城市体系模拟和预测过程中，将基于圆形跑道空间设定的城市体系模型从12区域拓展到多区域（300多个地级行政单元），通过引入各类影响因素的区域差异，增加地理空间异质性，使得模型的演绎更接近实际情况，从而表现出复杂的城市等级结构来。

第五章

中国城市体系演化模拟与预测

本章先用第四章构建的理论模型来模拟中国目前城市体系特征，如果模拟所得结果与实际情况较为接近，则模型拟合精度通过检验，可以用该模型来对中国未来城市体系演化进行预测。从 2000 年的中国城市体系出发，用理论模型模拟城市间人口迁移对城市体系演化的影响，从而推算出 2010 年的城市体系情况，若模型模拟结果通不过检验，则返回修改模型，继续模拟过程，直到模型通过检验。

本书研究对象为整个中国城市体系，受数据可得性限制且为了简化研究，在实际模拟和预测中只以地级层面的城市为例（不考虑县级市）。严格来说这并不算是一个完整的城市等级体系，只是地级空间层面的城市等级规模结构，由于自治州、地区、盟等地级单元并不算城市，且该城市体系中只有地级市没有县级市。但在实际研究中，只有同一级别的行政单元才能在空间上并存，地级市的行政区划中包括了县级市，在本研究中无法将地级市与县级市并列分析；如果除去非城市的其他地级单元，整个国土面积上又会出现较多的断裂处，造成研究空间上的不连续，从而破坏了全国这个完整的研究范围。因此为保证所研究对象为地域空间完整的闭合系统，使得各空间单元的净迁移人口总和为 0，本书的研究单元包含了全国所有地级行政单元，除287 个地级市外，还包括其他地级单元（自治州、地区和盟）。各城市的人口均可分为城镇地区人口和农村地区人口两部分，模拟过程中只考虑各城市的城镇地区人口以及城镇地区之间的人口迁移，农村地区人口按总数来影响全国城镇地区人口的增加比例，具体计算过程见上一章第四节内容。

第一节　中国城市体系演化模拟

一　模拟流程说明与初始数据准备

本章研究对象为全国 333 个地级行政单元，初始研究时段为 2000 年，通过数值模拟得到的城市等级体系和人口迁移特征与 2010 年实际情况比较，从而计算模型的拟合精度。

（一）城市模拟流程

首先，将 333 个地级行政单元两两相连，生成一幅交通网络图，为计算运输成本做准备。用 ArcGIS 软件中的 point distance 工具求出地级单元之间的最近距离，形成一个 333×333 的距离矩阵。地级单元之间计算的都是实际地理距离，而中国大陆地区（台湾、香港、澳门无数据除外）只有两个地级单元（海南省的海口市与三亚市）与其他地级单元不是直接相连的，中间有海洋相隔，在模拟过程中为保证地理空间连续，使得所算空间距离均为陆上距离，将人口规模较小的海口市和三亚市（属中小城市级别）略去不计。用最短距离矩阵乘以单位运输成本，计算出任意两个空间单元间的运输成本。准备好所需基础数据，和 μ、σ、τ 等模型经济参数初始值一起代入上一章构建好的理论模型，运行得到最终的城市规模分布格局。

在城市空间格局模型中，假设农业是完全竞争和规模报酬不变的，制造业是垄断竞争和规模报酬递增的，在达到短期均衡状态时，生产者的利润均为 0，且供需平衡。具体到消费者，他们的生活费用就等于他们在经济中所赚的劳动收入。在已知制造业劳动力分布，以及短期内劳动力在区域间不能流动的前提下，城市空间格局的短期均衡模型为：

$$Y_i = \mu \lambda_i w_i + (1-\mu)\phi_i \tag{5-1}$$

$$G_i = \left[\sum_j \lambda_j (w_j \tau^{D_{ij}})^{1-\sigma}\right]^{1/(1-\sigma)} \tag{5-2}$$

$$w_i = \left[\frac{1}{1+\gamma} \sum_j Y_j \tau^{D_{ij}(1-\sigma)} G_j^{\sigma-1} \right]^{1/\sigma} \qquad (5-3)$$

$$U_i = Y_i^{1+\gamma} G_i^{-\mu} (p_i^S)^{-\gamma} = Y_i^{1+\gamma} G_i^{-\mu} \left[\frac{(\lambda_i+\phi_i)\gamma Y_i}{(1+\gamma)\lambda_i^\varepsilon} \right]^{-\gamma} \qquad (5-4)$$

其中两地间运输成本 $T_{ij} = \tau^{D_{ij}(1-\sigma)}$，$\tau$ 为单位运输成本，D_{ij} 为两地间距离，本节中列出的方程均来自第四章的理论模型构建。

城市空间格局的长期均衡则考虑人口在地区间的迁移，则长期均衡方程可表示为：

$$\overline{U} = \sum_i \lambda_i U_i \qquad (5-5)$$

$$d\lambda_i = \eta_i \lambda_i (U_i - \overline{U}) \qquad (5-6)$$

各城市规模（城镇人口）的变化由城镇地区间的人口迁移和农村地区往城镇地区的人口迁移共同决定：

$$P_u(i,t) = \left[{}_u P_u(i,t) + d\lambda_i + {}_r P_u(i,t) \right] * (1+b_i) \qquad (5-7)$$

其中 $\quad {}_u P_u(i,t) + d\lambda_i = \lambda_i, {}_r P_u(i,t)/P_u(i,t) = \alpha \qquad (5-8)$

$P_u(i, t)$ 为 i 城市 t 时刻的城镇人口，${}_u P_u(i, t)$ 为原先和现在都在 i 城市城镇地区的人口，$d\lambda_i$ 为从其他城市的城镇地区迁入 i 城市城镇地区的人口，α 为迁入各城市城镇地区的农村人口与该城市城镇人口的比例，b_i 为人口自然增长率。

整个城市空间布局模拟的计算机流程包括了短期均衡和长期均衡这两个求解过程，如图 5-1 所示。计算机模拟前需要明确以下几点：第一，必须明确所要求解的变量：短期均衡可以决定各区域的收入 Y_i、价格指数 G_i、名义工资 w_i，也就是说，要找出一组数值，使式（5-1）、式（5-2）和式（5-3）同时成立，长期均衡可以得到每个区域制造业劳动力的分布状况；第二，求解之前需给自变量 λ_i、ϕ_i、w_i 和其他变量（μ、σ、τ、γ、ε、η）赋值，参数的初始值不同，最终产生的结果也不同；第三，该模型用顺序迭代法求解，具体步骤为：

①给定 N 个区域名义工资的初始值 $(w_{i,0})$，其中 0 表示第 0 次迭代；

②将参数 $(w_{i,0})$ 代入式（5-1）和（5-2），计算收入 $(Y_{i,0})$ 以及价格指数 $(G_{i,0})$；

③将步骤②求出的收入 $(Y_{i,0})$ 和价格指数 $(G_{i,0})$ 代入式

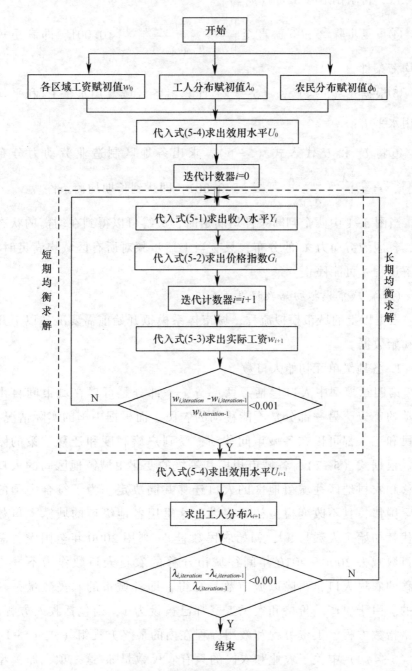

图 5-1　城市体系模拟过程示意图

（5-3），再求出名义工资（$w_{i,0}$）；

④重复步骤②和③，直至 $\left| \dfrac{w_{i,iteration} - w_{i,iteration-1}}{w_{i,iteration-1}} \right| < 0.001$，即满足短期均衡条件；

⑤根据式（5-4）和（5-5），计算出各区域效用水平 U_i 和平均效用水平 $\overline{U}$；

⑥将 U_i 和 $\overline{U}$ 代入式（5-6），求出各地区制造业劳动力分布（λ_i），直至 $\left| \dfrac{\lambda_{i,iteration} - \lambda_{i,iteration-1}}{\lambda_{i,iteration-1}} \right| < 0.001$，即达到长期均衡条件。

当图 5-1 中两个判断条件均满足时，最终可以得到在均衡的状态下，各区域劳动力 λ_i 的分布；只有当上述步骤对所有区域均满足时，求解过程才可能停止。

（二）城市模拟初始数据准备

根据以上的城市模拟流程，城市体系模拟开始前需要准备以下几组初始数据。

1. 各地级单元初始人口数

第四章模型中人口包括了两部分，一部分是可以在城市间自由移动的工人，另一部分是不能移动的农民。而根据中国的实际情况，农民和工人都可以在各城市间移动，受到户籍制度和迁移政策的限制。根据式（5-7），各城市规模和等级的变化由城镇地区间的人口迁移和农村地区往城镇地区的人口迁移共同决定。为了符合中国的实际国情，且不改变模型初始假设，这里用各地级市的城镇人口数来代替初始工人数量 λ_i^0，初始农民数量 ϕ_i^0 则用 2000 年全国农村总人口数减去 2000—2010 年间往城市迁移的农村人口数作为不发生迁移的农村人口，再除以城市数量算得，即各城市的农民数量是一样的。由于农产品价格和农民工资都已被设为 1，则包括收入方程、价格指数方程、工资方程和效用方程在内的最终方程组（式（5-1）到（5-4））中关于农业和农民的只有农民数量 ϕ_i 这一项，原模型中各地区的农民数量均相等，对人口迁移没有影响，因此不再单独考虑农民的情况。

2. 各地级单元经济发展水平数据

模型中反映各地级单元经济发展水平的有收入和工资这两个变量，由于这两者是相互关联的，初始状态只需要对其中一个变量赋值即可。根据模型中各变量的定义，收入方程中 Y_i 应该为各城市的人均收入，由于目前中国统计数据中并无直接计算人均收入的，只有城镇居民可支配收入和农村居民纯收入这两项，故此处用各地级市的人均GDP 来表示，因为该指标是衡量中国区域经济差异最常用的指标[①]。工资方程中的 w_i 则对应的是各地级市的职工平均工资，然而职工平均工资受到政策的影响，民族自治州和地区往往因为受到政策保护而平均工资较高，相比较之下人均 GDP 较能准确反映出中国各地级单元的经济发展水平，且人均 GDP 与人口迁移的相关性较高（表 3-10）。由于模型中赋值存在先后顺序问题，必须先对工资赋值，然后用各地区初始工资求出其初始收入（式（5-1）），而式（5-1）中收入与工资呈线性正相关，则这里直接用人均 GDP（或者职工平均工资）来代替各地级单元的工资变量。

3. 各地级单元自然环境条件数据

影响城市体系演化的因素中，第一性因素（自然资源禀赋）是个不可或缺的因素，具体表现为各个地区在地理环境上的差异，主要受到地形、温度和降水的影响。这里采取简化计算方法，叠加中国地图册上地形分区图（三大阶梯）、温度带分区图和干湿地区划分图，求得各省份的地理优势度（地形、温度和湿度三方面得分的总和），具体计算方法如下表所示：

表 5-1　　　　　　　　　地理优势度赋值方法

地形得分		温度得分		湿度得分	
类型区	分值	类型区	分值	类型区	分值
第一阶梯（平均海拔4500 米以上）	1	高原气候区、寒温带（积温<1600℃）	0	干旱区（年降水量<200mm）	0

---

① 吴爱芝、杨开忠、李国平：《中国区域经济差异变动的研究综述》，《经济地理》2011 年第 5 期。

续表

地形得分		温度得分		湿度得分	
类型区	分值	类型区	分值	类型区	分值
第二阶梯（平均海拔2000—3000米）	2	中温带（积温1600—3400℃）	1	半干旱区（200<年降水量<400mm）	1
第三阶梯（大部分海拔在500米以下）	3	暖温带（积温3400—4500℃）	2	半湿润区（400<年降水量<800mm）	2
		亚热带（积温4500—8000℃）	3	湿润区（年降水量>800mm）	3
		热带（积温8000℃）	4		

得出的地理优势度分布与我国实际情况相吻合，从西北往东南，地理环境越来越适宜于人类居住，这也符合胡焕庸线（瑷珲—腾冲线）将中国划分成人口稠密的东南半壁和人口稀少的西北半壁这一规律。根据第四章理论模型构建对地理优势度的假设，地理环境条件综合决定了本地区的农作物生长条件，从而决定了农民数量。因此，模型中的地理优势度主要反映在农民数量 ϕ_i 上，与农民数量成正比，从而使农民的空间分布存在异质性。

此外，地理优势度还可以用于表示城市的不同区位和所属不同区域，如可将地级单元分为沿海区位和内陆区位，或者分成东、中、西、东北四个区域，用不同值来表示。

4. 各地级单元公共服务水平数据

由于影响公共品投入的决策因素中有许多是与区域本身的特征相关的，因此全国公共服务水平存在较大的区域差异。为了比较公共服务水平的区域差异，本书选取 31 个省份 2000-2010 年人均基础设施建设支出和人均科教文卫社支出（包括科学、教育、文化、卫生和社会保障事业支出）两组指标来进行比较，如表 5-2 所示。2000—2010年间，无论是从人均基础设施建设支出和科教文卫社支出来看，各省份间虽然存在差异，但区域差异都呈现出逐渐缩小的趋势（最大值与最小值之比逐渐变小）。

表 5-2　　　　　　　　全国公共服务水平区域差异分析

指标	统计描述	2000	2001	2002	2003	2004	2005	2006	2007	2008	2009	2010
人均基础设施建设支出（元）	最大值	825	1112	1475	1418	943	953	813	677	556	601	426
	最小值	31	29	31	33	36	36	35	102	97	91	81
	最大值/最小值	27	38	48	42	26	27	23	7	6	7	5
	平均值	148	193	200	183	149	165	149	190	174	155	132
	标准差	171	233	284	283	194	219	189	110	89	93	64
人均科教文卫社支出（元）	最大值	884	836	786	836	864	865	870	1378	1263	1147	1058
	最小值	70	144	158	161	163	161	177	258	266	274	271
	最大值/最小值	13	6	5	5	5	5	5	5	5	4	4
	平均值	305	309	304	319	319	319	319	464	466	469	764
	标准差	184	172	149	178	183	181	176	267	243	225	1712

数据来源：《中国统计年鉴 2001—2011》。

由于没有专门测度地方公共服务水平的数据，这里各地级单元的社会性公共服务通过教育、科学、文化、卫生这四个方面来刻画，具体测度指标包括：人均教育事业费支出、人均科学事业费支出、人均公共图书馆藏书量、人均医疗机构床位数及医生数，并乘以人口系数，得到各城市的公共服务影响力。计算得到公共服务水平较高的城市为东部沿海地区城市及中西部重要的大城市，仅作为参考。各地区实际公共服务分配是与该地户籍制度相挂钩的，对于迁移人口（包括流动人口在内）来说，落户难度越大，越难平等地享受到迁入地的公共服务。

目前中国城市户籍制度基本情况为：一线城市（北上广深）实行严格的积分落户政策，准一线城市天津 2014 年也开始试行非天津户籍常住人口居住证管理办法，实施积分落户政策；其余城市均为购房落户，越大的城市对购房落户条件要求越高，如二线城市中的成都规定，自 2014 年 6 月 1 日起，购房落户须购买满 90 平方米以上住房且缴纳社保满一年以上。

5. 各地级单元空间距离数据

为简化研究，这里直接用两两地级单元之间绝对地理距离来代替其空间距离。此外，为弥补对各种交通运输方式综合作用产生的空间压缩效应的欠考虑，本节测算了各个地级单元的交通通达度，用各城市的复合交通流量（即 WLU，一个复合流量单位＝100KG 货物或者 1 个客流）来表示，地区交通通达度可以影响人口迁移动态方程中的迁移速度 η_i（式（5-6）），作为城市间空间距离的一个补充变量而存在。交通通达度高的地级单元基本上都分布于主要铁路沿线，由于铁路是目前我国最重要的交通运输方式，这与实际情况相一致。

二　模拟结果分析

模型中的参数值设定如下：$\mu = 0.4$，$\sigma = 5$，$\tau = 1.5$，$\gamma = 5$，$\varepsilon = 0.7$，$\eta = 0.5$；初始值中，λ_i 取各地级单元 2000 年城镇人口数，w_i 取各地级单元 2000 年人均 GDP 来代替，用前面估算出的地理优势度推算各地级单元的农民数量 ϕ_i（各地区农民数量与其地理优势度成正比，总和等于全国不迁移的农民数量），各组初始值根据实际需要进行归一化或者标准化处理。为使模拟结果更接近真实情况，并结合数据可得性，各个地级单元的城镇地区采用 2009—2010 年间各城市人口自然增长率，农村地区（即农村地区往城镇地区的迁移人口 $_rP_u(i, t)$）采用 2009—2010 年间全国统一的农村地区人口自然增长率，该两项数据均来自于 2010 年全国人口普查资料。由于本研究重点在分析由城镇人口测度的城镇体系，农村人口部分只需考虑往城镇地区的转移人口，且农村人口自然增长率缺乏地级市层面的详细数据支撑，故用全国总体数值来简化计算。

如式（5-7）和式（5-8）所示，$P_u(i,t) = [\lambda_i + _rP_u(i,t)] * (1 + b_i)$，即根据模型模拟出各地级单元所占人口份额（此时的 λ_i），再加上农村地区往城镇地区的人口迁移部分 $_rP_u(i, t)$，并考虑人口增长率 b_i，从而计算出各地级单元 2010 年模拟城镇人口数 $P_u(i, t)$。经过反复修改模型和程序，多次试验，最终得到以下模拟结果，拟合精度较高，模型通过了检验。下面分别从模型本身的拟合精度、模拟所得的城市间人口迁移和城市等级体系结构这三个角度，与实际情况进行比较分析，从而详细剖析模拟结果。

（一）模型拟合精度评价

模型拟合精度用模拟值与实际值的比值（即二者吻合率）来表示，平均值为99.58%，中位数为101.62%，最小值为38.74%，最大值为134.10%，标准差为14.00，拟合精度较高。且从图5-2可看出，拟合精度围绕100%的精度呈正态分布，大部分拟合值都接近于实际值（介乎75%—125%之间）。

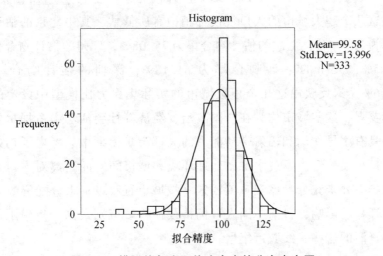

图5-2　模拟值与实际值吻合率的分布直方图

对于大部分地级单元来说，模拟值与实际值非常接近，拟合精度接近100%，如石家庄市2010年实际城镇人口数为5145133，模拟城镇人口数为5167400，吻合率为100.43%；萍乡市2010年实际城镇人口数为1097352，模拟城镇人口数为1096859，吻合率为99.96%。人口被低估（吻合率低于60%）的地级单元有：林芝地区、果洛州、玉树州、海西州、阿拉善盟、嘉峪关市等，过度低估的原因可能是这些地级单元初始人口数均在全国地级单元中名列末位（城镇人口均少于20万），且都为中国西北部地广人稀的城市（面临着成为"鬼城"的威胁），在模型中城市人口集聚力较差。人口被高估（吻合率高于120%）的地级单元包括广安市、资阳市、广元市、黄冈市、随州市、宿迁市、焦作市、阜阳市等，这些地级单元初始人口排名大多位于中等偏上地位，基本都超过了 90 万人口，且在国土范围中所处的几何位置较为居中（与全国其他地级单元的空间距离总和较小），导致模型对这些城市人口集聚力估计过高。

　　总的来说，地级单元的模拟吻合率绝大部分分布在 70%—130% 之间，超过 130% 的地级单元只有两个，低于 70% 的地级单元只有 11 个，占总数比例较低（不足 4%），对结果的拟合精度影响不大。此外，除重庆（吻合率为 113.99%）外，北京、上海、广州、天津、深圳这几个超大城市的人口规模都稍微有所低估，其中北京的估计吻合率为 73.79%，上海的估计吻合率为 75.08%，广州的估计吻合率为 85.05%，天津的估计吻合率为 81.18%，深圳的估计吻合率为 76.16%。这反映出这几个顶级城市的实际集聚力比模型中设定的集聚力要强，这些城市均为在全国政治、经济等社会活动中占据重要地位并具有主导作用和辐射带动能力的大都市。模型中只考虑了初始城市人口规模、经济发展水平、地理环境和城市间空间距离对人口迁移的影响，并未充分考虑到政策因素（按城市行政级别来分配资源）对人口迁移的影响，目前中国人口仍持续往行政级别最高、集中了最多优势资源的这些一线城市集聚。

　　从实际人口与模拟人口的比较（图 5-3）也可以看出，二者呈显著的正相关，相关性非常高，决定系数为 0.9586，从另一侧面证明了模拟结果非常接近现实。

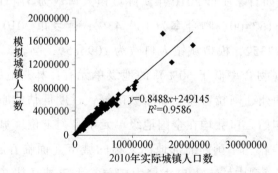

图 5-3　2010 年各地级单元真实人口数与模拟人口数相关关系分析

（二）城市间人口迁移的模拟结果与实际情况比较

关于城市间人口迁移，由于模拟得到的是各地级单元城镇地区之间的净迁移人口数 $d\lambda_i$，而目前中国统计数据中对人口迁移的统计都只按全市范围开展，没有细分成城镇地区和农村地区进行分别统计。因此，这里用式（5-7）中的 $[d\lambda_i + P_u(i,t)]$ 计算出各地级单元全市范围的净迁入人口数，从而与全国第六次人口普查数据进行比较。全国第六次人口普查资料统计的只有各地级单元的迁入人口而无迁出人口，缺乏人口净迁入数据。一般来说，人口为净迁入的地级单元，其迁入人口规模会比较大；人口为净迁出的地级单元，其迁入人口规模相对较小。因此，本文对各地级单元的模拟净迁入人口与实际总迁入人口进行相关分析，得到 Pearson 相关系数为 0.699，显著性水平为0.01，表明二者存在显著的正相关性。

从各城市人口占总人口比例来看，模拟结果中共有 122 个城市在2000—2010 年间人口比例是增加的（即净迁入），其余城市人口比例都是减少的（即净迁出）；实际数值中，有 133 个城市人口比例是增加的，其余城市人口比例都是减少的；也就是说，模拟结果与实际情况相比，净迁入城市占比较为接近，均低于城市总数的40%，净迁入城市要少于净迁出城市。

从主要净迁入和净迁出城市来看，2010 年前十位人口比例增长幅度最大的城市（主要净迁入城市——上海、北京、淮安、苏州、深圳、天津、成都、广州、郑州、佛山），在预测结果中人口比例增长排名也较靠前；主要净迁出城市（如湖南的张家界、娄底，湖北的黄冈、随州，广西的贺州、崇左，四川的自贡、广元，安徽的蚌埠、铜陵等），在模拟结果和实际情况中人口比例均出现明显降低。总的来说，实际迁入人口较多的地级单元模拟净迁入人口也较大，如北京、上海、成都、广州、天津、重庆等；实际迁入人口较少的地级单元模拟人口是净迁出的，主要分布在中西部尤其是少数民族自治地区，如西藏的山南、那曲、林芝地区，青海的玉树、海北、果洛、黄南藏族自治州等。

模拟净迁移人口空间分布与实际总迁入人口数的空间分布格局大

体上类似：东部沿海地区迁入人口数较多，为净迁入地；西部和中部
大部分城市迁入人口较少，为净迁出地；全国主要迁入地区都集中在
京津冀、长三角、珠三角、成渝地区这几大都市圈的核心城市。与实
际情况有出入的主要为西部地区的部分城市，迁入人口在一定程度上
被高估了。西部迁入人口较多，可用自 2005 年起东部移民比重仍占
绝大部分但已开始下降这一事实来解释：随着西部大开发等区域协调
发展战略的实施，大量的人力、财力、物力转移到西部地区，新的就
业和发展机会吸引了部分人口的迁入或迁回，一定程度上抵消了劳动
力的外流。此外，由于模型中只是根据每个城市的属性来决定其效用
水平高低，没有考虑到城市所处区位的影响，主要城市群（京津冀、
长三角、珠三角城市群）对周边地区存在阴影效应（shadow effect），
即大城市外围地区在自身发展不充分的情况下，区位越是接近中心城
市，越会导致中心城市对其发展要素（如人口）的吸引和袭夺。这与
"核心—边缘"模式所描述的 "〰" 形曲线类似：随着到区域性大城
市距离的增加，城市经济和人口增长速度先下降后上升[①]。

　　最后，将 2010 年各地级单元人口迁移的模拟结果与第三章理论
模型构建基础中提出的中国人口迁移特征及人口迁移影响因素进行比
较，以验证本研究模型的理论假设。在人口迁移特征方面，模拟结果
具备了第三章中总结的中国城市人口迁移几大网络特征，即：（1）入
度较高（迁入人口较多）的为东部沿海地区城市，主要分布在三大都
市圈，出度较高（迁出人口较多）的主要为西部城市；（2）城市的
网络中心性分布不均衡，其中少数城市迁移人口较多，大多数城市迁
移人口较少；（3）人口迁移流空间分布特征：东部沿海地区人口迁移
流密集，中部地区次之，广大西部地区人口迁移流特别稀疏；（4）根
据人口迁移网络将中国城市划分聚类，其中长三角城市群、珠三角城
市群、环渤海城市群这三大城市聚类最为明显，其次突出的为成渝城
市群和以武汉为中心的中三角城市群。

---

① Fujita M, Krugman P., "When is the economy monocentric? Von Thünen and Chamberlin unified" *Regional Science and Urban Economics*, 25 (4), 1995, pp. 505-528.

在人口迁移影响机制方面，将 2010 年模拟净迁移人口数空间分布与 2000 年城镇人口分布、经济发展水平分布、地理优势度分布、公共服务水平分布比较，分布格局均较为类似，即模型模拟结果与第四章理论模型的假设是一致的：人口迁移主要受到各地区初始人口数、经济发展水平、公共服务水平、地理优势度和空间距离的影响。

总的来说，从人口迁移方面来看，模型拟合结果较好，与实际情况和理论模型均较为契合，较好地验证了理论模型的特征事实基础和理论假设。

（三）城市体系的模拟结果与实际情况比较

本节根据城市体系研究的基础理论——中心地理论、城市首位律、位序—规模法则（齐普夫定律、分形理论），从各个方面来比较分析模拟所得的中国城市体系与实际城市体系的演化特征。

1. 城市等级体系结构

分析城市等级体系，要确保城市规模定量分析结果的正确性，首先要保证城市规模基础指标的合理性。中国的城市规模较为常用的统计口径（各统计年鉴数据）是市辖区年末总人口（按户籍登记）和市辖区非农业人口。事实上，上述两种统计口径目前已经不能反映改革开放和市场经济下的城市规模的实际。主要原因如下：大规模人口迁移导致的外来人口增长使得城市人口规模中"户籍人口"和"非户籍人口"的界限在淡化；农村产业结构的重组使城市人口规模中"非农业人口"和"农业人口"的界线在模糊；城市与区域在空间尺度上存在差异。因此，城市的市区常住人口是测度城市人口规模的相对较准确的指标，其中包括了对流动人口的考虑。由于除地级市以外的其他地级单元（自治州、地区和盟）并不统计市区常住人口，本书采用 2000 年和 2010 年分县人口普查资料中的城镇人口数据作为替代方案，来测度各城市规模，从而与城市体系模拟过程中所用的城镇人口数据相一致。

这里根据国务院 2014 年 10 月 29 日印发的《关于调整城市规模划分标准的通知》，将全国城市划分为五类：城区常住人口 50 万以下的城市为小城市；城区常住人口 50 万以上 100 万以下的城市为中等城市；城区常住人口 100 万以上 500 万以下的城市为大城市；城区常住人口 500 万以上 1000 万以下的城市为特大城市；城区常住人口 1000 万以上的城市为超大城市。这里的城区常住人口用城镇人口来代替。如表 5-3 所示，2000—2010 年间中国地级市层面的城市等级体系演化主要有以下特征：

（1）各级城市的规模，以等级未变的最多。

全国现有地级市的规模，在 2000—2010 年间有 236 个城市（占城市总数的 70.9%）的规模等级保持不变，其余城市则为逐级扩大的。当前全国地级市的 21 个超大、特大城市中，有 11 个原为大城市；195 个大城市中，有 54 个原为中小城市；75 个中等城市中，有 30 个原为小城市。可见中、小城市的发展较为迅速。

（2）超大和特大城市数量增加，规模增加较大。

从 2000 年到 2010 年，除原来的上海、北京、重庆外，又增加了 3 个超大城市，即天津、广州、深圳，且人口数量增长较快。天津市由 2000 年的 708.98 万增至 2010 年的 1027.79 万，广州市由 2000 年的 809.10 万增至 2010 年的 1064.14 万，深圳市由 2000 年的 648.03 万增至 2010 年的 1035.84 万。超大、特大城市占全国城市人口规模的比重上升较快，从 17.75% 上升到 27.29%，数量上占绝对优势。

（3）大城市数量增长较快，而中小城市的数量有所减少。

从 2000 年至 2010 年，全国地级市中，大城市数目从 195 个增加到 209 个，中等城市和小城市的数量都减少了，但规模有所扩大；与小城市向中等城市的晋级相比较，中等城市向大城市递补稍慢，但大城市的数量、规模、所占比例都在上升；而由大城市晋升为特大城市的比例则相对较低。这反映了越大的城市对人口的集聚能力越强，人口迁移主要方向为从低等级城市往高等级城市流动。

（4）全国城市体系呈金字塔结构，地级市层面的城市体系则以大城市为主

如果从全国所有城市（包括地级市、县级市在内）来看，整个城市体系的城市规模层次不断提高，超大城市、特大城市、大城市、中等城市和小城市齐全，人口等级规模结构没有断层，已经形成了"超

表5-3　中国地级市层面的城市等级规模结构

级别划分（万人）	城市类型	城市数量						城市人口规模（城镇人口）					
		2000年		2010年		2010年模拟		2000年		2010年		2010年模拟	
		个	%	个	%	个	%	万人	%	万人	%	万人	%
>500	特（超）大城市	10	3.00	21	6.31	21	6.31	79960570	17.75	180916896	27.29	155658589	24.11
100~500	大城市	153	45.95	195	58.56	207	62.16	278941082	61.92	412726793	62.26	432659939	67.01
50~100	中等城市	98	29.43	75	22.52	62	18.62	73733320	16.37	58147518	8.77	47240246	7.32
<50	小城市	72	21.62	42	12.61	43	12.91	17830649	3.96	11107272	1.68	10075155	1.56
合计		333	100.00	333	100.00	333	100.00	450465621	100.00	662898479	100.00	645633928	100.00

资料来源：2000年、2010年全国人口普查资料。

大城市—特大城市—大城市—中等城市—小城市"金字塔形的规模体系结构（表5-4）。人口在各个规模等级城市的分布渐趋平衡，各等级城市数量的差距逐渐缩小，遵循各等级城市数量从下往上逐渐减少的城市规模体系分布规律。而地级市层面的城市体系则以大城市为主导，大城市占了绝大部分，超大和特大城市数量最少，中小城市的数量远少于大城市。

表5-4   全国城市体系等级规模结构

级别划分（万人）	城市类型	城市数量				城市市区常住人口规模			
		2000		2010		2000		2010	
		个	%	个	%	万人	%	万人	%
>1000	超大城市	2	0.30	6	0.95	2585.81	6.12	8935.68	15.44
500-1000	特大城市	7	1.05	10	1.58	5278.63	12.49	6999.09	12.10
100-500	大城市	87	13.06	124	19.56	15106.91	35.74	22618.00	39.09
50-100	中等城市	117	17.57	137	21.61	8315.92	19.68	9710.59	16.78
<50	小城市	453	68.02	357	56.31	10978.20	25.97	9601.83	16.59
合计		666	100.00	634	100.00	42265.47	100.00	57865.19	100.00

资料来源：2000年、2010年全国人口普查资料。

2010年模拟所得的地级市层面城市体系与实际城市体系相比，城市等级规模结构类似（表5-3），各级别城市无论是数量还是规模比例都较为接近：城市数量比例最多只相差3.9%（中等城市级别），城市规模比例最多只相差4.75%（大城市级别）；其中超（特）大城市和小城市的数量与实际情况相同，21个特大、超大城市中只有两个城市是不同的，吻合率较高；大城市数量则比实际情况稍微有所高估，相应的中等城市数量有所低估；各级别城市的规模所占比例均相差不大。因此，模拟所得的城市体系等级规模结构与实际情况相符合，模型拟合精度较高。

在一个城市体系中各城市所承担的社会职能和经济职能是不相同的，而这些职能又与各城市的规模大小具有密切的关系，因此，大、中、小城市的职能是不能互相代替的。在研究城市体系时应该重视城市规模结构的合理、完善和优化问题。没有大城市就没有带动经济社会发展的龙头，没有中等城市就没有城市体系的骨干，没有小城市就没有连接城乡协调发展的纽带，大中小城市构成一个有机的整体。

2. 城市体系首位度

在分析了城市等级体系结构后，这里来分析城市体系研究的另一个重要方面——城市首位度。城市首位律是马克·杰斐逊（M. Jefferson）1939 年基于以下一种城市规模分布现象提出的：即一个国家的"首位城市"（primate city）总要比这个国家的第二位城市大得异乎寻常，吸引了全国城市人口的很大部分，在国家政治、经济、社会、文化生活中占据明显优势。一国最大城市与第二位城市人口的比值，即首位度，成为衡量城市规模分布状况的一种常用指标，首位度大的城市规模分布，就叫首位分布。

根据城市首位律，首位度反映了城市体系中人口在最大城市的集中程度，首位度（两城市指数）接近 2，4 城市指数和 11 城市指数接近 1 是规模结构的理想状态。为了弥补首位度计算过于简单的缺陷，改进指标的计算方法，产生了 4 城市指数和 11 城市指数，4 城市指数 $= P_1 / (P_2 + P_3 + P_4)$，11 城市指数 $= 2P_1 / (P_2 + P_3 + \cdots + P_{11})$，其中 P_1 为最大城市人口数，$P_2 - P_{11}$ 为第二位到第十一位城市的人口数。

表 5-5　　　　　　　　　　　城市首位度表

年份	前四位城市	首位城市人口规模（万人）	首位度	4 城市指数	11 城市指数
2000 年	上海、北京、重庆、广州	14489919	1.377	0.505	0.415
2010 年	上海、北京、重庆、广州	20555098	1.219	0.480	0.405
2010 模拟	重庆、上海、北京、广州	17435350	1.129	0.472	0.407

由表 5-5 可看出，就地级市层面来看，与标准首位度分布比较，全国的 4 城市指数和 11 城市指数远低于 1，基本上都在 0.4—0.5 之间，两城市指数也远小于标准首位度 2。也就是说，全国城市规模分布不满足城市首位律（Law of the Primate City），并没有出现比第二城市大的异乎寻常的首位城市，上海作为全国首位城市没有特别明显的

优势，全国城市呈现双中心（上海、北京）乃至多中心分布（上海、北京、重庆、广州四足鼎立）。

对比 2000 年和 2010 年的各项指数值可发现，全国城市首位度整体略呈下降趋势，说明首位城市上海的集聚作用有所减弱。首位度指数虽不能作为衡量城市规模结构是否合理的唯一指标，但首位城市发育不足，首位城市的集聚和辐射功能弱，处于"弱核牵引"状态，就不能较好地带动整个区域乃至国家的城市经济发展。

2010 年模拟城市体系计算所得的首位度与实际值较为接近，尤其是 4 城市指数和 11 城市指数，而全国地级市数量较多，用 4 城市指数和 11 城市指数比用首位度能更好地刻画城市体系的人口集中程度。这表明从城市首位度来看，模拟结果较为符合现实。

3. 城市体系位序—规模拟合

设一个城市体系由 n 个城市组成，各个城市的人口规模之间有如下关系：$P_1 \gg P_2 \gg P_3 > \cdots \gg P_n$。位序—规模法则常见的表达式为：

$$P_i = P_1 R_i^{-q} \tag{5-9}$$

式中：R_i 为城市 i 的位序，P_i 为位序是 R_i 的城市人口规模；P_1 为理论上的首位城市人口；q 为 $Zipf$ 维数。

位序—规模法则还可用帕累托（Pareto）公式来表示，即

$$N = AP^{-D}(D>0) \tag{5-10}$$

式中：N 为大于门槛人口规模的城市数量；D 为城市规模分布的维数；A 为系数；P 为城市人口规模。其中 $D \times q = 1$。

表 5-6　　　　　　2000 年和 2010 年中国城市位序—规模分析

年份	位序—规模表达式	判定系数（R^2）	首位城市规模（人）	首位城市理论与实际值比	分维数
2000 年	$y = 64370000x^{-0.896}$	0.694	14489919	4.442	1.116
2010 年	$y = 83380000x^{-0.863}$	0.736	20555098	4.056	1.159
2010 模拟	$y = 79800625x^{-0.864}$	0.857	17435350	4.577	1.167

对全国 333 个地级单元作图进行拟合（见图 5-4），可以发现：全国各地级市人口规模大小不一，分布不均，在双对数坐标图上，近似的排列

成一相当连续紧凑的直线，在
所排列的区间基本上没有出现
明显的规模空白间隔区，说明
这一区间内的各个规模级上均
有城市分布，城市体系发育均
衡。对全国城市位序—规模关
系进行相关分析，判定系数
（R^2）为 0.7 左右，显著水平
小于 0.05，且分维数接近于 1，

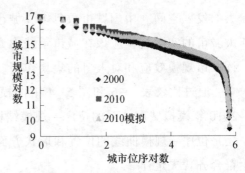

图 5-4　2000 年和 2010 年中国城市位序—规模分布图

大致符合位序—规模分布（齐普夫定律）。且十年间人口的位序—规模等
级结构比较稳定，位序—规模曲线随着时间的演进，有近似平行向前推移
的特点，说明全国各城市人口数不断增加。随着经济的进一步发展，个别
城市的集聚和辐射功能不断加强，城市规模结构的均衡状态会被集中的城
市所打破，但城市规模结构一旦形成便具有一定的惯性，一段时间内位序
—规模分布型的城市体系等级规模结构将不会有较大改变。

　　根据城市规模分布的分维规律，当分维值 D<1 即 q>1 时，城市体
系的人口分布差异较大，城市规模分布分散，此时首位城市的垄断性
较强。城市规模分布的分维值变化可以反映城市系统的均衡程度，仵
宗卿等（2000）称之为"均衡度"指数[①]。均衡度指数越大，各城市
之间的规模就越接近，相互之间的差距就越小，城市就越均衡，城市
首位度就越低；反之，城市规模越不均衡，城市的首位度就越高。全
国城市人口规模分布的分维值从 2000 年的 1.116 上升到 2010 年的
1.159，反映了城市体系均衡程度的加强，与首位度指数下降的趋势
正好一致。

　　此外，从首位城市理想规模与实际规模的比值可看出，二者之间
存在较大差距。全国高位城市，特别是最大城市的实际规模比它们的
理论规模小得多，说明仅就规模结构合理性而言，高位次城市还有较

---

　　① 仵宗卿、戴学珍、杨吾扬：《帕累托公式重构及其与城市体系演化》，《人文地理》
2000 年第 1 期。

大的发展空间。中国城市数目多，城市历史悠久，城市体系完善，最大城市的实际规模应该在城市承载力允许的条件下得以提升，从而发挥城市规模效应和对人口的集聚作用。

通过比较表 5-6 和图 5-4 中的模拟结果与实际情况，可以看出 2010 年模拟城市体系的位序—规模结构无论在首位城市规模、分维数还是位序—规模曲线的位置和形状方面都与实际情况基本一致，基本符合齐普夫定律。

4. 城市体系空间分布格局

中国国土面积广阔，自然资源禀赋空间差异巨大，由此导致各地区人口分布和经济发展程度也存在较大差异。不同规模大小的城市在空间上的分布是不均衡的。东部地区城市数量较多，大多数大城市都分布于东部，2010 年的 21 个超大、特大城市中，东部城市就占了 14 个；西部地区城市数量较少，且城市规模较小；中部地区的城市规模分布则介乎二者之间。

从城市体系的空间格局来看，2010 年地级单元模拟人口与实际人口的空间分布格局基本一致，均为东南半壁城市规模较大，尤其是东部沿海地区，人口较多的主要为各城市群的中心城市（如京津冀城市群的北京、天津，长三角城市群的上海、南京、杭州、苏州，珠三角城市群的广州、深圳、东莞、佛山，成渝城市群的成都、重庆等），西北半壁城市规模则普遍较小，正好以胡焕庸线为界两侧空间差异明显。

5. 模拟结果与实际情况比较分析的结论

总的来说，用理论模型模拟 2010 年地级市层面的真实城市体系，通过分析发现模拟城市体系的以下几方面特征与实际情况都基本一致：

（1）城市体系等级结构：从地级市层面来看，城市等级体系中，超大城市、特大城市数量最少，大城市数量最多，中等城市和小城市的数量相对较少；2000—2010 年间，超大和特大城市数量增加且规模增加较大，大城市数量增长较快，而中小城市的数量有所减少，中小城市往大城市的晋级发展较为迅速。

（2）城市体系首位度特征：全国城市规模分布并不服从首位律，首位城市上海的集聚和辐射作用有限，整个城市体系呈双中心或多中心分布，2000—2010年间首位度指数略有下降。

（3）城市体系位序—规模拟合：全国城市体系大致符合位序—规模分布，且位序—规模等级结构比较稳定，位序—规模曲线十年间近似平行向前推移，表明全国城市人口数整体不断增大；十年间城市体系均衡程度逐渐加强，与首位度指数下降的趋势正好一致；从理论上来说，就城市规模结构合理性来说，高位次城市还存在较大的发展空间。

（4）城市空间分布格局：城市数量和规模分布空间差异明显，东部地区与其他三个区域相比，无论是城市数量、城市规模、大城市数量都占绝对优势。

第二节　中国城市体系演化预测

从前文模拟结果分析可看出，第四章所构建的理论模型拟合精度较好，已通过实证研究的检验。因此，本节根据该理论模型，代入初始数据（2010年各地级单元城镇人口数、经济发展水平、公共服务水平和空间距离矩阵）来预测中国未来（2020年）城市体系演化，预测的初始数据准备（将2000年的初始数据换成2010年的对应数据）与具体操作流程和上一节相同。

一　中国未来城市化情景设计

影响中国未来城市人口规模分布变化的时代背景可总结如下，下文将根据这些时代背景来设计中国未来城市化情景。

1. 关于不同城市化发展模式的争论一直没有形成统一的定论。

自20世纪80年代中期以来，从城市发展的规模结构角度探讨中国的城市化道路，是城市化模式研究中最常见的视角。关于中国城市化的发展道路，历来就有大城市重点论和小城镇重点论之争。小城镇论者强调根据中国的基本国情，应以小城镇为主推进中国的城市化进程，提出要严格控制大城市规模，合理发展中小城市，积极发展小城镇；大城市论者依据理论分析，或强调大城市优先发展的阶段性规律，或强调城市规模的集聚经济效应；中等城市论者则试图兼顾两者的优点；还有学者从城市体系理论出发，提出"大中小城市相结合"的观点，主张大中小城市和小城镇协调发展。以不同规模等级的城市为主导发展，将形成不同结构的城市体系。

2. 随着国家户籍制度的改革，未来户籍制度有可能全面取消。

2014年7月24日，国务院印发《关于进一步推进户籍制度改革的意见》，适应推进新型城镇化需要，进一步推进户籍制度改革，落实放宽户口迁移政策。该意见指出，取消农业户口与非农业户口性质区分和由此衍生的蓝印户口等户口类型，统一登记为居民户口，建立居住证制度，促进有能力在城镇稳定就业和生活的常住人口有序实现市民化，稳步推进城镇基本公共服务常住人口全覆盖。随着国家户籍制度的不断改革，未来户籍制度或面临着全面取消的可能，使得城市外来人口真正享受与城市居民一样的各项公共福利待遇，从而实现人口自由流动，解决中国城镇化过程中存在的各种问题。户籍制度改革对城市间人口迁移有重要影响，城市户籍制度越放开，越有利于外来人口迁入和实现市民化，必将加速城市间的人口迁移过程。

3. 国家全面放开二孩政策后，全国总人口是否会呈现大幅增长？

2013年11月15日，十八届三中全会通过的《中共中央关于全面深化改革若干重大问题的决定》对外宣布了单独二胎政策，坚持计划生育的基本国策，启动实施一方是独生子女的夫妇可生育两个孩子的政策。国家计生委表示，2015年生二胎的条件正在拟议中，其中不排除全面开放二胎。即"十二五"结束之后有可能会全面放开二胎政策，即届时夫妻双方，无论是否是独生子女，均可生育第二个孩子。计划生育政策施行多年，已对人民的生育观念起到了长久而深刻的影响。从单独二胎政策宣布实施以来，各地并未如预期那样出现生育潮，远未达到延续"人口红利"的作用。由于生活、教育成本的提高，低生育思维定式已在处于生育期的新生代家庭中悄然形成，实行二胎政策短期内也许会有人口增加，但从长远看不会对人口总量造成较大影响。

（一）以不同规模等级的城市为主导的发展情景

《国家新型城镇化规划（2014—2020年）》提出：优化城镇规模结构，增强中心城市辐射带动功能，加快发展中小城市，有重点地发展小城镇，促进大中小城市和小城镇协调发展。

根据不同城市化发展模式，这里设计了以下几种未来城市化情景：在控制超大城市、特大城市人口规模后，以大城市为主导（迁移人口主要集中于大城市）、中小城市为主导（中小城市所占迁移人口比例较高）、大中小城市协调发展（各类城市所占迁移人口比例相差不大）。

根据式（5-6），净迁入率 $d\lambda_i/\lambda_i$ 与迁移速度 η 和效用差（$U_i - \bar{U}$）成正比（净迁入率的符号由效用差符号决定），因此可以根据不同情景，给不同等级的城市设定不同的迁移速度，而迁移速度又由净迁入率来决定。

本书用2010年人口普查数据分县资料，根据《关于调整城市规模划分标准的通知》规定，按市区常住人口将全国337个地级行政单元划分成以下几个类别①，并求得各个类别城市的平均净迁入率，为迁移速度 η 的参数值设置提供事实依据。由于人口普查数据中只统计了各地级单元的迁入人口而未统计迁出人口，本研究根据2000—2010年间净迁入人口＝10年间增加人口－自然增长人口（通过人口自然增长率求得），估算得到各地级单元的净迁入率。

表 5-7　　　　　　　　按城市规模划分的各类别城市净迁入率

类别	市区常住人口规模	数量	平均净迁入率（%）
超大城市	>1000万	6	28.02
特大城市	500-1000万	10	18.97

---

① 这里按市区常住人口而非之前的城镇人口来划分城市等级，是为了与国家政策导向相一致，从而使得模拟结果更具有现实指导意义，因为目前国家的户籍制度与城市化发展道路都是按这个城市等级划分标准来执行的，具体参见《国家新型城镇化规划》。

续表

类别	市区常住人口规模	数量	平均净迁入率（%）
大城市	100-500 万	120	5.97
中等城市	50-100 万	104	-1.96
小城市	<50 万	47	-1.34
其他地级单元		50	1.21
地级行政区总数		337	2.59

表 5-7 统计所得的超大城市共有 6 个：上海、北京、重庆、天津、广州、深圳；特大城市共有 10 个：武汉、东莞、成都、佛山、南京、西安、沈阳、杭州、哈尔滨、汕头。为了研究简便，最终将所有城市只划分成三个类别：超大城市和特大城市合并成特大城市（共16 个），平均净迁入率为 22.37%；大城市 120 个，平均净迁入率为5.97%；中等城市、小城市和其他地级单元合并成中小城市，共 201个，平均净迁入率为-1.02%。

（二）不同户籍松紧程度下的发展情景

《国家新型城镇化规划》提出：全面放开建制镇和小城市落户限制，有序放开城区人口 50 万—100 万的城市落户限制，合理放开城区人口 100万—300 万的大城市落户限制，合理确定城区人口 300 万—500 万的大城市落户条件，严格控制城区人口 500 万以上的特大城市人口规模。即根据各城市人口规模和综合承载能力的不同实际情况，实施差别化落户政策：全面放开建制镇和小城市落户限制，就是基本没有门槛，只要群众有意愿，有合法稳定的住所，就可以落户；有序放开中等城市落户限制，就是门槛较低，只要具有合法稳定就业和合法稳定住所（含租赁）等条件，按照先后顺序排队，有落户意愿的，一般都可以落户；合理确定大城市落户条件，就是降低门槛：城区人口 100 万至 300 万的城市还有发展空间，能放开落户条件的尽量放开，城区人口 300 万至 500 万的城市要适度控制落户规模和节奏，防止人口发展过快，落户条件就要严格一些；严格控制特大城市人口规模，这个政策导向是非常明确的。目前一些特大城市尤其是千万人口以上的城市人口压力很大，承载力有限，不能再扩大人口规模，增加新的负担。首先，要严格户口迁移政策，改进和完善现行落户政策。要根据各城市实际情况，建立完善积分落户制度，按照总量控制、公开透明、公平公正的原则，合理解决落户问题。户籍人口比重比较低的城市，要逐步提高户籍人口比重。其次，特大城市要科学定位城市功能，加快产业转型升级，适当疏散经济功能和其他功能，引导人口有出有进，使人口结构更加合理。

根据中国实际国情和国家政策导向，本研究设计了以下几种城市化情景：全国城市的户籍均放开、只放开中小城市户籍、只限制特大城市和超大城市落户。

由于户籍制度作为政策因素没法直接测度，考虑到迁移人口能享受到的公共服务是与户籍制度挂钩的，因此首先计算出各市公共服务水平，然后乘以落户难易程度系数得到迁移人口真正能享受到的公共服务水平。例如，在全国户籍均放开的情形下，可将所有城市的落户系数均设为 1；只放开中小城市户籍的情形下，令大城市和特大、超大城市的落户系数为 0.5，中小城市的落户系数为 1；只限制特大和超大城市落户的情形下，令中小城市、大城市的落户系数都为 1，特大、超大城市落户系数为 0.5。这里划分超大城市、特大城市、大城市、中小城市的标准与表 5-7 一致，使其符合基本国情。

二　不同城市化情景下的预测结果

(一)　自组织发展预测结果

按《国家新型城镇化规划》提出的 2020 年要实现常住人口城镇化率达到 60% 左右的目标，令 2020 年城镇化率为 60%，与 2010 年全国城镇人口比例（49.68%）相比增长了 10.32%，即 2010—2020 年间共有 14174 万农村人口往城镇地区转移，这与目前中国城镇化发展趋势基本一致（2015 年全国城镇人口为 55.88%）。根据 2015 年全国 1% 人口抽样调查公报，2015 年全国总人口为 137349 万人，按 2010—2015 年的自然增长率计算，2020 年全国总人口为 140810 万人。各地级市 2010—2020 年人口预测自然增长率仍按 2009—2010 年间的城镇地区和农村地区自然增长率来计算①。

首先进行基准情形（自组织发展）下的城市体系演化预测，即不设计任何城市化情景，按目前的发展趋势预测 2020 年城市等级体系演化情况，如表 5-8 所示。由于部分地级单元没有市辖区，这里预测结果中的城市规模是用各地级市的城镇人口数测度的。

从表 5-8 可看出，2010—2020 年间，城市体系演化仍然保持原来的（2000—2010 年间的）发展趋势：各级城市的规模，以等级未变的最多；其中特（超）大城市数量和规模比例都出现大幅度增长，数量增加了 13 个（即有 13 个大城市晋级成特大城市），规模比例增加了 8.19%；大城市数量有一定增加，所占规模比例却下降了；中小城市数量有所减少，规模比例也有所下降，但发展较为迅速，其中有 35 个中等城市晋升成大城市，9 个小城市晋升成中等城市。正如《中国：推进高效、包容、可持续的城镇化》报告所指出的，未来中国新的城市面貌会呈现出何种具体形态是无法准确预测的，但如果国际经验具有一定启发意义的话，那么中国的沿海大城市人口增速将快于中国城市的平均水平，而中小城市的人口比例有可能会下降。从地级市层面来看，中国总的城市体系演化趋势还是以一百万人以上规模的大城市为主导的。

表 5-8　　　自组织发展情形下 2020 年城市等级体系预测结果

级别划分（万人）	城市类型	城市数量				城市规模（城镇人口）			
		2010 年		2020 年预测		2010 年		2020 年预测	
		个	%	个	%	万人	%	万人	%
>500	特（超）大城市	21	6.31	34	10.21	18091.7	27.29	29619.5	35.48
100-500	大城市	195	58.56	217	65.17	41272.7	62.26	49431.7	59.22
50-100	中等城市	75	22.52	48	14.41	5814.8	8.77	3607.4	4.32
<50	小城市	42	12.61	34	10.21	1110.7	1.68	817.0	0.98
合计		333	100	333	100.00	66289.9	100	83475.7	100.00

---

① 2005—2010 年间，全国人口自然增长率为 2.64%，年均增长 0.52%；2010—2015 年间，全国人口自然增长率为 2.52%，年均增长为 0.5%；二者较为接近，可用该人口自然增长水平来预测 2015—2020 年间人口增长情况。此外，2009—2014 年间全国人口自然增长率基本保持稳定（在 4.79‰ 和 5.21‰ 间波动），在无其他替代数据的情况下，可用 2009—2010 年间各地级市自然增长率进行外推来预测 2020 年人口。

此外，人口规模较小（城镇人口小于 20 万）的地级单元（嘉峪关市、阿拉善盟、海北州、黄南州、果洛州、林芝地区等），人口减少的幅度较大。这些发展较落后的小城市由于地处西部内陆，过于偏远，或者不能提供足够的就业机会，因而吸引不到人口，随着时间的推移有可能会渐渐消失。

2020 年自组织发展情形下的城市空间格局与 2010 年的实际城市空间格局基本一致，除少数城市的规模晋升了一个等级，总体变化并不大：超大和特大城市、大城市都分布于中国的东南半壁，其中特（超）大城市主要分布在京津冀、长三角、珠三角、成渝地区这几大城市群，大城市则分布在邻近特（超）大城市的外围地区；中等城市和小城市则主要集中在西北半壁，有部分散落在大城市的周围地区。

总的来说，根据预测结果来看，如果保持目前的发展趋势不变，2010—2020 年间，地级层面城市规模等级结构和城市空间格局都相对保持稳定，大部分城市规模有所增加但等级保持不变，只有少数城市跃升了一个等级，以大城市的发展最为迅速。从 90 年代后期开始，中国城市化政策开始由"严格控制大城市规模"转向"大中小城市协调发展"，使得城市化进程明显加快、资源配置效益上升，大城市、尤其是特大城市的发展明显加速，说明大城市具有更好的规模收益，反映了市场调节下城市聚集效应自然导致的结果。大城市较高的收入和机会，吸引人口向城市集聚，人口集聚引致更高的收入和机会，则进一步推进集聚，形成"人往高处走"的现象。

王小鲁（2010）预测我国一百万人以上规模的大城市人口占总人口的比重在 2020 年可能达到 30% 左右，在 2030 年可能达 39%，这需要未来至少增加上百座百万人级别的大城市[①]。2000—2020 年间，从地级市层面来看，一百万人以上规模的大城市（包括超大城市、特大城市和大城市在内）数量和规模都在大幅增长，数量从 163 个增加到了 251 个，占全国城市规模比例从 79.67% 上升到 94.70%，与王小鲁

---

① 王小鲁：《中国城市化路径与城市规模的经济学分析》，《经济研究》2010 年第 10 期。

的判断基本一致。正如王小鲁、夏小林（1999）研究指出的，中国城市最佳规模区间在 100 万—400 万人口之间，更多地发展规模在 100万—400 万人范围的大城市将会大大提高经济效益，提高经济增长的速度与质量①。大城市发展并不意味着只单纯地扩大现有大城市规模，更主要的是要形成更多新的大城市。

（二）不同城市化发展模式下的预测结果

根据表 5-7 所列出各级别城市净迁入率的经验事实，对特（超）大城市、大城市、中小城市设置不同的迁移速度，得到大城市主导（大城市净迁入率最高）、中小城市主导（中小城市净迁入率最高）、大中小城市协调发展（各级别城市净迁入率一致）情形下的三种不同预测结果，如表 5-9 所示。

表 5-9　不同城市化发展模式下预测得到的 2020 年城市等级结构②

级别划分 （万人）	自组织发展		大城市主导		中小城市主导		大中小城市一样	
	城市 数量	规模比例 （%）	城市 数量	规模比例 （%）	城市 数量	规模比例 （%）	城市 数量	规模比例 （%）
Ⅰ：>500	34	35.48	35	34.11	34	33.76	34	34.02
Ⅱ：100-500	217	59.22	219	60.77	224	61.24	220	60.72
Ⅲ：50-100	48	4.32	46	4.16	44	4.09	46	4.27
Ⅳ：<50	34	0.98	33	0.96	31	0.90	33	0.98
Ⅱ升为Ⅰ	13		14		13		13	
Ⅲ升为Ⅱ	35		38		42		38	
Ⅳ升为Ⅲ	9		10		12		10	

从表 5-9 可看出，不管依据何种城市化发展模式，预测得到的中国地级层面城市等级结构都较为类似，并没有产生特别大的变动。与自组织发展情景相比，其他三种情形的特（超）大城市所占规模比例略微有所下降，但较之 2010 年还是升高的，反映了自组织发展趋势的不可逆转。此外，大城市往特大城市递补的速度远低于中小城市往

---

① 王小鲁、夏小林：《优化城市规模 推动经济增长》，《经济研究》1999 年第 9 期。

② 经过反复调试，在取值允许的范围内，大城市主导情形下参数设置为 $\eta_1 = 0.5$，$\eta_2 = 3$，$\eta_3 = 0.5$；中小城市主导情形下参数设置为 $\eta_1 = 0.5$，$\eta_2 = 0.5$，$\eta_3 = 3$。表中第Ⅰ类城市为特大和超大城市，第Ⅱ类城市为大城市，第Ⅲ类城市为中等城市，第Ⅳ类城市为小城市。

大城市晋升的速度。

在这三种不同的城市化情景中，大城市主导情景与自组织发展情景的各级别城市规模比例较为接近（特大城市规模比例低于后者，大城市规模比例高于后者）。这反映出在这三种情景中，大城市为主导的情景是最接近于城市体系演化自然规律的，经济集聚效应在其中起决定性作用，其他两种情景则主要受到政策的干预。将中小城市主导情景与其他情景相比，可以明显看出该种情景下中小城市往上晋升的速度较快（有 42 个中等城市升级为大城市），导致大城市的数目较多（224 个），且所占规模比例较大（61.24%）。大中小城市协调发展也是相对而言的，在该情形下各级别城市发展的速度（如中等城市升级为大城市的数量，以及大城市升级为特大城市的数量）介乎大城市主导情景和中小城市主导情景之间。

（三）不同户籍改革力度下的预测结果

根据表 5-7 划分的地级市级别，对不同户籍改革力度（全国城市的户籍均放开、只放开中小城市户籍、只限制特大城市和超大城市落户）下的各级别地级市初始公共服务水平上分别乘以不同的落户难易系数，使得户籍制度与公共服务水平挂钩。从 2010 年地级单元的实际数据出发，预测得到不同情景下 2020 年的城市等级结构，如表 5-10 所示。从中可看出：所有城市的户籍全部放开时，特大和超大城市规模比例较高，即人口还是主要往级别最高的城市集聚，大城市则相对占比较低；只放开中小城市户籍时，中小城市发展最为迅速，往大城市晋升的速度较快（有 43 个城市），使得大城市的数量和规模比例均较高；只限制特大超大城市户籍时，其特（超）大城市规模比例和中小城市发展速度都介乎前两种情景之间，大城市发展速度相对较快，使得大城市升级为特大城市的数量最多（14 个）。

从表 5-10 来看，户籍松紧程度差异对城市等级结构有一定影响，为具体区分三种不同户籍松紧程度对城市体系演化的不同影响，本研究分析了这三种不同情形下各地级单元的人口增长情况。通过观察可以发现：当户籍制度全面放开时，所有城市的人口迁移均不受限制，与其他两种情形相比，特大、超大城市在 2010—2020 年间的人口增长速度是最快的，这是由于中国人口迁移的自然规律是往最高级别的城市聚集；当只限制特大、超大城市落户时，此时大城市的人口增长速度快于其他两种情形下的相应值，这是由于大城市与中小城市相比，存在城市规模效应，人口集聚能力相对较强；当只放开中小城市落户时，与其他两种情形相比，由于特大城市和大城市的人口迁移都受到限制，此时中小城市的人口增长速度是最快的。由于所研究的地级单元数量较多，对每个等级的地级市只选取了5个规模最大的城市作为代表，以直观反映不同情形下各级别城市的人口增长规律，如图5-5所示。

表 5-10   不同户籍松紧程度下预测得到的 2020 年城市等级结构

级别划分（万人）	户籍全部放开		只限制特大超大城市		只放开中小城市	
	城市数量	规模比例（%）	城市数量	规模比例（%）	城市数量	规模比例（%）
Ⅰ：>500	34	35.30	35	34.10	34	33.85
Ⅱ：100-500	218	59.49	219	60.76	225	61.30
Ⅲ：50-100	47	4.23	46	4.18	43	3.95
Ⅳ：<50	34	0.99	33	0.96	31	0.90
Ⅱ升为Ⅰ	13		14		13	
Ⅲ升为Ⅱ	36		38		43	
Ⅳ升为Ⅲ	9		10		12	

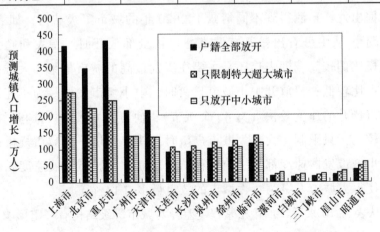

图 5-5   不同户籍松紧程度下代表城市的预测人口增长①

① 超大和特大城市的代表城市为上海、北京、重庆、天津、广州；大城市的代表城市为大连、长沙、泉州、徐州、临沂；中小城市的代表城市为漯河、白城、三门峡、眉山、昭通。

第三节　本章总结与讨论

本章前半部分用第四章构建的理论模型，代入 2000 年全国地级单元的实际数据（初始人口、经济发展水平、公共服务水平、地理优势度、空间距离矩阵），模拟 2010 年地级单元城市规模变化。无论从各地级单元模拟人口数，城市间人口迁移模拟值，还是模拟所得的城市规模等级结构和城市空间格局等方面，模拟结果均较为接近实际情况，模型拟合精度较高，且从人口迁移的角度较好地验证了理论模型的特征事实基础（中国城市人口迁移网络的几大特征）和理论假设（中国人口迁移影响机制），因此模型通过了实证检验，可以用于城市体系演化预测。

本章后半部分根据目前中国实际国情和国家政策导向，在理论模型中代入 2010 年全国地级单元的实际数据，在以下三种大的城市化情景下预测 2010—2020 年间中国城市体系演化情况：首先是基准城市化情景（自组织发展，即按原定城市体系演化趋势发展），其次是以不同规模等级的城市为主导的城市化情景——分为大城市主导、中小城市主导和大中小城市协调发展这三种子情景，最后是不同户籍改革力度下的城市化情景——分为户籍制度全面放开、只放开中小城市户籍、只限制超大和特大城市落户这三种子情景。

根据预测结果，本研究发现了以下几个规律：

（1）按自组织发展趋势，2010—2020 年间，地级层面城市规模等级结构和城市空间格局都相对保持稳定，大部分城市规模有所增加但等级保持不变；其中超大和特大城市的数量和规模增加都是最明显的，地级市层面的城市体系演化以一百万人以上规模的大城市为主导；中小城市发展迅速，规模较小且吸引力不足的城市在未来有可能会消失掉。

（2）大城市为主导的情景下，特大城市规模比例最高，最为接近城市体系演化自然规律，市场机制在其中起决定性作用，其他两种情景则主要受到政策的干预；中小城市发展迅速，往大城市递补的速度较快，这一现象在以中小城市为主导的情景中最为突出；大中小城市协调发展情景下的预测结果则介乎其他两种情景之间。

（3）所有城市的户籍全部放开时，特大和超大城市规模比例较高，大城市则相对占比较低；只放开中小城市户籍时，中小城市发展最为迅速，往大城市晋升的速度较快；不管户籍制度如何变化，人口还是倾向于往级别高的城市集聚，而对这三种情形进行比较可以发现：户籍全面放开情形与其他两种情形相比，特大、超大城市人口增长最快，只限制特（超）大城市落户时大城市人口增长最快，只放开中小城市落户时中小城市人口增长最快。

（4）引入异质性地理空间和城市等级体系构建后，模型的模拟和预测结果与核心—边缘模型的结果基本一致：在不断增强的集聚力和循环累积因果效应的影响下，具有先发优势的地区（也就是原先人口规模较大的超大城市和特大城市）由于具备集聚经济效应，会吸纳越来越多的人口，核心地区逐渐得以强化，而城市周围的乡村地区和边缘地区的小城市会出现人口锐减。

已有研究中对全国人口空间格局及城市规模等级体系的整体性预测较少，本研究预测结果与顾朝林（2009）和邓羽等（2014）的研究结论基本一致：在顾朝林（2009）预测的 2020 年中国城市体系中，2010—2020 年间 100 万以上人口的大城市规模比例增幅是最大的[①]；邓羽等（2014）预测 2020 年中国城镇化率为 61%，其中北京、天津、江苏、上海、浙江及广东为净迁入主导型人口快速变化区，河南、安徽、重庆、湖北为净迁出主导型人口快速变化区，大部分西北和西南省份属于人口平稳区（人口密度稳中有减），并且证明了通过基期人口数据和平均自然增长率进行人口外推具有可信性[②]。此外，本研究预测所得的集中型城市化未来发展趋势（以一百万以上人口的大城市为主导）也与以下几个研究报告的主要观点相契合：2009 年

---

① 顾朝林：《2020 年国家城市体系展望》，《未来与发展》2009 年第 6 期。

② 邓羽、刘盛和、蔡建明等：《中国省际人口空间格局演化的分析方法与实证》，《地理学报》2014 年第 10 期。

世界发展报告（*Reshaping Economic Geography*）认为，是规模经济规律促进了人口和经济密度的日益集中，集中发展是世界各国经济发展的基本规律。2008 年麦肯锡研究报告（*Preparing for China's Urban Billion*）指出集中式增长是中国城市化发展的最优方案，以特大、超大城市为主导的发展模式最为经济，在规模效应的作用下将实现人均 GDP 最高、人均能耗最低、土地集约化利用、大众交通更高效、污染控制更有力、促进知识外溢和创新发展等目标；顺应这一城市体系演化自然规律，目前中国城市体系空间格局应该走集中型城市化发展道路，依托各大城市群，积极培育区域经济增长极，形成以特大城市为增长极、大中小城市协调发展的城市群结构。王小鲁（2010）指出，更多地发展城市规模达一百万人口以上的大城市将会大大提高经济效益，提高经济增长的速度与质量，中国未来新增城市人口仍将主要进入超过 100 万人的大城市；大城市发展并不意味着只单纯地扩大现有大城市规模，更主要的是要加快中小城市发展，以形成更多新的大城市①。

① 王小鲁：《中国城市化路径与城市规模的经济学分析》，《经济研究》2010 年第 10 期。

第六章

结论与展望

　　基于人口迁移网络的中国城市体系演化研究目前较为欠缺，本书结合空间分析方法、社会网络分析方法和计量方法，从区域经济学的角度来分析中国人口迁移和城市等级体系演化特征，并运用新经济地理学理论来解释人口迁移对城市体系演化的影响机制，尝试构建人口迁移和城市体系的综合研究框架，从而模拟和预测中国城市体系演化过程。本章主要就前五章内容来总结本研究主要结论、存在的不足及未来进一步的拓展空间等。

第一节　主要研究结论

　　本书对中国近十年来城市层面人口迁移特征、城市体系演化趋势、人口迁移对城市体系演化的影响机制，以及未来十年城市体系演化趋势等进行了具有一定深度的分析和研究。研究成果可概括为以下五个方面：

一　中国城市人口迁移网络特征分析

　　本书用网络分析方法测度城市间人口迁移网络的基本特征参数（度和度分布、聚类系数和平均路径长度），以及基于派系结构分析和分块模型对城市网络进行层域划分（聚类分析），总结得到中国城市人口迁移存在以下几大网络特征：（1）网络入度较高的为东部沿海地区城市，主要分布在三大都市圈，网络出度较高的为中部六省城市和西部部分城市；（2）城市的网络中心性呈幂律分布，少数城市迁移人口较多,大多数城市迁移人口较少;(3)人口迁移流空间分布特征:东部沿海地区人口迁移流密集,中部地区次之,广大西部地区人口迁移流特别稀疏,城市联系网络的连接节点主要集中在环渤海地区、长三角地区和珠三角地区;(4)根据人口迁移网络可将中国城市划分为以下八大聚类,其中长三角城市群、珠三角城市群、环渤海城市群这三大城市聚类最为明显,尤其是长三角城市群的各地级市度中心性都较高,其次突出的为成渝城市群和以武汉为中心的中三角城市群。

二 中国城市体系演化特征分析

本书根据城市体系研究的基础理论——中心地理论、城市首位律、位序—规模法则(齐普夫定律、分形理论),并运用空间分析方法,从不同角度分析中国城市体系的演化特征。研究结果表明,2000—2010年间中国城市体系演化具有以下特征:

(1)城市体系等级结构:从地级市层面来看,超大城市、特大城市数量最少,大城市数量最多,中等城市和小城市的数量相对较少;2000—2010年间,超大和特大城市数量增加且规模增加较大,大城市数量增长较快,而中小城市的数量有所减少,中小城市往大城市的晋级发展较为迅速。

(2)城市体系首位度特征:全国城市规模分布并不服从首位律,首位城市上海的集聚和辐射作用有限,整个城市体系呈双中心或多中心分布,2000—2010年间首位度指数略有下降。

(3)城市体系位序—规模拟合:地级市层面的城市体系大致符合位序—规模分布,且位序—规模等级结构比较稳定,位序—规模曲线十年间近似平行向前推移,表明全国城市人口数整体不断增大;十年间城市体系均衡程度逐渐加强,与首位度指数下降的趋势正好一致。

(4)城市空间分布格局:地级市的数量和规模分布空间差异明显,东部地区与其他三个区域相比,无论是城市数量、城市规模、大城市数量都占绝对优势。

三 人口迁移对城市体系演化的影响机制分析

本书将人口迁移视作城市体系的重要且唯一的影响因素,通过分析人口迁移影响机制来探讨各种因素如何通过人口迁移最终作用于城市体系演化的,从而为模型构建打下理论基础。根据人口迁移理论,并结合中国实际情况,本书提出以下几种影响人口迁移的重要因素:地理优势、经济发展水平、公共服务水平、空间距离、社会网络、政策因素,并对各种因素的影响效应进行了详细阐述。紧接着,采用1995—2000 年、2000—2005 年、2005—2010 年省际人口迁移数据和相关社会经济数据,根据经典引力模型进行计量分析,验证了以上提出的人口迁移影响机制。

根据研究目的,选择 Krugman (1997)、Fujita, Krugman and Venables (1999)、Stelder (2005) 的城市体系演化模型来模拟人口迁移对中国城市体系演化的影响①②③。本研究将 CP 模型从两区域拓展到多区域,引入地理空间异质性和人口迁移影响因素,提出以下重要的理论假设:

(1) 特定时期内城市体系总人口不变,各城市规模和等级的变化由城市间人口迁移所决定,所有城市的净迁移人口总和为 0,即 $\sum d\lambda_i = 0$;

(2) 初始人口规模较大 (网络连通度较高) 的城市,其迁入人口规模也较大;

(3) 城市的地理优势度越大,对迁移人口越具有吸引力;

(4) 城市的经济发展水平越高,公共服务水平越高,对迁移人口的吸引力越大;

(5) 城市与其他城市之间的距离总和越小 (交通通达度越高),则其越容易发生人口迁移;

(6) 户籍制度越严格的城市,其迁入人口越受到限制。

最后,根据城市体系内涵,对理论假设 (1) 进行了修正,将各

① Krugman P R., Development, *geography, and economic theory*, MIT press, 1997.

② Fujita M, Krugman P R, Venables A J., The spatial economy: cities, regions and international trade, Cambridge, MA: MIT Press, 1999.

③ Stelder D., "Where Do Cities Form? A Geographical Agglomeration Model for Europe" *Journal of Regional Science*, 45 (4), 2005, pp.657–679.

城市均分为城镇和农村两区域，城市实际规模由城镇人口来测度，假设不存在逆城市化，则各城市规模的变化由城镇地区间的人口迁移、农村地区往城镇地区的人口迁移以及各城市的人口自然增长率共同决定。

四　中国城市体系演化模拟与预测分析

本部分先将 2000 年各地级市的人口数据、社会经济数据输入理论模型，经过反复试验模拟出 2010 年各城市人口规模分布情况，与现实较为相符，模型拟合精度较高，且从人口迁移的角度验证了理论模型的特征事实基础和理论假设，证明该理论模型是可以应用于实证研究中，进行真实城市体系演化模拟和预测分析的。

在此基础上，根据中国实际国情和国家政策导向设计三种不同的城市化情景——自组织发展、以不同规模等级的城市为主导的发展模式（分为大城市为主导、中小城市为主导、大中小城市协调发展三种子情景）、不同户籍松紧程度（分为户籍制度全面放开、只放开中小城市户籍、只限制超大和特大城市落户三种子情景），在这三种城市化情景下得到了不同的城市体系演化预测结果：

（1）按自组织发展趋势，2010—2020 年间，地级层面城市规模等级结构和城市空间格局都相对保持稳定，大部分城市规模有所增加但等级保持不变；其中超大和特大城市的数量和规模增加都是最明显的，地级市层面的城市体系演化以一百万人以上规模的大城市为主导；中小城市发展迅速，规模较小且吸引力不足的城市在未来有可能会消失掉。

（2）大城市为主导的情景下，特大城市规模比例最高，最为接近城市体系演化的自然规律，市场机制在其中起决定性作用，其他两种情景则主要受到政策的干预；中小城市发展迅速，往大城市递补的速度较快，这一现象在以中小城市为主导的情景中最为突出；大中小城市协调发展情景下的预测结果则介乎其他两种情景之间。

（3）户籍全面放开时，特大和超大城市规模比例较高，大城市则相对占比较低；只放开中小城市户籍时，中小城市发展最为迅速，往大城市晋升的速度较快；不管户籍制度如何变化，人口还是倾向于往级别高的城市集聚，而对这三种情形进行比较可以发现：户籍全面放开情形与其他两种情形相比，特大、超大城市人口增长最快，只限制特（超）大城市落户时大城市人口增长最快，只放开中小城市落户时中小城市人口增长最快。

（4）本研究引入异质性地理空间和城市等级体系内涵后，模型的模拟和预测结果仍服从克鲁格曼 CP 模型的初始理论假设（经济聚集过程一旦开始就将自行维持下去并不断自我加强）：中国城市体系未来演化呈集中型城市化态势，以具备规模效应的大城市为主导，人口不断往大城市集聚，城市周围的乡村地区和边远地区的小城市会出现人口收缩，核心—边缘结构更加明显。

五 相关政策建议

在国家大力推动新型城镇化的今天，本研究所分析的人口迁移网络特征和城市体系演化规律，以及对城市空间分布格局的未来预测，可以为合理引导人口迁移、优化中国城市体系空间格局、户籍制度改革和流动人口公共服务配套等政策的制定提供理论基础和现实依据。

1. 人口迁移合理引导

本书在分析中国人口迁移特征时发现，"人往高处走"的现象十分显著，这是由于大城市较高的收入和机会，吸引人口向城市集聚，人口集聚引致更高的收入和机会，则进一步推进集聚。目前在中国各地区间愈演愈烈的人口争夺战中，京津冀、长三角和珠三角已经形成了强有力的人口抽水机，这三大都市圈大肆抽取周边地区的劳动力资源，与之相反的是中西部很多小城市正在萎缩。由于目前在中国，地区经济发展水平还是影响人口迁移的最重要因素，地区经济发展水平越高，就业机会越多，工资收入越高。因此，加快东部产业往中西部转移，抓紧推进西部大开发战略和中部崛起战略的实施，大力发展中西部经济，成了引导人口往中西部地区回流的重要举措之一。与资源优势明显的大城市相比，中小城市和小城镇发展空间广阔、潜力很大，但产业支撑和公共服务功能还需要一个发育的过程，吸引人口集聚的能力不足。这就需要加强政策引导、产业引导和观念引导，加快产业布局调整，加快发展中小城市，有重点地发展小城镇，增强中小城市产业承接能力，以就业带动促进人口集聚，引导人口就地就近转移就业，逐步实现人口的合理均衡分布。

2. 中国城市体系空间格局优化

由于大城市具有一定的规模效应，对人口集聚作用较强，顺应这一城市体系演化自然规律，目前中国城市体系空间格局应该走集中型城市化发展道路，依托各大城市群，积极培育区域经济增长极，形成以特大城市为增长极、大中小城市协调发展的城市群结构。更多地发展城市规模达一百万人口以上的大城市将会大大提高经济效益，提高经济增长的速度与质量。大城市发展并不意味着只单纯地扩大现有大城市规模，更主要的是要加快中小城市发展，以形成更多新的大城市。

3. 特大城市人口调控

从本研究结果可以看出，目前中国人口倾向于往超大、特大城市迁移的趋势与超大、特大城市人口严格管控之间是相当不匹配的。正如本研究所指出的，城市体系中的各个城市是通过相互间的人口迁移网络紧密联系在一起的。因此，特大城市发展至今已不再是独立的城市，而是与周边区域形成密切联系的有机体系，对特大城市的人口调控不能只立足于目标城市，要放眼于以该特大城市为核心的都市圈/城市群来解决问题，要在区域协同发展的视野下实现人口由中心城市向外疏解。首先，应促进周围城市的产城融合、构建职住平衡体系，选择在人口居住密度高且规模较大的区域布置相关产业，使就业岗位从特大城市向周围城市转移；其次，从特大城市向外围城市疏解优质公共资源，加快实现社保统筹，改善周围城市生态环境质量和宜居条件，提高对人口的吸引力；再次，为便于城市群中心与外围的交流，还应优化轨道交通体系，加强周围城市基础设施建设，在中心与外围城市之间构建便捷畅通高效的交通网络。

4. 户籍制度和公共服务体制改革

户籍制度的不同松紧程度会对城市体系演化存在一定的影响，但其并非目前人口迁移的最主要影响因素。在具体政策实践中，无论是仅仅放开中小城市户籍，还是只限制特大城市户籍，对实现人口迁移预期目标依然存在不确定性，还有待其他配套政策支撑，才能实现中国未来城市人口的有序流动。户籍本身只是一个政策工具，其背后所代表的深层意义才是更值得关注的，如公共服务和社会福利政策与户籍的挂钩，如何逐渐取消户口上附着的各项权利（包括政治权利、就业权利、教育权利、社会保障、计划生育等各个方面)，是当前研究的一个重要课题。户籍改革需要充分尊重并统筹兼顾好不同群体的利益诉求，突出重点、兼顾一般、分类分步有序推进。

公共服务水平是影响我国人口迁移的重要因素之一，如何使得迁往大城市的越来越多流动人口能平等享受到城市居民所享有的各项公共服务，即实现流动人口市民化，需要积极推动基本公共服务均等化进程。对人口流出地，要逐渐促进市政基础设施和教育、医疗等公共资源配置往这些地区的倾斜，增加对人口的吸引力，同时集中精力办教育，不断提升人口素质；而流入地要围绕住房保障建设加大投入力度，国家应在流入地进行金融财税等多种政策试点，研究在流入农民工市民化的支出上国家、省份成本的分摊方式。通过差别化的安排，扩大城镇化的资金来源，减少基本公共服务投向上的浪费，提高资金的使用效率，从而加快推进基本公共服务均等化进程，更好地为城镇化健康发展服务。最终，统筹推进户籍制度改革和基本公共服务均等化，不断扩大教育、就业、医疗、养老、住房保障等城镇基本公共服务覆盖面。

第二节　研究展望

本书从中国城市人口迁移和城市体系演化事实中总结人口迁移对城市体系演化影响的一般规律及机制分析，基于新经济地理学理论和中国的经验事实基础构建理论模型，并运用模型对真实城市体系进行了模拟和预测。在很大程度上，促进了人口学和空间经济学的结合，

但本书还有很多地方需要以后不断完善。本研究中存在的问题及针对这些问题的进一步研究方向可概括如下:

(1) 受数据(主要为全国人口普查数据)可得性限制,本书对中国城市等级体系演化特征的分析只以地级层面的城市为代表,研究时段也只有十年(2000—2010 年,由于四普对常住人口的统计口径与五普、六普不一致),使得分析结果具有一定局限性;中国的城市规模较为常用的统计口径是市辖区年末总人口(按户籍登记)、市辖区非农业人口、城镇人口和市区常住人口,其中城市的市区常住人口是测度城市人口规模的相对较准确的指标,由于本书研究对象中有 30 多个地级单元没有市辖区,为了统一口径才选择城镇人口这个折中的测度方法;未来将收集更多的数据源,拓宽该研究的空间尺度和时间序列,进一步增加空间单元的等级(如增加县级市空间层面等),并深化不同等级空间单元之间人口迁移的动力机制的研究,完善基于人口迁移网络的动态、全局和多区域城市体系模型的理论框架。

(2) 本书在城市体系演化模拟和预测的过程中,对模型初始变量的测度方法进行了简化:如地理优势度只用简单的地形分区、温度带分区、干湿带分区相叠加来对各省份地理环境条件进行赋值;空间距离则直接采用绝对地理距离,没考虑到各种交通运输条件的改善(如高铁时代的到来)对空间距离的压缩效应;公共服务水平也只从教育、科学、文化、卫生这四个方面中各选一个代表性指标来共同测度;政策因素由于难以直接量化表示,本研究将各城市分等级(超大城市、特大城市、大城市、中小城市)来模拟人口迁入政策(户籍政策)不同松紧程度下的城市体系演化情况。在进一步的研究中,将参照已有研究,构建完善的指标体系,收集各方面数据来较科学地测度地理优势度、实际空间距离、公共服务水平等指标,使得数值模拟过程更加接近实际情况。

(3) 第五章的城市体系演化模拟结果跟现实情况大致相符,但少数城市的模拟结果仍存在一定的误差:如高估了中部部分城市的人口,过分低估了西北地区部分城市(尤其是规模较小的城市)人口,以及在一定程度上低估了几个超大城市的人口。部分模拟结果与现实存在一定差距的原因可能是：一是模型构建本身存在的问题，二是模型模拟所用的城市规模数据是城镇人口，三是由于城市体系演化是一个庞大的研究命题，可能未能考虑到更多其他因素带来的影响（如新经济地理学模型中城市主导产业类型对人口集聚的影响），这将是下一步探索的重要方向。针对目前模拟结果存在的误差，未来将引入交通通达度来计算城市间实际空间距离，改善由中部城市与其他城市之间地理距离总和较小所引起的效用水平高估问题；通过进一步改进理论模型，降低初始人口规模对城市集聚力的较大影响，以解决规模较小的城市人口被低估的问题；将国家政策因素更好地纳入模型中，以突显出超大城市对迁移人口的绝对吸引力。

（4）本书只选取了不同城市化发展模式和不同户籍改革力度这两种大的城市化情景来预测未来城市体系演化，假设总人口增量是一样的，从而对人口在各等级城市进行分配；然而，根据当前中国城市化发展的最新时代背景，还可以加强和细化情景分析与构造，在人口总量增长速度不同的情况下，对不同城镇化水平（如老龄化日趋发展使得农村可转移劳动力减少）、不同公共服务发展水平（如中国基本公共服务均等化进程推进带来的各城市公共服务水平变化）、不同交通运输条件（如高铁大规模建设运营带来的交通基础设施条件改善）、不同经济发展水平（如中国经济增速放缓）等情景下的未来城市体系演化展开更加深入的预测研究，提升模型体系的预测与决策支持能力；最终，基于模型推理和模拟研究结果，加强政策建议研究。

参考文献

［1］安虎森：《新经济地理学原理》，经济科学出版社 2009 年版。

［2］蔡建明、王国霞，杨振山：《我国人口迁移趋势及空间格局演变》，《人口研究》2007 年第 5 期。

［3］陈良文：《城市体系的集聚经济模型研究》，博士学位论文，北京大学，2008 年。

［4］陈睿、吕斌：《城市空间增长模型研究的趋势、类型与方法》，《经济地理》2007 年第 2 期。

［5］陈田：《省域城镇空间结构优化组织的理论与方法》，《城市问题》1992 年第 2 期。

［6］陈彦光、单纬东：《区域城市人口分布的分形测度》，《地域研究与开发》1999 年第 1 期。

［7］陈勇、陈铮：《城市规模分布的分形研究》，《经济地理》1993 年第 3 期。

［8］单纬东、陈彦光等：《河南省城市化进程的分形研究》，《信阳师范学院学报》1997 年第 3 期。

［9］邓羽、刘盛和、蔡建明等：《中国省际人口空间格局演化的分析方法与实证》，《地理学报》2014 年第 10 期。

［10］丁金宏、刘振宇、程丹明等：《中国人口迁移的区域差异与流场特征》，《地理学报》2005 年第 1 期。

［11］丁金宏：《中国人口省际迁移的原因别流场特征探析》，《人口研究》1994 年第 1 期。

［12］方创琳、鲍超、张传国：《干旱地区生态—生产—生活承载力变化情势与演变情景分析》，《生态学报》2003 年第 9 期。

［13］葛莹、朱国慧、吴野：《地理环境下的克鲁格曼式城市体系模拟分析》，《地理科学》2013 年第 3 期。

［14］顾朝林、张勤：《新时期城镇体系规划理论与方法》，《城市规划汇刊》1997 年第 2 期。

［15］顾朝林：《2020 年国家城市体系展望》，《未来与发展》2009 年第 6 期。

［16］顾朝林：《中国城镇体系等级规模分布模型及其结构预测》，《经济地理》1990 年第 3 期。

［17］顾朝林：《地域城镇体系组织结构模式研究》，《城市规划汇刊》1987 年第 2 期。

［18］郭庆胜、闫卫阳、李圣权：《中心城市空间影响范围的近似性划分》，《武汉大学学报》（信息科学版）2003 年第 5 期。

［19］国家人口和计划生育委员会流动人口服务管理司：《中国流动人口发展报告》，中国人口出版社 2012 年版。

［20］国务院发展研究中心和世界银行联合课题组：《中国：推进高效、包容、可持续的城镇化》，《管理世界》2014 年第 4 期。

［21］黄泽民：《我国多中心城市空间自组织过程分析——克鲁格曼模型借鉴与泉州地区城市演化例证》，《经济研究》2005 年第 1 期。

［22］康停军、张新长、赵元等：《基于 GIS 和多智能体的城市人口分布模拟》，《中山大学学报》（自然科学版）2012 年第 3 期。

［23］劳昕、沈体雁：《中国地级以上城市人口流动空间模式变化——基于 2000 年和 2010 年人口普查数据的分析》，《中国人口科学》2015 年第 1 期。

［24］雷光和、傅崇辉、张玲华等：《中国人口迁移流动的变化特点和影响因素——基于第六次人口普查》，《西北人口》2013 年第 5 期。

［25］冷炳荣：《从网络研究到城市网络》，硕士学位论文，兰州大学，2011 年。

［26］李敬、陈澍、万广华、付陈梅：《中国区域经济增长的空间关联及其解释——基于网络分析方法》，《经济研究》2014 年第 11 期。

［27］李鹏：《土地出让收益，公共品供给及对城市增长影响研究》，博士学位论文，浙江大学，2013 年。

［28］李薇：《我国人口省际迁移空间模式分析》，《人口研究》2008 年第 4 期。

［29］李扬、刘慧：《人口迁移空间格局模拟研究进展与展望》，《地理科学进展》2010 年第 10 期。

［30］李袁园：《中国省际人口迁移和区域经济发展研究》，博士学位论文，吉林大学，2013 年。

［31］梁涵：《集聚经济与地方政府的整合研究》，博士学位论文，北京大学，2010 年。

［32］梁涵、姜玲、杨开忠：《城市等级体系演化理论评述和展望》，《技术经济与管理研究》2012 年第 10 期。

［33］梁昊光、刘彦随：《北京市人口时空变化与情景预测研究》，《地理学报》2014 年第 10 期。

［34］梁琦、陈强远、王如玉：《户籍改革，劳动力流动与城市层级体系优化》，《中国社会科学》2013 年第 12 期。

［35］林阳衍、张欣然、刘晔：《基本公共服务均等化：指标体系，综合评价与现状分析——基于我国 198 个地级市的实证研究》，《福建论坛》（人文社会科学版）2014 年第 6 期。

［36］刘军：《整体网分析讲义：UCINET 软件实用指南》，上海格致出版社 2009 年版。

［37］刘望保、汪丽娜、陈忠暖：《中国省际人口迁移流场及其空间差异》，《经济地理》2012 年第 2 期。

［38］刘晏伶、冯健：《中国人口迁移特征及其影响因素——基于第六次人口普查

数据的分析》，《人文地理》2014 年第 2 期。

[39] 陆铭、向宽虎：《地理与服务业——内需是否会使城市体系分散化?》，《经济学》（季刊）2012 年第 2 期。

[40] 陆铭：《空间的力量：地理，政治与城市发展》，格致出版社，上海人民出版社 2013 年版。

[41] 南锐、王新民、李会欣：《区域基本公共服务均等化水平的评价》，《财经科学》2010 年第 12 期。

[42] 庞效民：《关于中国世界城市发展条件与前景的初步研究》，《地理研究》1996 年第 2 期。

[43] 乔晓春、黄衍华：《中国跨省流动人口状况》，《人口与发展》2013 年第 1 期。

[44] 邱荣旭、李山、吴静：《基于 Agent 建模在旅游模拟研究中的回顾与展望》，《地理与地理信息科学》2009 年第 5 期。

[45] 沈丽珍、顾朝林：《区域流动空间整合与全球城市网络构建》，《地理科学》2009 年第 6 期。

[46] 沈体雁、劳昕：《国外城市规模分布研究进展及理论前瞻——基于齐普夫定律的分析》，《世界经济文汇》2012 年第 5 期。

[47] 盛广耀：《城市化模式研究综述》，《城市发展研究》2011 年第 7 期。

[48] 石敏俊、赵曌、金凤君：《中国地级行政区域市场潜力评价》，《地理学报》2007 年第 10 期。

[49] 孙斌栋、胥建华、冯卓琛：《辽宁省城市中心性研究与城市发展》，《人文地理》2008 年第 2 期。

[50] 孙莉、吕斌、周兰兰：《中国城市承载力区域差异研究》，《城市发展研究》2009 年第 3 期。

[51] 谭建华：《四川省城市体系结构特征及优化研究》，硕士学位论文，西南大学，2011 年。

[52] 田成诗、曾宪宝：《基于"六普"数据的中国省际人口流动规律分析》，《西北人口》2013 年第 1 期。

[53] 田文祝、周一星：《中国城市体系的工业职能结构》，《地理研究》1991 年第 1 期。

[54] 王桂新、潘泽瀚、陆燕秋：《中国省际人口迁移区域模式变化及其影响因素——基于 2000 和 2010 年人口普查资料的分析》，《中国人口科学》2012 年第 5 期。

[55] 王桂新：《中国经济体制改革以来省际人口迁移区域模式及其变化》，《人口与经济》2000 年第 3 期。

[56] 王国霞、秦志琴、程丽琳：《20 世纪末中国迁移人口空间分布格局》，《地理科学》2012 年第 3 期。

[57] 王小鲁：《中国城市化路径与城市规模的经济学分析》，《经济研究》2010 年第 10 期。

[58] 王小鲁、夏小林：《优化城市规模 推动经济增长》，《经济研究》1999 年第

9 期。

[59] 王新华、李全、郭庆胜等:《Voronoi 图的扩展、生成及其应用于界定城市空间影响范围》,《华中师范大学学报》(自然科学版) 2002 年第 1 期。

[60] 王新民、南锐:《基本公共服务均等化水平评价体系构建及应用——基于我国 31 个省域的实证研究》,《软科学》2011 年第 7 期。

[61] 王新生、刘纪远、庄大方等:《Voronoi 图用于确定城市经济影响区域的空间组织》,《华中师范大学学报》(自然科学版) 2003 年第 2 期。

[62] 王悦荣:《城市基本公共服务均等化及能力评价》,《城市问题》2010 年第 8 期。

[63] 王展:《基于 agent 的城市人口空间迁移模型—关于 Zipf 律形成机制的研究》,硕士学位论文,浙江工商大学,2007 年。

[64] 魏后凯、苏红键:《中国农业转移人口市民化进程研究》,《中国人口科学》2013 年第 5 期。

[65] 闻洁:《武汉城市圈城市中心性研究》,硕士学位论文,华中师范大学,2009 年。

[66] 吴爱芝、杨开忠,李国平:《中国区域经济差异变动的研究综述》,《经济地理》2011 年第 5 期。

[67] 吴静、王铮:《2000 年来中国人口地理演变的 Agent 模拟分析》,《地理学报》2008 年第 2 期。

[68] 吴巍、周生路、魏也华等:《中心城区城市增长的情景模拟与空间格局演化——以福建省泉州市为例》,《地理研究》2013 年第 11 期。

[69] 仵宗卿、戴学珍、杨吾扬:《帕累托公式重构及其与城市体系演化》,《人文地理》2000 年第 1 期。

[70] 谢燮:《人口有限流动的区域差异模型:新经济地理学拓展框架》,博士学位论文,北京大学,2003 年。

[71] 许学强:《我国城镇规模体系的演变和预测》,《中山大学学报》(哲学社会科学版) 1982 年第 3 期。

[72] 许政、陈钊、陆铭:《中国城市体系的"中心—外围模式"》,《世界经济》2010 年第 7 期。

[73] 薛丹芝:《城市人口规模分布的统计规律性及其形成机制——基于主体自组织模型的研究》,硕士学位论文,浙江工商大学,2010 年。

[74] 薛领、翁瑾、杨开忠等:《基于自主体 (agent) 的单中心城市化动态模拟》,《地理研究》2009 年第 4 期。

[75] 薛领、翁瑾:《基于垄断竞争的大都市商业空间结构动态模拟》,《地理学报》2010 年第 8 期。

[76] 薛领、武倩倩、李玉成:《当代城市化机理模型研究的比较与融合》,《城市发展研究》2009 年第 9 期。

[77] 闫卫阳、郭庆胜、李圣权:《基于加权 Voronoi 图的城市经济区划分方法探讨》,《华中师范大学学报》(自然科学版) 2003 年第 4 期。

[78] 闫卫阳、秦耀辰、郭庆胜等:《城市断裂点理论的验证,扩展及应用》,

《人文地理》2004 年第 2 期。

[79] 严善平:《中国省际人口流动的机制研究》,《中国人口科学》2007 年第 1 期。

[80] 杨开忠:《中国城市化驱动经济增长的机制与概念模型》,《城市问题》 2001 年第 3 期。

[81] 杨永春、冷炳荣、谭一沼等:《世界城市网络研究理论与方法及其对城市体系研究的启示》,《地理研究》2011 年第 6 期。

[82] 叶俊、陈秉钊:《分形理论在城市研究中的应用》,《城市规划汇刊》2001 年第 4 期。

[83] 于涛方:《中国城市人口流动增长的空间类型及影响因素》,《中国人口科学》2012 年第 4 期。

[84] 于文丽、蒲英霞、陈刚等:《基于空间自相关的中国省际人口迁移模式与机制分析》,《地理与地理信息科学》2012 年第 2 期。

[85] 张善余:《人口地理学概论》,华东师范大学出版社 2004 年版。

[86] 张文奎、刘继生、王力:《论中国城市的职能分类》,《人文地理》1990 年第 3 期。

[87] 张永庆、赵海、张文波等:《城市人口迁移的网络特征》,《东北大学学报》 (自然科学版) 2006 年第 2 期。

[88] 赵作权:《空间格局统计与空间经济分析》,科学出版社 2014 年版。

[89] 周一星、张莉:《城市中心性与我国城市中心性的等级体系》,《地域研究与开发》2001 年第 4 期。

[90] 周一星:《中国城市 (包括辖县) 的工业职能分类——理论,方法和结果》, 《地理学报》1988 年第 4 期。

[91] 朱德威、汪一鸣、任重:《模拟区域城乡间、城镇间人口迁移的空间动力学模型》,《宁夏大学学报》(自然科学版) 2014 年第 4 期。

[92] 朱妍:《劳动力流动,产业转移与城市发展研究》,博士学位论文,南开大学, 2010 年。

[93] Albert R, Barabási A L., "Statistical mechanics of complex networks" *Reviews of modern physics*, 74 (1), 2002, pp. 47.

[94] Alderson A S, Beckfield J, Sprague - Jones J., "Intercity relations and globalisation: the evolution of the global urban hierarchy, 1981 - 2007" *Urban Studies*, 47 (9), 2010, pp. 1899-1923.

[95] Alderson A S, Beckfield J., "Globalization and the world city system" *Cities in Globalization: Practices, Policies and Theories*, 2006, pp. 21-35.

[96] Alderson A S, Beckfield J., "Power and Position in the World City System" *American Journal of Sociology*, 109 (4), 2004, pp. 811-851.

[97] Alonso W., *Location and Land Use*. Harvard University Press, 1964.

[98] Alonso, W., "A Theory of Movements: Introduction", Working Paper 266, Institute of Urban and Regional Development, University of California, Berkeley, 1976.

［99］ Andersson C, Hellervik A, Lindgren K, et al., "Urban economy as a scale-free network" *Physical Review E*, 68 (3), 2003, p. 306124.

［100］ Au C C, Henderson J V., "Are Chinese cities too small?" *The Review of Economic Studies*, 73 (3), 2006, pp. 549-576.

［101］ Barabasi A L, Albert R., "Emergence of scaling in random networks" *Science*, 286 (5439), 1999, pp. 509-512.

［102］ Batty M. "Cities as small worlds" *Environment and Planning B: Planning and Design*, 28 (5), 2001, pp. 637-638.

［103］ BerryB. J. L. *Geography of Market Areas and Retail Distribution*, Englewood Cliff: Prentice-Hall, 1967.

［104］ Black D, Henderson V., "A theory of urban growth" *Journal of political economy*, 107 (2), 1999, pp. 252-284.

［105］ Black D., Henderson V., "Urban Evolution in the USA" *Journal of Economic Geography*, 3 (4), 2003, pp. 343-372.

［106］ Brakman S., Garretsen H., VanMarrewijk C. and Vanden Berg. M., "The Return of Zipf: A Further Understanding of the Rank-Size Distribution" *Journal of Regional Science*, 39 (1), 1999, pp. 183-213.

［107］ Brown E, Derudder B, Parnreiter C, et al., "World City Networks and Global Commodity Chains: towards a world - systems' integration" *Global Networks*, 10 (1), 2010, pp. 12-34.

［108］ Cadwallader M. T., *Migration and Residential Mobility: Macro and Micro Approaches*, Madison Wis: University of Wisconsin Press, 1992.

［109］ Castells M. *The rise of the network society*, Vol. 1 of the information age: Economy, society and culture, Massachusetts and Oxford: Blackwell, 1996.

［110］ Champion, A. G., Bramley, G., Fotheringham, A. S., Macgill, J. and Rees, P. H., "A migration modelling system to support government decision-making", in Stillwell, J. and Geertman, S.(eds.) Planning Support Systems in Practice, Berlin: Springer Verlag, 2002, pp. 257-278.

［111］ Choi J H, Barnett G A, Chon B S., "Comparing world city networks: a network analysis of Internet backbone and air transport intercity linkages" *Global Networks*, 6 (1), 2006, pp. 81-99.

［112］ Christaller W. *Central Places in Southern Germany*, Englewood Cliffs: Prentice-Hall, 1933.

［113］ Cohen R B, Dear M, Scott A J., "The new international division of labor, multinational corporations and urban hierarchy", 1981.

［114］ Congdon, P., "An application of general linear modelling to migration in London and the South East", Chapter 7 in Stillwell, J. C. H. and Congdon, P. (eds.) Migration Models: Macro and Micro Perspectives, London: Belhaven Press, 1991, pp. 113-136.

［115］ Derudder B, Taylor P, Ni P, et al., "Pathways of change, shifting connectivities in the world city network" *Urban Studies*, 47 (9), 2010, pp. 1861–1877.

[116] Derudder B, Witlox F., "An appraisal of the use of airline data in assessing the world city network: a research note on data" *Urban Studies*, 42 (13), 2005, pp. 2371–2388.

[117] Derudder B, Witlox F., "Mapping world city networks through airline flows: context, relevance, and problems" *Journal of Transport Geography*, 16 (5), 2008, pp. 305–312.

[118] Dobkins L H, Ioannides Y M., "Dynamic evolution of the US city size distribution" *Discussion paper*, 1999.

[119] Dobkins L H, Ioannides Y M, "Spatial interactions among US cities: 1900–1990" *Regional science and urban Economics*, 31 (6), 2001, pp. 701–731.

[120] Duranton G., "City size distributions as a consequence of the growth proce–ss" *Cepr Discussion Papers*, 1 (6), 2002, pp. 477–501.

[121] Duranton G., "Some foundations for Zipf's law: product proliferation and local spillovers" *Regional science and urban Economics*, 36 (4), 2006, pp. 542–563.

[122] Duranton G., "Urban evolutions: The fast, the slow, and the still" *The American Economic Review*, 97 (1), 2007, pp. 197–221.

[123] Eaton J, Eckstein Z., "Cities and growth: Theory and evidence from France and Japan" *Regional science and urban Economics*, 27 (4), 1997, pp. 443–474.

[124] Eaton, B. C., Lipsey, R. G., "An economic theory of central places" *The Economic Journal*, 92 (365), 1982, pp. 56–72.

[125] Eichperger C L. *Regional population forecasts: approaches and issues.* In: Demographic research and spatial policy: the Dutch experience, Florida: Academic Press, 1984, pp. 235–252.

[126] Fan C C., "Interprovincial migration, population redistribution, and regional development in China: 1990 and 2000 census comparisons" *The Professional Geographer*, 57 (2), 2005, pp. 295–311.

[127] Fan C C., "Modeling interprovincial migration in China, 1985–2000" *Eurasian Geography and Economics*, 46 (3), 2005, pp. 165–184.

[128] Flowerdew, R. *Poisson regression modelling of migration*, in Stillwell, J. C. H. and Congdon, P. (eds.) Migration Models: Macro and Micro Approaches, London: Belhaven Press, 1991, pp. 92–112.

[129] Fotheringham A S, Brunsdon C, Charlton M. *Geographically weighted regression: the analysis of spatially varying relationships*, John Wiley & Sons, 2003.

[130] Fotheringham A S., "A new set of spatial interaction models: the theory of competing destinations" *Environment and Planning A*, 15 (1), 1983a, pp. 15–36.

[131] Fotheringham A S., "Some theoretical aspects of destination choice and their rel-

evance to production-constrained gravity models" *Environment and Planning A*, 15 (8), 1983b, pp. 1121-1132.

[132] Fotheringham A S., "Modelling hierarchical destination choice" *Environment and planning A*, 18 (3), 1986, pp. 401-418.

[133] Fotheringham A S. *Statistical modelling of spatial choice: an overview*. In Ghosh, A. and Ingene, C. (eds.) Spatial analysis in marketing: theory, methods, and applications, Greenwich, CT: JAI Press, 1991, pp. 95-118.

[134] Fotheringham A. S., Brunsdon, C. and Charlton, M. "Geographically Weighted Regression: The Analysis of Spatially Varying Relationships" *American Journal of Agricultural Economics*, 86 (2), 2004, pp. 554-556.

[135] Fotheringham A. S., Rees P., Champion A., Kalogirou S. and Tremayne A. R., "The development of a migration model for England and Wales: overview and modelling outmigration" *Environment and Planning A*, 36 (9), 2004, pp. 1633-1672.

[136] Friedmann J., "The world city hypothesis" *Development and Change*, 17 (1), 1986, pp. 69-83.

[137] Fujita M, Krugman P R, Venables A J., *The spatial economy: cities, regions and international trade*: Cambridge, MA: MIT Press, 1999.

[138] Fujita M, Krugman P, Mori T., "On the evolution of hierarchical urban systems" *European Economic Review*, 43 (2), 1999, pp. 209-251.

[139] Fujita M, Krugman P., "When is the economy monocentric? Von Thünen and Chamberlin unified" *Regional Science and Urban Economics*, 25 (4), 1995, pp. 505-528.

[140] Fujita M, Mori T., "Structural stability and evolution of urban systems" *Regional Science and Urban Economics*, 27 (4), 1997, pp. 399-442.

[141] Fujita M, Mori T., "Frontiers of the new economic geography" *Papers in Regional Science*, 84 (3), 2005, pp. 377-405.

[142] Glaeser E L, Kahn M E, Rappaport J., "Why do the poor live in cities? The role of public transportation" *Journal of urban Economics*, 63 (1), 2008, pp. 1-24.

[143] Glaeser E L, Scheinkman J A, Shleifer A., "Economic growth in a cross-section of cities" *Journal of monetary economics*, 36 (1), 1995, pp. 117-143.

[144] Glaeser E L, Shapiro J M., "Urban growth in the 1990s: Is city living back?" *Journal of regional science*, 43 (1), 2003, pp. 139-165.

[145] Gonzalez-Val Rafael., "Deviations from Zipf's Law for American Cities: An Empirical Examination" *Urban Studies*, 48 (5), 2011, pp. 1017-1035.

[146] Grossman G M, Helpman E., "Quality ladders in the theory of growth" *The Review of Economic Studies*, 58 (1), 1991, pp. 43-61.

[147] Hansen W G., "How accessibility shapes land use" *Journal of the American Institute of Planners*, 25 (2), 1959, pp. 73-76.

[148] Hanson G H., "Market potential, increasing returns and geographic concentration" *Journal of international economics*, 67 (1), 2005, pp. 1-24.

[149] He J., "The regional concentration of China's interprovincial migration flows, 1982-90" *Population and Environment*, 24 (2), 2002, pp. 149-182.

[150] Henderson J V, Wang H G., "Urbanization and city growth: The role of institutions" *Regional Science and Urban Economics*, 37 (3), 2007, pp. 283-313.

[151] Henderson J V., "Urbanization, economic geography and growth" *Handbook of Economic Geography*, 2003.

[152] Henderson J. V, "The Types and Size of Cities" *American Economic Review*, 64 (4), 1974, pp. 640-656.

[153] Hsu W T. "Central Place Theory and Zipf's Law", Working paper, University of Minnesota, 2008.

[154] Hu D., "Trade, rural-urban migration, and regional income disparity in developing countries: a spatial general equilibrium model inspired by the case of China" *Regional Science and Urban Economics*, 32 (3), 2002, pp. 311-338.

[155] Ioannides Y M, Overman H G., "Spatial evolution of the US urban system" *Journal of Economic Geography*, 4 (2), 2004, pp. 131-156.

[156] Ira S. Lowry., "A Model of Labor - Force Migration", Working Paper, University of California at Los Angeles, 1964.

[157] Ivan Aleshkovski, Vladimir Iontsev., *Systems Analysis and Modeling of Integrated World Systems (Vol. 2)*, EOLSS Publishers Company Limited, 2009.

[158] Johnson K M, Voss P R, Hammer R B, et al., "Temporal and spatial variation in age-specific net migration in the United States" *Demography*, 42 (4), 2005, pp. 791-812.

[159] Keyfitz, N., "Introduction to the Mathematics of Population" *Reading Mass*, 65 (331), 1968, p. 1420

[160] Krugman P R., *Development, geography, and economic theory*, MIT press, 1997.

[161] Krugman P., "On the number and location of cities" *European Economic Review*, 37 (2), 1993, pp. 293-298.

[162] Krugman P., "Confronting the Mystery of Urban Hierarchy" *Journal of the Japanese and the International Economies*, 10 (4), 1996, pp. 399-418.

[163] Lee E S, "A theory of migration" *Demography*, 3 (1), 1966, pp47-57.

[164] Long Y, Wu K, Mao Q., "Simulating urban expansion in the parcel level for all Chinese cities" *Computer Science*, 2014.

[165] LoschA, *The Economics of Location*, translated by W. Woglom (1956), Yale University Press, 1940.

[166] Lowry, I., *Migration and Metropolitan Growth: Two Analytical Reports*, San Francisco: Chandler, 1966.

[167] Mahutga M C, Ma X, Smith D A, et al., "Economic globalisation and the structure of the world city system: the case of airline passenger data" *Urban*

　　　　　Studies, 47 (9), 2010, pp. 1925-1947.

[168] Malecki E J., "The Economic Geography of the Internet's Infrastructure" *Economic Geography*, 78 (4), 2002, pp. 399-424.

[169] Mansury Y, Gulyas L., "The emergence of Zipf's Law in a system of cities: An agent-based simulation approach" *Journal of Economic Dynamics and Control*, 31 (7), 2007, pp. 2438-2460.

[170] Marshall A., *Principles of Economics*, London: Macmillan, 1890.

[171] Massey D S., "The social and economic origins of immigration" *The Annals of the American Academy of Political and Social Science*, 510 (1), 1990, pp. 60-72.

[172] Matsumoto H., "International air network structures and air traffic density of world cities" *Transportation Research Part E: Logistics and Transportation Review*, 43 (3), 2007, pp. 269-282.

[173] Matsumoto H., "International urban systems and air passenger and cargo flows: some calculations" *Journal of Air Transport Management*, 10 (4), 2004, pp. 239-247.

[174] Menczer F., "Evolution of document networks" *Proceedings of the National Academy of Sciences*, 101 (suppl 1), 2004, pp. 5261-5265.

[175] Milgram S., "The small world problem" *Psychology today*, 2 (1), 1967, pp. 60-67.

[176] Mills E S., "An aggregative model of resource allocation in a metropolitan area" *The American Economic Review*, 57 (2), 1967, pp. 197-210.

[177] Muth R., Cities and Housing, Chicago: University of Chicago Press, 1969.

[178] Neary J P., "Of hype and hyperbolas: introducing the new economic geography" *Journal of economic Literature*, 39 (2), 2001, pp. 536-561.

[179] Newman M E J., "Power laws, Pareto distributions and Zipf's law" *Contemporary physics*, 46 (5), 2005, pp. 323-351.

[180] ODPM., "Development of a Migration Model", Report prepared by the University of Newcastle upon Tyne, the University of Leeds, and the Greater London Authority/London Research Centre, London, ODPM, 2002.

[181] Orozco Pereira R A, Derudder B., "Determinants of dynamics in the world city network, 2000-2004" *Urban Studies*, 47 (9), 2010, pp. 1949-1967.

[182] Partridge M D, Rickman D S, Ali K, et al., "Do New Economic Geography agglomeration shadows underlie current population dynamics across the urban hierarchy?" *Papers in Regional Science*, 88 (2), 2009, pp. 445-466.

[183] Pellegrini P A, Fotheringham A S., "Modelling spatial choice: a review and synthesis in a migration context" *Progress in Human Geography*, 26 (4), 2002, pp. 487-510.

[184] Pflüger M, Südekum J., "Integration, agglomeration and welfare" *Journal of Urban Economics*, 63 (2), 2008, pp. 544-566.

[185] Plane D A, Mulligan G F., "Measuring spatial focusing in a migration sys-tem" *Demography*, 34 (2), 1997, pp. 251-262.

[186] Quinzii M, Thisse J F., "On the optimality of central places" *Econometrica: Journal of the Econometric Society*, 58 (5), 1990, pp. 1101-1119.

[187] Rees, P. H., Fotheringham, A. S. and Champion, A. G., "Modelling migration for policy analysis", Chapter 14 in Stillwell, J. and Clarke, G. (eds.) Applied GIS and Spatial Analysis, Wiley, Chichester, 2004, pp. 259-296.

[188] Rogers A, Filipov D., "Multiregional methods for subnational population pr-ojections" International Institute for Applied Systems Analysis, 1979.

[189] Rogers A, Sweeney S., "Measuring the spatial focus of migration patterns" *The Professional Geographer*, 50 (2), 1998, pp. 232-242.

[190] Rogers A., "A Markovian policy model of interregional migration" *Papers in Regional Science*, 17 (1), 1966, pp. 205-224.

[191] Rogers A., "A regression analysis of interregional migration in California" *The Review of Economics and Statistics*, 49 (2), 1967, pp. 262-267.

[192] Rozenblat C, Pumain D., "Firm linkages, innovation and the evolution of urban systems" *Cities in Globalization: Practices, Policies, and Theories*, 2007, pp. 130-156.

[193] Rutherford J, Gillespie A, Richardson R., "The territoriality of pan-European telecommunications backbone networks" *Journal of Urban Technology*, 11 (3), 2004, pp. 1-34.

[194] Rutherford J., "Networks in cities, cities in networks: Territory and globalisation intertwined in telecommunications infrastructure development in Europe" *Urban Studies*, 42 (13), 2005, pp. 2389-2406.

[195] Shen J., "Changing patterns and determinants of interprovincial migration in China 1985-2000" *Population, Space and Place*, 18 (3), 2012, pp. 384-402.

[196] Simon H A., "Rational choice and the structure of the environment" *Psychological review*, 63 (2), 1956, p. 129.

[197] Simon H., "On a Class of Skew Distribution Functions" *Biometrika*, 44, 1955, pp. 425-440.

[198] Smith D A, Timberlake M F., "Hierarchies of dominance among world cities: a network approach" *Global networks, linked cities*, 2002, pp. 117-141.

[199] Smith D A, Timberlake M F., "World City Networks and Hierarchies, 1977-1997: An Empirical Analysis of Global Air Travel Links" *American Behavioral Scientist*, 44 (10), 2001, pp. 1656-1678.

[200] Smith D A, Timberlake M., "Conceptualising and mapping the structure of the world system's city system" *Urban Studies*, 32 (2), 1995, pp. 287-302.

[201] Snyder D, Kick E L., "Structural position in the world system and economic growth, 1955-1970: A multiple-network analysis of transnational interactions"

American Journal of Sociology, 84 (5), 1979, pp. 1096–1126.

[202] Soo K., "Zipf's Law for Cities: A Cross–Country Investigation" *Regional Science and Urban Economics*, 35 (3), 2005, pp. 239–263.

[203] Stelder D., "Where Do Cities Form? A Geographical Agglomeration Model for Europe" *Journal of Regional Science*, 45 (4), 2005, pp. 657–679.

[204] Stewart J Q., "An inverse distance variation for certain social influences" *Science*, 93 (2404), 1941, pp. 89–90.

[205] Stillwell J., "Inter–regional migration modelling: a review and assessment" 45th Congress of the European Regional Science Association, 2005, pp. 25–27.

[206] Stillwell, J. C. H., "Monitoring intercensal migration in the United Kingdom" *Environment and Planning A*, 26 (11), 1994, pp. 1711–1730.

[207] Stouffer S A., "Intervening opportunities: a theory relating mobility and distance" *American sociological review*, 5 (6), 1940, pp. 845–867.

[208] Strogatz S H., "Complex systems: Romanesque networks" *Nature*, 433 (7024), 2005, pp. 365–366.

[209] Tabuchi T, Thisse J F., "A new economic geography model of central places" *Journal of Urban Economics*, 69 (2), 2011, pp. 240–252.

[210] Taylor P J, Evans D M, Pain K., "Application of the interlocking network model to mega–city–regions: measuring polycentricity within and beyond city–regions" *Regional Studies*, 42 (8), 2008, pp. 1079–1093.

[211] Taylor P J., *World city network: a global urban analysis*, Routledge, 2003.

[212] Tiebout C M., "A pure theory of local expenditures" *The journal of political economy*, 64 (5), 1956, 416–424.

[213] Townsend A M., "Network cities and the global structure of the Internet" *American Behavioral Scientist*, 44 (10), 2001a, pp. 1697–1716.

[214] Townsend A M., "The Internet and the rise of the new network cities, 1969–1999" *Environment and Planning B*, 28 (1), 2001b, pp. 39–58.

[215] Van Oort F, Burger M, Raspe O., "On the economic foundation of the urban network paradigm: spatial integration, functional integration and economic complementarities within the Dutch Randstad" *Urban Studies*, 47 (4), 2010, pp. 725–748.

[216] Vinciguerra S, Frenken K, Valente M., "The geography of Internet infrastructure: an evolutionary simulation approach based on preferential attachment" *Urban Studies*, 47 (9), 2010, pp. 1969–1984.

[217] Wadycki W J., "Stouffer's model of migration: A comparison of interstate and metropolitan flows" *Demography*, 12 (1), 1975, pp. 121–128.

[218] Watts D J, Strogatz S H., "Collective dynamics of 'small–world' networks" *Nature*, 393 (6684), 1998, pp. 440–442.

[219] Watts D J., *Small worlds: the dynamics of networks between order and random-*

ness, Princeton university press, 1999.

[220] White H C, Boorman S A, Breiger R L., "Social structure from multiple net-works. I. Blockmodels of roles and positions" *American Journal of Sociology*, 81 (4), 1976, pp. 730-780.

[221] Wilson A G., "A statistical theory of spatial distribution models" *Transportation research*, 1 (3), 1967, pp. 253-269.

[222] Woetzel J, Mendonca L, Devan J, et al., *Preparing for China's urban billion*, McKinsey Global Institute, 2009.

[223] World Bank, "Reshaping Economic Geography" World Development Report, 2009.

[224] Xuemei Bai, Peijun Shi and Yansui Liu., "Realizing China's urban dream" *Nature*, 509 (1799), 2014, pp. 158-160.

[225] Zook M A, Brunn S D., "From podes to antipodes: New dimensions in mapping global airline geographies" *Annals of the Association of American Geographers*, 96 (3), 2006, pp. 471-490.

附录 相关论文

1 国外城市规模分布研究进展及理论前瞻

——基于齐普夫定律的分析

摘要：目前城市体系研究中的城市规模分布问题愈加受到研究者和实践者关注，而准确刻画城市规模分布规律的齐普夫定律也日渐成为区域经济研究中的重要课题，引发国外学者从各个方面对其进行理论和实证探索。本文基于对齐普夫定律的演化机制（即随机模型、经济理论和综合性解释机制等）和实证检验（即空间格局实证、动态演化实证和影响因素实证）的总结，着重回顾与评论 20 世纪 90 年代以来国外学者研究齐普夫定律的最新进展，以期在把握城市规模分布国外研究理论前沿的同时，为中国未来城市规模分布研究提供理论借鉴和实践经验。

关键词：城市规模分布 齐普夫定律 演化机制 实证研究

一 引言

经济活动区位的一个重要规律性表现在城市体系的基本结构特征——规模不同城市的有序聚集上，如何合理控制各层次城市数量及人口规模，将直接关系到城市经济结构的转变和城市社会结构的分异，关系到区域经济的可持续发展。因此，区域经济学将城市体系中的城市规模分布问题作为一个重要的研究课题。提到城市规模分布，就不能不提到齐普夫定律。齐普夫定律是经济学中一个著名的经验定律，它准确揭示了经济空间结构中显著的规律性。它指出，一国内经济活动现象（如收入、各类型企业等）的规模分布服从幂律指数为 1 的幂律分布。对齐普夫定律的研究由来已久，Auerbach（1913）和 Zipf（1949）最先提出现实城市体系中城市位序与人口规模之间的经验关系符合齐普夫定律①②。虽然对齐普夫定律在各个国家和地区是否成立已有大量理论解释和实证检验，但研究结果并不统一，且缺乏能用于解释齐普夫定律的系统性城市理论，这注定了齐普夫定律成为"城市体系研究中的一大谜团"（Krugman，1996a）③。近年来，国外学者从不同角度、采用不同方法，围绕城市规模分布中的齐普夫定律进行了全面而深入的理论探讨与实证检验，为推进该谜团的深入研究注入新的血液，从而充实和丰富了区域经济学中的城市体系相关研究。

　　基于此，本文将从描述城市规模分布的齐普夫定律内涵出发，重点梳理对城市规模分布符合齐普夫定律所作出的不同理论解释，进而在理论研究的基础上系统性回顾齐普夫定律在空间、时间和影响因素等各个维度上的相关实证研究，从而对国外学者的研究成果展开述评，以期引起国内学者对这一问题的深入研究和探讨，为中国未来的城市规模分布研究找到可行的操作模式提供相关研究基础。

二　城市规模分布的齐普夫定律

（一）齐普夫定律的提出

Auerbach（1913）①早在 1913 年就指出城市规模分布可以用幂律分布来近似表示。在此基础上，Zipf（1949）②进一步发展和完善形成了城市规模分布的齐普夫定律（Zipf's Law），即城市规模分布满足公式：

---

①　Auerbach F.，"Das Gesetz der Bev? lkerungskonzentration"，Petermann Geographische Mitteilungen，59（1），1913，pp. 74-76.

②　Zipf G. K.，Human Behavior and the Principle of Least Effort，Published by Addison-Wesley，Cambridge，1949.

③　Krugman P.，The Self-Organizing Economy，Published by Blackwell Publishers，Oxford and Cambridge，1996a.

$$P(\,Size{>}S)=a/S^{\xi} \tag{1}$$

其中 S 为城市规模，P 为规模大于 S 的城市分布概率，a 为常数，且幂律指数 $\zeta=1$。

如果 $0<\zeta<1$，表示城市规模分布比齐普夫定律所描述的更为均匀（Even），即位次较低的中小城市比较发达，位次较高的大城市不很突出。如果 $\zeta>1$，表示大城市比齐普夫定律描述的更大，即城市规模更为分散化。

极端地说，当 $\zeta\to\infty$ 时，说明该国只存在一个城市，而当 $\zeta=0$ 时，说明该国所有城市的规模都相等。齐普夫定律的近似表示形式即所谓的"位序—规模"法则（Rank-Size Rule），认为城市规模分布服从这样的规律：第二大城市的规模是第一大城市的 $1/2$，第三大城市的规模是第一大城市的 $1/3$，以此类推。换句话说，如果我们将城市按规模从大到小排序，将它们表示为 $S(1)\geqq\cdots\geqq S(n)$，则规模为 $S(i)$ 的城市的位序 i 与位序大于 i 的城市概率是成比例的。从而可将公式（1）写成：

$S(i)\approx k/i$，其中 k 为常数。

（二）幂律指数计算方法

对齐普夫定律中的幂律指数 ζ 有以下两种基本计算方法：

1. OLS 回归方法

该方法用位序 i 的对数对规模 $S(i)$ 的对数做普通最小二乘回归（OLS）得出幂律指数 ζn：

$$\ln i=A-\zeta n\ln S(i) \tag{2}$$

在大样本的情况下，ζn 以 100% 的概率趋近于 ζ 的真实值。但 OLS 估计存在如下缺陷：在小样本的情况下估计结果是有偏的；此外，实证研究中对城市按规模大小进行排序再回归导致误差项之间具有自相关性，违背了经典回归中误差项相互独立的假设，从而使幂律指数标准误和标准误方差的估计值存在偏差。

对此解决方法是：使用蒙特卡罗模拟方法，进行多次模拟实验，在大样本条件下渐近近似得到偏差的期望值和估计量的真实标准误[①]；在小样本条件下，也可采取一种简单的方法来消除偏差[②]，即将因变量（位序 i 的对数）改成 $(i-1/2)$ 的对数：

$$\ln(i-1/2) = A - \zeta n \ln S(i) \tag{3}$$

经实证研究证明 1/2 是最优的位移量（shift），可以最大限度地减小估计偏差。

2. Hill 估计方法

Hill（1975）给出了具有 n 个城市样本 $(S(1) \geqq \cdots \geqq S(n))$ 的齐普夫定律幂律指数计算公式[③]：

$$\xi = \frac{n-1}{\sum\limits_{i=1}^{n-1} \ln S_{(i)} - \ln S_{(n)}} \tag{4}$$

虽然该计算公式满足最大似然估计量的有效性，但 Hill 估计量也存在低估真实标准误和低估幂律指数的问题（Dobkins and Ioannides，2000）[④]。

许多学者都在努力寻找方法来解决这个问题，复杂非线性过程就是其中一个比较受关注的研究领域。

三 齐普夫定律的演化机制研究

齐普夫定律对实际城市规模分布的准确刻画吸引了诸多学者投入其理论研究之中，从不同角度试图解释城市规模分布符合齐普夫定律

---

① Gabaix X. and Y. Ioannides, "The Evolution of City Size Distributions", in Handbook of Economic Geography, Eds. by J. V. Henderson and J. F. Thisse, Published by North-Holland, Amsterdam, 2003.

② Gabaix X. and R. Ibragimov, "Rank-1/2: A Simple Way to Improve the OLS Estimation of Tail Exponents", Journal of Business and Economics Statistics, 29 (1), 2011, pp. 24-29.

③ Hill B. M., "A Simple Approach to Inference about the Tail of a Distribution", Annals of Statistics, 3 (5), 1975, pp. 1163-1174.

④ Dobkins L. and Y. Ioannides, "Dynamic Evolution of the Size Distribution of US Cities", in Economics of Cities: Theoretical Perspectives, Eds. by Huriot, J. M. and Thisse, J. F., Published by Cambridge University Press, 2000.

的原因。面对纷繁复杂的理论探讨，Gabaix（1999b）将目前对齐普夫定律的理论分析划分成两种流派：一是基于随机增长的数理模型解释，另一是基于经济理论的解释[①]。

（一）基于随机增长模型对齐普夫定律的解释

1. 传统的随机理论

如果不同城市按同样的期望增长率及同样的方差随机增长，则城市规模分布的极限将符合齐普夫定律（Gibrat, 1931），这个随机增长理论也被经济学界称为吉布雷特法则（Gibrat's Law）[②]。该法则的具体内容是：假设城市规模是按比例随机增长的，即

$$S_{i,t} = (1+\varepsilon_{i,t}) \cdot S_{i,t-1} \tag{5}$$

其中 $S_{i,t}$ 表示 i 城市 t 时刻的规模，$\varepsilon_{i,t}$ 为服从均值为 m，方差为 σ^2 的独立分布的随机变量，代表城市 i 在 t 时刻和（$t-1$）时刻之间的规模增长率，最终可推导出：

$$S_{i,t} = (1+\varepsilon_{i,t}) \cdot S_{i,t-1} = S_{i,0}(1+\varepsilon_{i,1})(1+\varepsilon_{i,2})\cdots(1+\varepsilon_{i,t}) \tag{6}$$

整理得到：　　　$\ln S_{i,t} = \ln S_{i,0} + \varepsilon_{i,1} + \varepsilon_{i,2}\cdots + \varepsilon_{i,t} \tag{7}$

当 $t \to \infty$ 时，$\ln S_{i,0}$ 对 $\ln S_{i,t}$ 来说可以忽略不计，则 $\ln S_{i,t}$ 可近似看作服从均值为 mt，方差为 $\sigma^2 t$ 的正态分布，即城市规模分布的极限服从对数正态分布（齐普夫定律）。Gabaix（1999a）对这一定律进行了证明[③]。主张随机理论的学者认为，这种城市分布与那些遵循帕累托分布的城市规模分布极为相似。Cordoba（2008）认为吉布雷特法则是齐普夫定律成立的充分必要条件，如果齐普夫定律在一国层面上成立，则吉布雷特法则也在该国层面上成立[④]。

---

①　Gabaix X., "Zipf's Law for Cities: An Explanation", Quarterly Journal of Economics, 114（3）, 1999b, pp. 739-767.

②　Gibrat R., Les Inégalités Economiques, Published by Librairie du Recueil Sirey, Paris, France, 1931.

③　Gabaix X., "Zipf's Law and the Growth of Cities", American Economic Review, 89（2）, 1999a, pp. 129-132.

④　Cordoba J., "A Generalized Gibrat's Law", International Economic Review, 49（4）, 2008, pp. 1463-1468.

2. 随机增长模型

西蒙（Simon，1955）采用非传统的城市系统研究路径，对城市的"规模—等级"分布进行了阐释，并提出了随机增长模型，这是了解齐普夫定律的一个简单途径[①]。Simon 假设城市人口是由离散增量或者说"块状体（Lumps）"增长而来的。一个新块状以一定的概率 P 形成新城市；或者，块状体以一定概率（该概率与现有城市的人口成比例）加入某一现有城市，从而使现有城市扩张。该过程的极限分布符合幂次定律，但齐普夫定律只作为特例才出现。新近研究中，Dobkins 与 Ioannides（2001）证实了 Simon 模型的结论，即紧邻老城市空隙的新城市出现，从而形成大城市群的概率，是随着现有城市规模的增加而增加的[②]。

Simon 模型作出的贡献（Krugman，1996b)[③]：一是在数值上很好地预测了齐普夫定律；二是创新性地指出决定幂律的参数是形成新城市的概率；三是对幂律中指数等于 1 做出了这样的解释——当城市人口的增量依附于原有城市而不形成新城市时，指数就等于 1。当然，Simon 模型也存在着如下问题[④]：光用人口变化来解释城市增长，没能对城市增长驱动力做出较好的经济解释；在演化过程的极限情况下推出的齐普夫定律不能很好地收敛，并要求城市数量是无限增加的且与城市人口增长速度一样快，这显然是不现实的；另外，该模型中的"城市"表示的只是一个集聚单元，完全可以用其他空间单元来表示（如区域、国家等），这就失去了齐普夫定律中城市的重要特征。

类似的随机增长模型还有 Blank 与 Solomon（2000）的要素数量可

---

① Simon H., "On a Class of Skew Distribution Functions", Biometrika, 42 (3/4), 1955, pp. 425-440.

② Dobkins L. and Y. Ioannides, "Spatial Interactions among U. S. Cities", Regional Science and Urban Economics, 31 (6), 2001, pp. 701-731.

③ Krugman P., "Confronting the Mystery of Urban Hierarchy", Journal of the Japanese and the International Economies, 10 (4), 1996b, pp. 399-418.

④ Duranton G., "Some Foundations for Zipf's Law: Product Proliferation and Local Spillovers", Regional Science and Urban Economics, 36 (4), 2006, pp. 542-563.

变的随机系统模型[①], 以及 Reed (2002) 的城市增长模型[②]。在此, 值得一提的是 Lucien 与 Lieberthal (2007)[③] 的城市体系动态增长模型, 由其可推导出各种城市规模分布情况 (包含齐普夫定律在内), 该模型与之前随机增长模型的不同之处在于, 它可以根据不同的具体情形调整增加城市数量的方法, 该模型的研究结果表明城市增长时间对城市规模分布类型有重要的影响。

(二) 基于经济理论对齐普夫定律的解释

除了基于随机增长过程的数理模型对该定律的解释, 还有很多学者从不同的经济理论角度出发, 对城市规模分布的齐普夫定律进行了理论诠释。目前主要的经济解释理论分为以下几种:

1. 城市系统理论

城市系统理论 (The Urban System Theory) 解释的是各城市的经济发展如何形成特定的城市规模分布及城市职能分布, 其中城市规模分布易受外来冲击的影响。城市系统理论主要分成两类 (Krugman, 1996b)[④]: 一类是源于 "中心地理论" 的城市体系空间模型 (The Spatial Models of Urban Hierarchy), 另外一类是由 Henderson (1974) 提出的城市体系非空间模型 (The Aspatial Urban System Model)[⑤]。

最具代表性的城市体系空间模型是 Fujita 等人 (1999) 提出的模型[⑥]。

---

① Blank A. and S. Solomon, "Power Laws in Cities Population, Financial Markets and Internet Sites" Physica A, 287 (1), 2000. pp. 279-288.

② Reed W., "On the Rank-Size Distribution for Human Settlements", Journal of Regional Science, 42 (1), 2002, pp. 1-17.

③ Lucien B. and Efrat B. Lieberthal, "A Dynamic Model for City Size Distribution beyond Zipf's Law", Physica A, 384 (2), 2007, pp. 613-627.

④ Krugman P., "Confronting the Mystery of Urban Hierarchy", Journal of the Japanese and the International Economies, 10 (4), 1996b, pp. 399-418.

⑤ Henderson J. V., "The Types and Size of Cities", American Economic Review, 64 (4), 1974, pp. 640-656.

⑥ Fujita M., P. Krugman, and Anthony J. Venables, The Spatial Economy: Cities, Regions, and International Trade, Published by MIT Press, 1999.

其受中心地理论的启发，指出制成品的特征差异将使得不同种类、规模的城市形成明确分工的城市等级体系。作者根据数据模拟分析了产业的溢出从而解释了城市等级体系，在单级经济体中（经济系统具有惟一的最高等级城市，它能生产所有制造业产品），等级较低的产业（一般为具有较高替代弹性或者较高运输成本的产业）临界人口规模最小。因此，随着人口规模的扩大，该产业的市场潜能函数值最先在临界距离处达到 1，低等级城市出现。为了保持整个空间系统的稳定均衡，随着人口规模的增大，每一个侧翼城市都要不断向外移动，直到它获得足够大的锁定效应为止。人口规模进一步增大，新的产业不断溢出来，新的侧翼城市不断产生，这些新旧侧翼城市之间、产业之间经过一系列动态调整，最终形成城市等级体系，满足中心地理论的等级原则，其中高等级城市包含了所有低等级城市的产品生产。城市等级体系表现出工业品贸易的空间模式。

而更早之前的亨德森（Henderson，1974）提出的城市体系非空间模型则阐释了外部经济和外部不经济（假设取决于生产技术、通信技术和交通技术等因素）之间的合力导致城市规模分布的产生①。亨德森认为，外部经济主要体现在城市内特定产业的空间集聚，而外部不经济则主要取决于城市的规模。这种不对称导致两种结果：首先，外部经济性在不同产业之间存在很大的差异（例如纺织工业城市没有理由再建大型钢铁厂，而金融城市包揽全国的金融业务却是有效率的）。所以，城市的最优规模取决于它的功能。其次，由于城市规模造成不经济，那么就应该把相互间没有溢出效应的产业（如钢铁生产业和出版业）放置在不同城市，以避免交通拥挤和地租的攀升。因此，亨德森认为城市应该专业化（至少在出口产业上）生产一种或几种能够产生外部经济的产业。该模型指出，城市的规模分布并不是一种自然事件，它是与产出和生产条件的区域组合直接联系在一起的，从而将各城市规模作为受城市功能影响所产生的经济变量。由于该模

---

① Henderson J. V., "The Types and Size of Cities", American Economic Review, 64 (4), 1974, pp. 640-656.

型所推导出的城市规模分布是由外部规模经济和城市拥挤不经济之间的权衡形成的，所以城市规模分布应当随时间的推移而改变，幂律指数无法获得稳定值 1。

城市系统理论虽然可以较好解释现实城市等级体系的形成，但没法解释为何城市规模分布服从齐普夫定律，然而其为齐普夫定律的其他解释理论提供了一定的基础。

2. 中心地理论

中心地理论（Central - Place Theory）是由克里斯塔勒（Christaller）在 1933 年提出的[①]，廖什（Losch）在 1940 年进一步发展了这一理论，其主要用来解释区域内的城市数量、规模和范围[②]。中心地理论的基础是市场区分析，认为城市的规模取决于城市所提供的商品或服务的规模经济程度。由于不同产业的规模经济和人均需求不同，市场区规模也不同，因此不同产业有不同的区位模式。中心地理论解释了这些不同产业的区位模式是如何形成区域城市体系的问题。

基于中心地理论的分析可得出：中心地的首要功能是为周围市场提供商品和服务。中心地提供的商品和服务越多，其市场区规模越大，等级越高，数量越小，在越大的范围内提供商品和服务。中心地理论指出：不同规模城市的存在，产生城市的等级系统；城市越大，它所提供的产品和服务的类别越多；每个城市从等级较高的城市进口产品，向等级较低的城市出口产品。然而，它无法解释何种机制促使中心地系统出现进而形成今天我们所观察到的城市规模分布模式的问题。

值得一提的是 Hsu（2008）[③] 在一个空间模型中用中心地理论解释

① Christaller W., Central Places in Southern Germany, Published by Prentice-Hall, Englewood Cliffs, 1933.

② Losch A., The Economics of Location, translated by W. Woglom (1956), Published by Yale University Press, 1940.

③ Hsu Wen-Tai, "Central Place Theory and Zipf's Law", Working Paper, University of Minnesota, 2008.

了齐普夫定律,该空间模型中不同规模的城市在整个经济体中发挥不同的职能,即服从中心地理论。由于中心地理论反映的是相邻两个城市等级的市场区面积比为 2 的城市等级均衡状态,因此该模型提出了与城市等级特性相一致的一系列均衡状态。根据中心地理论,商品的规模经济程度与市场规模相关,大城市提供小城市提供的所有商品,从而产生了城市规模偏态分布曲线。在固定成本的分布函数呈对数形式时,城市规模分布的齐普夫定律成立,其中城市规模分布呈轻微的凹性,企业分布的齐普夫定律在同样的条件下也成立。该模型将中心地理论与齐普夫定律有效联系在一起,当由两个邻近城市等级产生的商品数增量几乎相等,且城市等级数足够多的情况下,齐普夫定律成立。

虽然中心地理论尚存在不足之处,如中心地理论只能解释零售业、服务业等的空间分布,而不能对工业主导城市的规模分布给出完全的解释;但其显著的优点是为实际的城市规模分布提供了充分理论解释,比城市系统理论更具说服力,其提出的预测可被实证研究所验证(Berry, 1967)[1],而城市系统理论只能独立存在。正是由于其存在缺陷,才驱使学者做进一步探究并在以下理论中对齐普夫定律做出新的解释。

3. 城市内生形成理论与自组织理论

城市内生形成理论(Endogenous City Formation Theory)假定城市形成与消失是由内生因素所决定的,由 Lucas(1988)和 Romer(1990)的城市内生增长理论发展而来,注重规模效应的影响(Jones, 1999)[2][3][4]。Axtell 与 Florida(2001)[5] 在前人研究基础上进

---

[1] Berry B. J. L., Geography of Market Areas and Retail Distribution, Published by Prentice-Hall, Englewood Cliff, 1967.

[2] Lucas R. E., "On the Mechanics of Economic Development", Journal of Monetary Economics, 22 (1), 1988, pp. 3-42.

[3] Romer P., "Endogenous Technological Change", Journal of Political Economy, 98 (5), 1990, pp. 71-102.

[4] Jones C. I., "Growth: With and without Scale Effects", American Economic Review Papers and Proceedings, 89 (2), 1999, pp. 139-144.

[5] Axtell R. L. and R. Florida, Emergent Cities: A Microeconomic Explanation of Zipf's Law, Paper Presented at the Society for Computational Economics, Yale University, 2001.

一步构建了一个城市体系混合理论模型，以在均衡状态下预测齐普夫定律。他们试图调和离心力与向心力之间的相互作用（这两个力在微观层次上决定了城市的规模），并且试图在宏观层次上运用假定规模收益不变的动态过程（The As-if-constant-returns Dynamics）来解释这一问题。他们基于企业选址理论，提出了由企业形成导致城市形成的模型。企业的增长率服从拉普拉斯分布，根据幂次定律，它们的方差随着企业规模的增加而降低，工资随着企业规模的增加而增加，在总体上满足规模报酬不变，从而城市规模分布服从齐普夫定律。此外，Black 与 Henderson（1999）[1] 构建了城市经济内生增长模型，强调地方知识溢出及人力资源积累推动城市经济内生增长和经济集聚，同时促进城市规模增长。

Duranton 为城市内生形成理论作出了重要贡献，提出一个简单的机制来解释城市的增长和衰退。Duranton（2002，2006）在城市框架中引入了 Grossman 与 Helpman（1991）的质量阶梯增长模型[2][3][4]，可用于拟合观测到的城市规模分布，模型的均衡状态符合齐普夫定律。该模型为城市规模变动性提供了较合理的解释，指出在产业和城市层面的创新驱动冲击会引起城市的增长（或衰退），并从企业发展的经济决策出发来描述城市规模分布，模型中产品多样性的创新及本地知识溢出（生产地靠近研发地）共同作用的结果可以作为随机增长模型的理论基础。其随后的研究（Duranton，2007）[5] 以城市间的产业"频动"（Churning）为理论基础，重现三种主要的城市演化特征：快

---

① Black D. and V. Henderson, "A Theory of Urban Growth," Journal of Political Economy, 107 (2), 1999, pp. 252-284.

② Duranton G., "City Size Distribution as a Consequence of the Growth Process", CEPR discussion paper, 1 (6), 2002, pp. 477-501.

③ Duranton G., "Some Foundations for Zipf's Law: Product Proliferation and Local Spillovers", Regional Science and Urban Economics, 36 (4), 2006, pp. 542-563.

④ Grossman Gene M. and E. Helpman, "Quality Ladders in the Theory of Growth", Review of Economic Studies, 58 (1), 1991, pp. 43-61.

⑤ Duranton G., "Urban Evolutions: The Fast, the Slow, and the Still", American Economic Review, 97 (1), 2007, pp. 197-221.

速城市演化（城市间产业频动）、缓慢城市演化（城市变动性）、静止城市演化（齐普夫定律）。通过模拟，它可以有效地拟合法国和美国不同时期的城市规模分布情况，根据自然效率准则，该模型要优于齐普夫定律，可揭示实际齐普夫曲线的不规则特征。Duranton 模型中观测到的城市规模分布规律与城市经济学的基本理论板块相一致，都认为集聚经济、拥挤成本等的存在会对城市规模分布产生影响。

和城市内生形成理论类似，自组织理论（The Self-Organization Model）认为城市是一个复杂的自组织系统，城市体系会按照一定的机制自发地形成符合齐普夫定律的城市规模分布。尽管 Krugman（1996a）[①] 认为城市体系的基本特征应该用自组织模型来研究，直到近年来才有人用这种较新的理论进行城市体系的相关研究，如 Brakman 等人（1999，2001）[②③]。其中 Brakman 等人（1999）运用新经济地理理论，在经济地理学和对外贸易的模型中引进了负反馈/负外部性（拥挤成本），为城市体系演化提供了扩散力，从而构建起包含集聚力和扩散力在内的一般均衡选址模型，为齐普夫定律存在的理论基础提供了必要条件——各城市的规模是大小不等的，且模拟出的结果接近于齐普夫定律。然而幂律指数接近于 1 只有在一定的参数值条件下才能实现，即在"工业化"情形下，具体表现在运输成本大幅下降，且规模报酬递增的松脚型工业变得日渐重要。而与前工业化和后工业化情形相联系的幂律指数均超过 1。

城市内生形成理论与自组织理论模型往往较具确定性，无法一一解释现实中各种不同情况下的城市规模分布演化，且忽视了潜在的外在驱动力对城市规模分布的影响。

---

① Krugman P., The Self-Organizing Economy, Published by Blackwell Publishers, Oxford and Cambridge, 1996a.

② Brakman S., H. Garretsen, C. Van Marrewijk and M. van den Berg, "The Return of Zipf: A Further Understanding of the Rank-Size Distribution" Journal of Regional Science, 39（1）, 1999, pp. 183-213.

③ Brakman S., H. Garretsen, and C. van Marrewijk, An Introduction to Geographical Economics, Published by Cambridge University Press, 2001.

4. 自然优势理论

Krugman（1996b）认为齐普夫定律来自自然优势（Natural Advantages）所产生的幂次定律[1]。例如，他认为河流的大小服从齐普夫定律，从而推导出城市的幂次定律。可以构建一个简单的模型：令 A 为城市自然优势指标，例如，与海岸的邻近性或者邻近城市的河流大小。具有优势 A_i 的城市产出可用 $F(A_i, K_i, S_i)$ 来表示，其中 F 对于 A、K、S 是规模报酬不变的，K_i 是城市资本量，S_i 是城市劳动力总数。考虑模型没有随机性，各城市的边际产量相等，则 $F_K(A_i, K_i, S_i) = r$，$F_L(A_i, K_i, S_i) = w$，r 和 w 分别是资本和劳动力的租赁价格。规模报酬不变的假设使得 $F_K(A_i, K_i, S_i) = F_K(1, K_i/A_i, S_i/A_i)$，从而解得 $K_i = kS_i$，$L_i = \ell S_i$。城市 i 的人口与城市自然优势成正比。

如果城市自然优势的幂律服从指数为 ζ_A 的幂律分布（令 $P(A_i > A) = bA^{-\zeta_A}$），则可得到下式：

$$P(S_i > S) = P(A_i > S/\ell) = b(S/\ell)^{-\zeta_A} - S^{-\zeta_A} \qquad (8)$$

从而人口分布服从指数为 ζ_A 的幂律分布：$\zeta_S = \zeta_A$。因此，如果我们能证明 $\zeta_A = 1$，就可以对齐普夫定律进行解释。

很明显，还需要更多的研究来验证上述假说。其中一个困难就是河流 f 与相应的自然优势 A 之间的对应关系应如何确定。作为对城市规模分布的解释，将自然地理中的幂次定律转移到城市规模分布上仍需进一步的研究。例如，Fujita 与 Mori（1997）的研究提出，自然景观的不连续性（例如港口和航道）对于城市区位有重要的影响[2]。

（三）齐普夫定律的综合性解释机制

在齐普夫定律理论分析的两大传统流派之外，还有一类新生的综合性解释机制，该类机制综合了以上两大类解释机制，比较典型的如

---

① Krugman P., "Confronting the Mystery of Urban Hierarchy", Journal of the Japanese and the International Economies, 10 (4), 1996b, pp. 399-418.

② Fujita M. and T. Mori, "Structural Stability and Evolution of Urban Systems", Regional Science and Urban Economics, 27 (4-5), 1997, pp. 399-442.

Rozenfeld 等人（2011）的研究①。该研究基于随机增长过程构建了一个经济模型，由其可近似的推导出关于人口与面积的齐普夫定律。将城市人口（i 城市的人口为 S_i）同时作为消费者和生产者，构建消费者效用最大化模型，其中消费效用函数为消费者对商品和土地消费的柯布—道格拉斯函数，约束条件为消费者在商品和土地上的总支出不超过城市总收入（劳动生产率与总人数的乘积），且每个消费者的最大效用都是一样的，即消费者可自由选择在哪个城市居住，故各个城市的消费者效用函数是一样的，完全竞争达到均衡状态是使得各个消费者的效用相等。在消费者效用最大化模型的基础上，作者引入了随机增长模型，假设城市的生产率 B 服从几何布朗运动，经过改良的城市生产率与所有城市的平均生产率成比例（二者之比为 π，$0<\pi<1$）。

以上模型的推导结果是：

（a）城市人口 S 与城市面积 A 的稳态分布服从指数为 ζ 的幂律分布：

$$\zeta = 1/(1-\pi) \tag{9}$$

$S_{it}/\overline{S}_t$，$A_{it}/\overline{A}_t$，$B_{it}/\overline{B}_t$ 都相等且服从幂律分布：

$$P(X \geqslant x) = (x/\pi)-\zeta \tag{10}$$

其中 $x \geqslant \pi$。当 π 趋向于 1 时，ζ 指数趋向于 1（齐普夫定律的值）。

（b）城市人口 S 与城市面积 A 成比例，密度 $D=S/A$ 独立于城市规模。

（c）收入中花费在土地上的费用独立于城市规模。

类似的综合解释机制还有 Cordoba（2004）的模型、Rossi-Hansberg 与 Wright（2007）的模型②③。Cordoba（2004）将随机增长理论与城市系统理论结合起来，认为城市模型必须满足一定条件才能解释齐普夫定律，从而给对不同商品的偏好、总要素生产率以及外在

① Rozenfeld H. D., D. Rybski, X. Gabaix, and Hernan A. Makse, "The Area and Population of Cities: New Insights from a Different Perspective on Cities", The American Economic Review, 101 (5), 2011, pp. 2205-2225.

② Cordoba J., "On the Distribution of City Sizes" Working Paper, Rice University, 2004.

③ Rossi-Hansberg E. and M. L. J. Wright, "Urban Structure and Growth", Review of Economic Studies, 74 (2), 2007, pp. 597-624.

驱动力的随机性施加了限制①。Rossi-Hansberg 与 Wright（2007）将城市内生增长模型与吉布雷特法则结合在一起，引入全要素生产率带来的随机冲击使得城市规模均衡增长呈随机性，预测出城市规模在长期内呈现平行增长，而短期内受外部生产率冲击产生随机偏离，强调了要素（资金、人力等）积累及生产力水平对城市规模分布的影响，认为均衡状态的城市规模分布是集聚效应与拥挤成本实现平衡的结果，在一定假设条件下可得到符合齐普夫定律的城市规模分布②。

对齐普夫定律的综合性解释机制结合了随机增长理论的数值模拟优点和经济理论的理论解释力优点，虽然才刚起步，不可避免会存在欠缺，但必将成为城市规模分布研究的进一步研究方向。

（四）齐普夫定律的理论分析小结

齐普夫定律的最大弱点，在于缺乏一个坚实的经济理论基础。尽管西蒙等的随机增长模型研究为解释城市规模分布规律带来了一线希望，但是该模型由于缺乏经济学背景而受到质疑。而经济理论流派的基本问题是都只从一个角度主观地对城市规模分布进行解释，难以弄清存在根本差异的经济体制如何产生相同的各力平衡状态。从这个角度来看，目前的经济理论难以完全解释齐普夫定律成立的原因。各种理论解释机制存在的优缺点如表 1 所示。

表 1　　　　　齐普夫定律各理论流派的优缺点总结

理论流派	代表理论	优点	缺点
随机增长模型	Simon 模型	数值上成功模拟了齐普夫定律	没对城市增长驱动力做出较好的经济解释
经济理论	城市系统理论	可在理论上较好地解释现实城市等级体系的形成	没法解释为何城市规模分布服从齐普夫定律，无法被实证研究验证
经济理论	中心地理论	为实际城市规模分布提供理论解释，提出的预测可被实证研究验证	仅限于对零售业和服务业空间分布的分析，不能对工业主导城市的规模分布给出完全的解释

① Cordoba J., "On the Distribution of City Sizes" Working Paper, Rice University, 2004.

② Rossi-Hansberg E. and M. L. J. Wright, "Urban Structure and Growth", Review of Economic Studies, 74 (2), 2007, pp. 597-624.

理论流派	代表理论	优点	缺点
经济理论	城市内生形成与自组织理论	从内生因素出发对城市规模分布服从齐普夫定律提供了充分的理论解释	较具确定性，无法一一解释现实中各种不同的城市规模分布情况，忽视外在驱动力影响
	自然优势理论	用自然优势所产生的幂次定律推导出城市规模分布的齐普夫定律	现实自然优势如何引入幂律公式以及对该假说的验证需要进一步的研究
综合性模型	Rozenfeld 模型	结合随机增长模型和经济理论推导出了齐普夫定律	理论方面仍需进一步完善

　　未来的理论探索可以从以下几方面着手：一是从微观层次上寻找方法来调和离心力与向心力之间的相互作用（这两个力在微观层次上决定了城市的规模）；二是在宏观层次上运用假定规模收益不变的动态过程（The As-if-constant-returns Dynamics）来解释这一问题；三是将随机增长理论与经济理论结合起来，将经济因素（如规模经济、集聚效应等）与空间结构结合起来，构建综合性解释机制。

四　齐普夫定律的相关实证研究

（一）城市规模分布空间格局实证研究

1. 传统空间研究视角

　　自城市规模分布的齐普夫定律提出后，许多学者用不同国家的数据对这一规律的普适性进行实证验证。传统意义上的城市规模分布实证研究一般是以行政单位为空间研究单元，采用的空间研究尺度一般为城市/市区或城市群。

　　许多单个国家的城市规模分布研究及国际比较研究都为齐普夫定律的成立提供了依据。其中，Rosen 与 Resnick（1980）、Brakman 等人（2001）、Soo（2005）的研究是最完整的跨国比较实证研究[1][2][3]。

①　Rosen K. and Resnick M., "The Size Distribution of Cities: An Examination of the Pareto Law and Primacy", Journal of Urban Economics, 8 (2), 1980, pp. 165-186.

②　Brakman S., H. Garretsen, C. van Marrewijk, An Introduction to Geographical Economics, Published by Cambridge University Press, 2001.

③　Soo K., "Zipf's Law for Cities: A Cross-Country Investigation", Regional Science and Urban Economics, 35 (3), 2005, pp. 239-263.

Rosen 与 Resnick（1980）研究了 44 个国家 1970 年的城市规模分布，求得的平均幂律指数是 1.13，标准差为 0.19，几乎所有的国家都落在 0.8 到 1.5 的范围之内[1]。Brakman 等人（1999，2001）的研究显示用市区数据得到的幂律指数（均值为 1.13，标准差为 0.19，样本值为 42）要高于用城市群数据得到的幂律指数（均值为 1.05，标准差为 0.21，样本值为 22)[2][3]。Soo（2005）使用 OLS 和 Hill 估计法对 73 个国家的城市规模分布进行了实证研究，求得城市的幂律指数为 1.105，城市群的幂律指数为 0.854[4]。总的来说，幂次定律很好地拟合了实际城市分布规律，求得的幂律指数一般都接近于 1。此外，Sébastien（2009）用 115 个国家样本做实证研究，结果表明大多数国家（62 个国家，占 53%）的城市规模分布服从齐普夫定律[5]；Giesen 与 Suedekum（2011）证明了城市规模分布的齐普夫定律在德国的国家和地区层面都成立[6]。

　　尽管齐普夫定律能够很好地拟合各国的城市规模分布，实证研究中仍然存在一定问题。如 Dobkins 与 Ioannides（2000）[7] 的非参数研

① Rosen K. and Resnick M., "The Size Distribution of Cities: An Examination of the Pareto Law and Primacy", Journal of Urban Economics, 8（2）, 1980, pp. 165-186.

② Brakman S., Garretsen H., Van Marrewijk C., M. van den Berg, "The Return of Zipf: A Further Understanding of the Rank-Size Distribution" Journal of Regional Science, 39（1）, 1999, pp. 183-213.

③ Brakman S., Garretsen H., and C. van Marrewijk, An Introduction to Geographical Economics, Published by Cambridge University Press, 2001.

④ Soo K., "Zipf's Law for Cities: A Cross-Country Investigation", Regional Science and Urban Economics, 35（3）, 2005, pp. 239-263.

⑤ Sebastien T., "Zipf's Law for Cities: On a New Testing Procedure", Working Paper（CERDI）, 2009.

⑥ Giesen K. and Suedekum J., "Zipf's Law for Cities in the Regions and the Country", Journal of Economic Geography, 11（4）, 2011, pp. 667-686.

⑦ Dobkins L. and Ioannides Y., "Dynamic Evolution of the Size Distribution of US Cities", in Economics of Cities: Theoretical Perspectives, Eds. by Huriot, J. M. and Thisse, J. F., Published by Cambridge University Press, 2000.

究及 Black 与 Henderson（2003）[①] 的研究发现"位序—规模"的对数
回归中二次项在统计上显著，使人们开始对用齐普夫定律来描述整个
美国城市规模分布的有效性产生了怀疑。有两个相关的研究对此进行
了说明。一是 Duranton（2002）[②] 的研究，用质量阶梯理论建立新模
型，模拟了美国和法国的城市规模分布，从而反映出分布曲线两端都
偏离了齐普夫定律。另一是 Rossi-Hansberg 与 Wright（2007）[③] 的研
究，构建了一个城市体系激励模型，描述了特殊情形下的齐普夫定
律，同样对分布曲线两端都偏离齐普夫定律这一现象作出了解释。类
似的还有 Gabaix 与 Ioannides（2003）[④]、Eeckhout（2004）[⑤] 的实证研
究，结果都表明现实的城市规模分布与齐普夫定律之间存在一定程度
的偏差。Giesen 等人（2010）[⑥] 更是对齐普夫定律提出了修订，认为
实际的城市规模分布应该服从"双帕累托对数正态分布"（Double Pa-
reto Lognormal，DPLN）而非齐普夫定律所反映的简单对数正态分布。

2. 地理空间研究视角（Geospatial Perspective）

在城市规模分布实证研究中，传统的空间研究尺度常常由于"城
市"的定义及划分过于主观武断而不断受到质疑（由于城市和城市群
往往涵盖的范围太大，不能反映出真实的城市规模），因此，如何定
义真实的城市边界成为需要人们进一步探索的问题，有学者提出了地

---

① Black D. and Henderson V., "Urban Evolution in the USA" Journal of Economic Geogra-
phy, 3（4）, 2003, pp. 343-372.

② Duranton G., "City Size Distribution as a Consequence of the Growth Process",
Department of Geography and Environment, London School of Economics, 1（6）, 2002.

③ Rossi-Hansberg E. and M. L. J. Wright, "Urban Structure and Growth", Review of Eco-
nomic Studies, 74（2）, 2007, pp. 597-624.

④ Gabaix X. and Ioannides Y., "The Evolution of City Size Distributions", in Handbook of
Economic Geography, Eds. by J. V. Henderson and J. F. Thisse, Published by North-Holland, Am-
sterdam, 2003.

⑤ Eeckhout J., "Gibrat's Law for（all）Cities", American Economic Review, 94（5）,
2004, pp. 1429-1451.

⑥ Giesen K., Zimmermann A., and Suedekum J., "The Size Distribution across all Cities-
Double Pareto Lognormal Strikes!", Journal of Urban Economics, 68（2）, 2010, pp. 129-137.

理 空 间 视 角 （Geospatial Perspective） 这 一 概 念 （Jiang and Jia，2011）①，意在将城市规模分布实证研究逐渐转向微观尺度，突破传统的行政区划界限，把实际上起到城市功能的微观城市组团/图斑作为基本空间单元来研究，从而使研究的精确度更高，更具有说服力。

（1）基于格网数据的实证研究

该类研究中较典型的是 Holmes 与 Lee（2009）基于美国公里格网人口普查数据的实证研究，将美国版图划分成统一的 "6×6" 平方英里格网，用 GIS 软件将普查人口分配到各个格网上，从而分析各格网以及 MSAs（大都市统计区）层面的人口分布规律②。研究结果表明格网层面的城市规模分布曲线存在分段性（两个幂律指数，曲线上端指数大约为 2，违背齐普夫定律），且城市平均增长速度与城市规模呈倒 U 形关系，城市增长率方差随着城市规模增加而减少，即吉布雷特法则在格网层面不成立。此外，MSAs 层面的人口分布与 MSAs 内格网层面的人口分布类似，并与一国及各地区内格网层面的人口分布相似，都存在一定的分形特征（Fractal Pattern）。

该研究结果表明格网层面的人口规模分布规律与大都市区（城市群）层面是类似的，而得出的城市规模分布曲线尾端比齐普夫定律分布的概率要小（Less-Fat-tail），即较大规模城市所占比例较小。这是因为城市范围被限制在 6×6 平方英里内，导致很难形成较大的 "城市组团"。由于研究方法存在上述缺陷，我们难以准确分析各格网单元所形成的集群分布规律。

（2）基于微观数据的改进算法研究

为了弥补基于公里格网数据的实证研究缺陷，Rozenfeld 等人（2011）采用了自下而上（From the Bottom up）的研究方法——城市集群算法（City Cluster Algorithm，CCA）来拟合英美两国基于城市组

---

① Jiang B，Tao J，"Zipf's Law for all the Natural Cities in the United States：A Geospatial Perspective"，International Journal of Geographical Information Science，25（8），2011，pp. 1269-1281.

② Holmes Thomas J. and Lee S，"Cities as Six-By-Six-Mile Squares：Zipf's Law?" in The Economics of Agglomerations，Eds. by E. L. Glaeser，Published by University of Chicago Press，2009.

团（City Clusters）的城市规模分布①。该研究采用高分辨率的微观地理数据（美国的人口普查小区数据及英国的公里格网数据），将按距离聚类所得的城市组团作为空间单元进行城市规模分布拟合分析，得到的幂律指数接近于 1；并将由城市集聚算法得到的城市规模分布规律与基于 Places（行政单位）和 MSAs（大都市统计区）的城市规模分布规律进行比较分析，结果表明城市集群算法很好地弥补了行政单元低估大城市数量和大都市统计区低估小城市数量的缺陷。

类似地，Michail 与 Seto（2009）采用中国的珠三角地区（广州、深圳和佛山）城市人口分布的高分辨率遥感数据，通过聚类识别算法（Cluster Identification Algorithm）分析了城市内部（Intra-City）以城市斑块为空间单元的人口规模分布规律②；Jiang 与 Jia（2011）通过对美国的街道节点（包括交叉点及末端）进行聚类形成"自然城市"（Natural Cities，意在摆脱人为划定的人口普查区对城市边界划分的影响，以最能反映人类活动的街道作为城市界定标准），研究表明美国二百万到四百万"自然城市"的规模分布服从齐普夫定律③。

（二）城市规模分布动态演化实证研究

许多实证研究发现城市规模分布随时间变化是保持稳定的（即呈现平行增长，所有城市以同样的速度增长）。例如，Eaton 与 Eckstein（1997）的研究通过对法国和日本城市规模分布的动态演化比较，观测到法国和日本城市在 1876—1990 以及 1925—1985 年间的平行增长④。作者

---

① Rozenfeld H. D., Rybski D., Gabaix X., and Hernan A. Makse, "The Area and Population of Cities: New Insights from a Different Perspective on Cities", The American Economic Review, 101 (5), 2011, pp. 2205-2225.

② Michail F. and Karen C. Seto, "Evolving Rank-Size Distributions of Intra-Metropolitan Urban Clusters in South China", Computers, Environment and Urban Systems, 33 (3), 2009, pp. 189-199.

③ Jiang B and Tao J, "Zipf's Law for all the Natural Cities in the United States: A Geospatial Perspective", International Journal of Geographical Information Science, 25 (8), 2011, pp. 1269-1281.

④ Eaton J. and Eckstein Z., "Cities and Growth: Theory and Evidence from France and Japan", Regional Science and Urban Economics, 27 (4), 1997, pp. 443-474.

还用其他实证方法（如洛仑兹曲线、齐普夫回归及非参数转移矩阵）来验证其研究发现。Dobkins 与 Ioannides（2000）通过研究美国城市 1900—1990 年的动态演化过程，发现美国城市体系尽管在空间上存在扩张过程，但其演化的总体特征是平行增长[①]。他们通过构建转移矩阵、追溯每个城市在城市规模分布中的位序变化来对数据进行了深入分析。Overman 与 Ioannides（2001）对 1900—1990 年美国城市规模分布动态演化的研究也证实了城市规模存在平行增长的态势[②]。

尽管如此，我们并不能够排除城市规模分布动态演化也存在不稳定情况。例如，Black 与 Henderson（2003）[③] 也分析了 1900—1990 年美国城市规模分布的演化过程，发现近年来美国城市体系在一定程度上呈现出集中分布的趋势（即较多城市趋向于分布在较高的规模等级中），这反映了美国产业构成有向现代服务业发展的趋势，由于现代服务业趋向于在大城市中布局。进行类似研究的学者还有 Sharma（2003）[④] 和 Gonzalez-Val（2010）[⑤]，前者指出印度城市规模在长期内呈平行增长，而在短期内则出现一定程度的偏离；后者分析了美国 1900—2000 年间的城市规模分布演化过程，研究发现 20 世纪美国城市规模分布的不均匀程度增加，其中上半叶大城市和小城市的数量都有所增加，下半叶整个城市规模分布则趋于稳定状态。

---

① Dobkins L. and Ioannides Y., "Dynamic Evolution of the Size Distribution of US Cities", in Economics of Cities: Theoretical Perspectives, Eds. by Huriot, J. M. and Thisse, J. F., Published by Cambridge University Press, 2000.

② Overman H. G. and Ioannides Y. M., "Cross-Sectional Evolution of the U. S. City Size Distribution", Journal of Urban Economics, 49 (3), 2001, pp. 543-566.

③ Black D. and Henderson V., "Urban Evolution in the USA" Journal of Economic Geography, 3 (4), 2003, pp. 343-372.

④ Sharma S., "Persistence and Stability in City Growth", Journal of Urban Economics, 53 (2), 2003, pp. 300-320.

⑤ Gonzalez-Val Rafael, "The Evolution of US City Size Distribution from a Long-Term Perspective (1900-2000)", Journal of Regional Science, 50 (5), 2010, pp. 952-972.

在城市演化的研究中常会遇到数据缺乏的问题，该问题可用 Quah（1993）[①]、Eaton 与 Eckstein（1997）[②] 的马尔柯夫转移矩阵技术来解决，即用人口数据来构建一个低维向量，表示城市在各个规模等级间隔内出现的频率，令 f_t 表示人口分布 P_{it} 在 t 时刻的频率（密度）分布。假设 f_t 按一阶自回归来演化，$f_{t+1} = M * f_t$（M 为参数矩阵）。当 f_t 以非零概率全面趋向于极限时城市演化为平行增长，当 f_t 为一个质点时城市演化为收敛增长（小城市增长比大城市快），当 f_t 为极化或分段分布时城市演化为发散增长（大城市增长比小城市快）。

由于研究数据在时间上往往缺乏连续性，目前城市规模分布动态演化方面的研究多以美国城市为研究对象，其他国家的研究较少，但这种数据上的缺乏可以通过一定的技术方法来弥补，在这方面已有不少尝试，但其仍然存在一定的探索空间。

（三）城市规模分布演变影响因素实证研究

前面对空间、时间视角上的城市规模分布实证研究作了系统性回顾，接下来对城市规模分布影响因素的相关实证研究进行归纳总结。城市规模分布的影响因素主要可以分成两类，即新经济地理学（NEG）中所提到的"第一性"优势（First Nature，生产要素禀赋的空间差异，由城市自身因素决定）和"第二性"优势（Second Nature，经济空间集聚系统的内生力量，由城市间相互作用决定）。

认为影响城市规模分布的是"第一性"优势的主要有 Black 与 Henderson（2003）、Henderson 与 Wang（2005）、Gonzalez - Val（2011）等的研究。Black 与 Henderson（2003）[③] 对美国 1900—1990 年的城市人口数据进行分析，认为城市规模分布曲线上端的城市不断集中的原因是规模经济和由本地知识积累和通勤增加引起的技术改

---

① Quah D., "Empirical Cross-Section Dynamics and Economic Growth", European Economic Review, 37, 1993, pp. 426-434.

② Eaton J. and Eckstein Z., "Cities and Growth: Theory and Evidence from France and Japan", Regional Science and Urban Economics, 27 (4), 1997, pp. 443-474.

③ Black D. and Henderson V., "Urban Evolution in the USA" Journal of Economic Geography, 3 (4), 2003, pp. 343-372.

革。他们还研究了城市职能（城市产业构成）与城市规模间的关系，不同职能的城市有不同的绝对规模，即城市产业构成上的变化会影响城市的相对规模。Henderson 与 Wang（2005）[①] 对世界各国大都市区 1960—2000 年的城市人口数据进行分析，指出人口增长、技术变革、体制改革等因素可在很大程度上解释城市的形成与城市数量的增加，而且民主化、地区代表性及地方自治程度等政治因素的增加将促进新城市的形成。Gonzalez-Val（2011）[②] 用美国 2000 年城市数据进行计量分析的结果表明，影响城市规模分布的重要因素有人均收入、人力资本水平和主要部门就业结构等。

认为影响城市规模分布的是"第二性"优势的主要有 Brakman 等人（1999）、Ioannides 与 Overman（2004）的研究。Brakman 等人（1999）探讨了一些经济因素（如交通成本、工业活跃程度、规模报酬、拥挤成本、城市间的整合等）对城市规模分布的影响[③]。其中交通成本下降促进了城市间的贸易，同时也推动了产业化过程及各城市的专业化，从而使得城市的集聚力增加，大城市人口增加的幅度更大，幂律指数增加；而当拥挤成本增加时，城市的扩散力增加，幂律指数变小。Ioannides 与 Overman（2004）用参数估计法估计了市场潜能（城市间相互作用的测度）、附近有无新城市产生及滞后人口（Own Lagged Population）这几个"第二性"优势对城市增长率的影响，研究发现市场潜能与城市规模间存在负相关关系[④]。城市规模与市场潜能之比相对较小的城市增长速度较快，即小城市的迅速增长是以周边大城市失去人口为代价的。

---

① Henderson V. and Wang H., "Urbanization and City Growth: The Role of Institutions", Regional Science & Urban Economics, 37 (3), 2007, pp. 283-313.

② Gonzalez-Val Rafael, "Deviations from Zipf's Law for American Cities: An Empirical Examination", Urban Studies, 48 (5), 2011, pp. 1017-1035.

③ Brakman S., Garretsen H., Van Marrewijk C. and M. van den Berg, "The Return of Zipf: A Further Understanding of the Rank - Size Distribution" Journal of Regional Science, 39 (1), 1999, pp. 183-213.

④ Ioannide Y. M. and Overman H. G., "Spatial Evolution of the U. S. Urban System", Journal of Economic Geography, 4 (2), 2004, pp. 131-156.

　　Soo（2005）的研究则认为"第一性"优势和"第二性"优势对城市规模分布均有影响[①]。Soo 通过分析与城市规模分布有关的变量——经济地理变量（规模经济、运输成本、非农经济活动等）、政治变量（政治权利和公民自由、政府总支出占 GDP 的比重等）、国家规模变量等对幂律指数的影响，指出尽管经济地理因素很重要，但政治经济因素在解释各国幂律指数差异上比经济地理因素所起的作用还要大。

　　从对齐普夫定律的演化机制总结可以看出，对城市规模分布的影响因素应该既包含内在驱动力（"第一性"优势），也包含外在驱动力（"第二性"优势），下一步有关影响因素的实证研究应该把这两方面因素结合起来进行综合考量。

　　（四）齐普夫定律的实证研究小结

　　迄今为止，有关齐普夫定律实证研究涵盖的研究范围较广，涉及了城市规模分布的空间、时间及影响因素等方方面面，大部分研究的结果都支持齐普夫定律，但也有不少研究结果与齐普夫定律相背离，从而对其提出质疑和修订的。实证研究中存在的缺陷主要有：在空间维度上，大部分研究的空间尺度过于宏观（一般为城市/市区或城市群），且多以行政单元为研究对象，忽视了真正发挥城市功能的城市组团，所以应该将微观空间尺度研究与大都市区空间尺度研究结合起来；在时间维度上，研究城市规模分布动态演化的时间序列往往不够长，需要不断地探索新的数据分析技术来解决这一问题；在影响因素维度上，并没有将影响城市规模分布的内在驱动力和外在驱动力结合起来进行系统研究。就目前的实证研究来看，我们对齐普夫定律的实证研究应遵循的方法论是估计而非验证，即估计齐普夫定律能在多大程度上拟合实际的城市规模分布，而不是验证该定律是否成立。

五　对中国城市规模分布研究的启示

　　目前中国城市规模分布研究主要以实证研究为主，理论研究方面

---

　　① Soo K., "Zipf's Law for Cities: A Cross-Country Investigation", Regional Science and Urban Economics, 35 (3), 2005, pp. 239-263.

较缺乏。而国外的理论模型很难用于分析中国的实际情况，由于中国的城市规模分布不仅受到市场驱动力的影响，更主要的是受到政府政策（如"控制大城市发展，积极发展中小城市"政策、改革开放政策、户口政策及计划生育政策等）的影响，而要将政策因素整合到已有经济模型中存在一定难度。

目前中国城市规模分布实证研究主要包括三个方面：用各种计量经济方法来检验中国的城市规模分布是否服从齐普夫定律；用时间序列数据来研究中国城市规模是否呈现平行增长；构建计量经济模型来分析中国城市规模分布的影响因素。近年来主要研究如表 2 所示。

表 2　　　　　　　　　　**近年来中国城市规模分布主要实证研究**

作者	主要结论
Song and Zhang（2002）	实证研究表明中国 1991—1999 年的城市规模分布服从齐普夫定律。工业化、城乡人口迁移、对外开放政策推进了城市化进程；政府制定的城市发展政策和限制人口迁移政策影响了城市体系演化。
Anderson and Ge（2005）	采用多种函数形式来拟合中国的城市规模分布，结果表明其服从对数正态分布；经济改革使城市规模分布产生结构性转变，改革开放前城市规模分布相对稳定，改革开放后城市规模呈现收敛增长。
Jiang, Okui and Xie（2008）	用 1984—2005 年的中国城市数据来构建计量经济模型，分析城市规模分布对经济增长的影响，结果表明齐普夫指数与标准值 1 相差越大，人均 GDP 的增长速度越低；用中国数据来验证 Duranton（2007）模型（城市规模对经济增长的影响），结果表明，该模型是否适用于解释中国城市规模分布规律仍值得斟酌。
Xu and Zhu（2009）	分析中国 1990—2000 年的城市规模分布动态演化，结果表明该时段内的城市规模分布趋于均匀分布，即城市规模呈现收敛增长，小城市增长速度比大城市要快，可能的影响因素是：产业结构、政府的城市发展政策和城乡人口迁移政策。
Schaffar（2009）	研究发现中国 1984—2004 年的城市规模分布服从齐普夫定律，城市规模呈现发散增长，但受"控制大城市"发展政策的影响，大城市增长速度不至于太快。
Peng（2010）	用滚动样本回归方法分析中国 1999—2004 年的城市规模分布，结果显示中国城市规模分布是服从齐普夫定律的。

续表

作者	主要结论
Soo（2010）	用中国五次人口普查的数据验证了中国城市规模分布服从齐普夫定律，指出中国城市规模增长受到初始城市规模、土地面积和市场潜力的影响。
Chen et al.（2011）	用1984—2006年的中国城市数据和时间序列计量方法来检验中国城市规模分布演化是否为平行增长。结果表明中国城市增长过程总体上是随机的，具有特定区位特征（包括自然资源禀赋和政策制度等）的城市组别呈现平行增长，表明区位因素对城市增长有持久的影响。
Ye and Xie（2012）	用1960—2000年的中国城市数据分别在国家层面和区域层面分析了中国城市规模分布演化情况，结果表明国家层面的城市规模分布服从齐普夫定律，而区域层面的城市规模分布则可根据动态演化特征划分成三种类型。
Wang and Zhu（2012）	分析中国1949—2008年的城市规模动态演化过程，结果表明中国城市规模分布尽管在短期内存在不同增长类型，在长期内还是近似呈平行增长的（由于大量新城市的出现抵消了大城市相对较快的增长）。城市发展政策可对城市规模分布产生暂时性影响，而城市体系的长期发展趋势还是由城市本身增长轨迹所决定的。

通过前文对国外城市规模分布研究进展的系统性回顾，笔者认为未来的中国城市规模分布研究可从以下两方面着手：一是充分借鉴国外经验，将国外各种理论流派的思想融会贯通，通过反复验证选择适合中国实际情况的理论模型，并加入中国特色的区位因素与政策因素对模型加以改进，从而构建中国城市规模分布的综合性解释机制；二是参考国外的地理空间研究视角，用新的演算方法定义真实城市界限，基于此重新验证中国城市规模分布是否服从齐普夫定律，并结合多种数据分析技术来研究中国城市规模分布的动态演化过程，在理论研究的基础上构建全新的计量经济模型来分析影响城市规模分布的内在和外在驱动力。

六　结语

总的来说，尽管齐普夫定律及相关测算方法可以很好地拟合各个国家的城市规模分布情况（Read，1988），可是其并不是万能的[①]。

[①] Read Cambell B.，"Zipf's Law"，in Encyclopedia of Statistical Sciences，Eds. by S. Kotz，N. L. Johnson，and C. B. Read，Published by Wiley，New York，1988.

Brakman 等人（1999）对该定律提出了下述批评①：

首先，该定律中的位序变量是由规模变量转化而来，两者之间不可避免地存在一定内在联系；其次，服从齐普夫定律的城市规模分布格局通常是将较小的城市从城市样本中剔除掉后所得，而这个用于剔除小城市的人口阈值标准并不统一；再次，不是所有国家所有时段城市规模分布的幂律指数都恒为 1 的，也有大于 1 和小于 1 的情形；最后，公式（2）并未涉及齐普夫定律的比较静态效应，由于城市增长是不成比例的（人口集中于大城市会增加幂律指数，人口在各个城市均匀分布会降低幂律指数），所以幂律指数值并不恒定。

因此，齐普夫定律只是描述城市规模分布的一个简单的统计关系，一个可供直接实证检验的假说命题。关于城市规模分布问题的研究，迄今为止并没有形成公认的结论，仍是区域经济学领域需要继续努力去探讨的重要问题。以上国外研究进展对我们的启示是：中国的城市规模分布研究应结合中国城市体系特点，汲取国外理论研究的新思想并借鉴国外实证研究的新方法，积极探索城市规模分布的形成机理和运行机制，力求深刻把握城市体系的本质，从而全面深入地推进城市规模分布的理论和实证研究，为指导中国的城市规划和城镇体系规划，引导城市规模合理分布提供理论依据和政策建议。

参考文献

[1] Anderson G., Ge Y., "The Size Distribution of Chinese Cities", Regional Science and Urban Economics, 35 (2), 2005, pp. 756-776.

[2] Auerbach F., "Das Gesetz der Bevölkerungskonzentration", Petermann Geographische Mitteilungen, 59 (1), 1913, pp. 74-76.

[3] Axtell R. L., R. Florida, Emergent Cities: A Microeconomic Explanation of Zipf's Law, Paper Presented at the Society for Computational Economics, Yale University, 2001.

[4] Beirlant J., Dierckx G., Goegebeur Y., Matthys G., "Tail Index Estimation and an Exponential Regression Model", Extremes, 2 (2), 1999. pp. 177-200.

---

① Brakman S., Garretsen H., Van Marrewijk C. and M. van den Berg, "The Return of Zipf: A Further Understanding of the Rank-Size Distribution" Journal of Regional Science, 39 (1), 1999, pp. 183-213.

[5] Berry B. J. L., Geography of Market Areas and Retail Distribution, Published by Prentice-Hall, Englewood Cliff, 1967.

[6] Black D., Henderson V., "A Theory of Urban Growth," Journal of Political Economy, 107 (2), 1999, pp. 252-284.

[7] Black D., Henderson V., "Urban Evolution in the USA" Journal of Economic Geography, 3 (4), 2003, pp. 343-372.

[8] Blank A., Solomon S., "Power Laws in Cities Population, Financial Markets and Internet Sites" Physica A, 287 (1), 2000. pp. 279-288.

[9] Brakman S., Garretsen H., Van Marrewijk C., van den Berg M., "The Return of Zipf: A Further Understanding of the Rank-Size Distribution" Journal of Regional Science, 39 (1), 1999, pp. 183-213.

[10] Brakman S., Garretsen H., van Marrewijk C., An Introduction to Geographical Economics, Published by Cambridge University Press, 2001.

[11] Chen Z, Fu S, Zhang D, "Searching for the Parallel Growth of Cities", Working Paper, 2011, Available at SSRN: http://ssrn.com/abstract = 1576060.

[12] Christaller W., Central Places in Southern Germany, Published by Prentice-Hall, Englewood Cliffs, 1933.

[13] Cordoba J., "On the Distribution of City Sizes" Working Paper, Rice University, 2004.

[14] Cordoba J., "A Generalized Gibrat's Law", International Economic Review, 49 (4), 2008, pp. 1463-1468.

[15] Dobkins L. and Ioannides Y., "Dynamic Evolution of the Size Distribution of US Cities", in Economics of Cities: Theoretical Perspectives, Eds. by Huriot, J. M. and Thisse, J. F., Published by Cambridge University Press, 2000.

[16] Dobkins L. and Ioannides Y., "Spatial Interactions among U. S. Cities", Regional Science and Urban Economics, 31 (6), 2001, pp. 701-731.

[17] Duranton G., "City Size Distribution as a Consequence of the Growth Process", Department of Geography and Environment, London School of Economics, 1 (6), 2002.

[18] Duranton G., "Some Foundations for Zipf's Law: Product Proliferation and Local Spillovers", Regional Science and Urban Economics, 36 (4), 2006, pp. 542-563.

[19] Duranton G., "Urban Evolutions: The Fast, the Slow, and the Still", American Economic Review, 97 (1), 2007, pp. 197-221.

[20] Eaton J. and Eckstein Z., "Cities and Growth: Theory and Evidence from France and Japan", Regional Science and Urban Economics, 27 (4), 1997, pp. 443-474.

[21] Eeckhout J., "Gibrat's Law for (all) Cities", American Economic Review, 94 (5), 2004, pp. 1429-1451.

[22] Embrechts P., Kluppelberg C., Mikosch T., Modelling Extrenal Events for Insurance and Finance, Published by Springer, New York, 1997.

[23] Feuerverger A., Hall P., "Estimating a Tail Exponent by Modelling Departure from a Pareto Distribution", Annals of Statistics, 27 (2), 1999, pp. 760-781.

[24] Fujita M., Krugman P., Anthony J. Venables, The Spatial Economy: Cities, Regions, and International Trade, Published by MIT Press, 1999.

[25] Fujita M., Mori T., "Structural Stability and Evolution of Urban Systems", Regional Science and Urban Economics, 27 (4-5), 1997, pp. 399-442.

[26] Gabaix X., "Zipf's Law and the Growth of Cities", American Economic Review, 89 (2), 1999a, pp. 129-132.

[27] Gabaix X., "Zipf's Law for Cities: An Explanation", Quarterly Journal of Economics, 114 (3), 1999b, pp. 739-767.

[28] Gabaix X., Ibragimov R., "Rank-1/2: A Simple Way to Improve the OLS Estimation of Tail Exponents", Journal of Business and Economics Statistics, 29 (1), 2011, pp. 24-29.

[29] Gabaix X., Ioannides Y., "The Evolution of City Size Distributions", in Handbook of Economic Geography, Eds. by J. V. Henderson and J. F. Thisse, Published by North-Holland, Amsterdam, 2003.

[30] Gibrat R., Les Inégalités Economiques, Published by Librairie du Recueil Sirey, Paris, France, 1931.

[31] Giesen K., Zimmermann A., Suedekum J., "The Size Distribution across all Cities - Double Pareto Lognormal Strikes!", Journal of Urban Economics, 68 (2), 2010, pp. 129-137.

[32] Giesen K., Suedekum J., "Zipf's Law for Cities in the Regions and the Country", Journal of Economic Geography, 11 (4), 2011, pp. 667-686.

[33] Grossman Gene M., Helpman E., "Quality Ladders in the Theory of Growth", Review of Economic Studies, 58 (1), 1991, pp. 43-61.

[34] Gonzalez-Val Rafael, "The Evolution of US City Size Distribution from a Long-Term Perspective (1900 - 2000)", Journal of Regional Science, 50 (5), 2010, pp. 952-972.

[35] Gonzalez-Val Rafael, "Deviations from Zipf's Law for American Cities: An Empirical Examination", Urban Studies, 48 (5), 2011, pp. 1017-1035.

[36] Henderson J. V., "The Types and Size of Cities", American Economic Review, 64 (4), 1974, pp. 640-656.

[37] Henderson V., Wang H., "Urbanization and City Growth: The Role of Institutions", Regional Science & Urban Economics, 37 (3), 2007, pp. 283-313.

[38] Hill B. M., "A Simple Approach to Inference about the Tail of a Distribution", Annals of Statistics, 3 (5), 1975, pp. 1163-1174.

[39] Holmes Thomas J., Lee S, "Cities as Six-By-Six-Mile Squares: Zipf's Law?" in The Economics of Agglomerations, Eds. by E. L. Glaeser, Published by Uni-

versity of Chicago Press, 2009.

[40] Hsu Wen-Tai, "Central Place Theory and Zipf's Law", Working Paper, University of Minnesota, 2008.

[41] Ioannide Y. M. and Overman H. G., "Spatial Evolution of the U. S. Urban System", Journal of Economic Geography, 4 (2), 2004, pp. 131-156.

[42] Jiang B, Tao J, "Zipf's Law for all the Natural Cities in the United States: A Geospatial Perspective", International Journal of Geographical Information Science, 25 (8), 2011, pp. 1269-1281.

[43] Jiang T, Ryo Okui, Xie D, "City Size Distribution and Economic Growth: The Case of China", Working Paper, The Hong Kong University of Science and Technology, 2008.

[44] Jones C. I., "Growth: With and without Scale Effects", American Economic Review Papers and Proceedings, 89 (2), 1999, pp. 139-144.

[45] Krugman P., The Self-Organizing Economy, Published by Blackwell Publishers, Oxford and Cambridge, 1996a.

[46] Krugman P., "Confronting the Mystery of Urban Hierarchy", Journal of the Japanese and the International Economies, 10 (4), 1996b, pp. 399-418.

[47] Losch A., The Economics of Location, translated by W. Woglom (1956), Published by Yale University Press, 1940.

[48] Lucas R. E., "On the Mechanics of Economic Development", Journal of Monetary Economics, 22 (1), 1988, pp. 3-42.

[49] Lucien B., Efrat B. Lieberthal, "A Dynamic Model for City Size Distribution beyond Zipf 's Law", Physica A, 384 (2), 2007, pp. 613-627.

[50] Michail F., Karen C. Seto, "Evolving Rank-Size Distributions of Intra-Metropolitan Urban Clusters in South China", Computers, Environment and Urban Systems, 33 (3), 2009, pp. 189-199.

[51] Overman H. G., Ioannides Y. M., "Cross-Sectional Evolution of the U. S. City Size Distribution", Journal of Urban Economics, 49 (3), 2001, pp. 543-566.

[52] Peng G, "Zipf's Law for Chinese Cities: Rolling Sample Regressions", Physica A, 389 (18), 2010, pp. 3804-3813.

[53] Quah D., "Empirical Cross-Section Dynamics and Economic Growth", European Economic Review, 37, 1993, pp. 426-434.

[54] Read Cambell B., "Zipf's Law", in Encyclopedia of Statistical Sciences, Eds. by S. Kotz, N. L. Johnson, and C. B. Read, Published by Wiley, New York, 1988.

[55] Reed W., "On the Rank-Size Distribution for Human Settlements", Journal of Regional Science, 42 (1), 2002, pp. 1-17.

[56] Romer P., "Endogenous Technological Change", Journal of Political Economy, 98 (5), 1990, pp. 71-102.

[57] Rosen K., Resnick M., "The Size Distribution of Cities: An Examination of the Pareto Law and Primacy", Journal of Urban Economics, 8 (2), 1980, pp. 165-186.

[58] Rossi-Hansberg E., Wright M. L. J., "Urban Structure and Growth", Review of Economic Studies, 74 (2), 2007, pp. 597-624.

[59] Rozenfeld H. D., Rybski D., Gabaix X., Hernan A. Makse, "The Area and Population of Cities: New Insights from a Different Perspective on Cities", The American Economic Review, 101 (5), 2011, pp. 2205-2225.

[60] Schaffar A., "On Zipf's Law: Testing over China's and India's City Size Distribution", Working Paper, Université de La Réunion, 2009.

[61] Sebastien T., "Zipf's Law for Cities: On a New Testing Procedure", Working Paper (CERDI), 2009.

[62] Sharma S., "Persistence and Stability in City Growth", Journal of Urban Economics, 53 (2), 2003, pp. 300-320.

[63] Simon H., "On a Class of Skew Distribution Functions", Biometrika, 42 (3/4), 1955, pp. 425-440.

[64] Song S, Zhang K H., "Urbanization and City Size Distribution in China", Urban Studies, 39 (12), 2002, pp. 2317-2327.

[65] Soo K., "Zipf's Law for Cities: A Cross - Country Investigation", Regional Science and Urban Economics, 35 (3), 2005, pp. 239-263.

[66] Soo K T., "Zipf, Gibrat and Geography: Evidence from China, India and Brazil", Working Paper, Lancaster University, 2010.

[67] Wang Z, Zhu J, "The Evolution of China's City Size Distribution: Empirical Evidence from 1949 to 2008", Social Science Electronic Publishing, 2012, 46.

[68] Xu Z, Zhu N, "City Size Distribution in China: Are Large Cities Dominant?", Urban Studies, 46 (10), 2009, pp. 2159-2185.

[69] Ye X, Xie Y, "Re-Examination of Zipf's Law and Urban Dynamics in China: A Regional Approach", The Annals of Regional Science, 49 (1), 2012, pp. 135-156.

[70] Zipf G. K., Human Behavior and the Principle of Least Effort, Published by Addison-Wesley, Cambridge, 1949.

2 中国城市规模分布实证研究

——基于微观空间数据和城市聚类算法的探索

摘要： 齐普夫定律反映了城市规模与其位序之间的简单而准确的关系，也是研究判别城市集聚和城市体系合理性的重要原则。关于齐普夫定律中城市的定义一直颇多争议，由于传统的空间研究尺度过于宏观，不能反映出真实的城市规模，学术界逐渐开始将眼光转向微观空间尺度，突破传统的行政区划界限，研究真正起到城市功能的微观城市组团。引入国外研究用于划分城市界限的新方法——城市聚类算法，对中国微观空间数据进行处理，以得到的功能性城市组团作为研究对象，根据齐普夫定律对中国城市规模分布进行分析，结果表明中国城市规模分布基本上服从齐普夫定律。此外，将基于城市聚类算法的城市规模分布研究结果与中国地级、区县级和乡镇街道级空间层面的研究结果进行比较，证实了城市聚类算法是研究城市规模分布的一种较好的新方法，它成功架设了宏观层面研究和微观层面研究之间的桥梁。

关键词： 齐普夫定律；中国城市规模分布；城市聚类算法；微观空间尺度

一 引言

在一个区域或国家，因各城市所处的内外条件不同，会形成城市间不同的功能分工，同时也形成不同的城市规模。1949 年，Zipf 提出了齐普夫定律（Zipf's Law）[1]，该定律准确地揭示了城市规模和城市

① Zipf G. K., Human Behavior and the Principle of Least Effort, Cambridge: Addison-Wesley Press, 1949.

等级之间的数量关系，认为城市规模分布满足公式：

$$P(size>S) = \frac{a}{S^{\zeta}} \qquad\qquad (1)$$

其中 S 为城市规模，P 为规模大于 S 的城市分布概率，a 为常数，且幂律指数 $\zeta=1$，表明规模为 S_i 的城市的位序 i 与位序大于 i 的城市概率是成比例的。如果 $0<\zeta<1$，表示城市规模分布比齐普夫定律所描述的更为均匀，即位次较低的中小城市比较发达，位次较高的大城市不很突出；如果 $\zeta>1$，表示大城市比齐普夫定律描述的更大，即城市规模的分布更为分散。

　　自齐普夫定律提出后，国外学者围绕该定律在城市规模分布方面做了大量的理论和实证研究。理论方面主要研究齐普夫定律的理论基础[1]~[5]；实证研究方面则关注的是：齐普夫定律是否具有普适性[6]~[11]

---

① Gabaix X., "Zipf's Law for Cities: An Explanation", Quarterly Journal of Economics, 114 (3), 1999, pp. 739–767.

② Duranton G., "Some Foundations for Zipf's Law: Product Proliferation and Local Spillovers", Regional Science and Urban Economics, 36 (4), 2006, pp. 542–563.

③ Duranton G., "Urban Evolutions: The Fast, the Slow, and the Still", American Economic Review, 97 (1), 2007, pp. 197–221.

④ Hansberg E. R. &Wright M. L. J., "Urban Structure and Growth", Review of Economic Studies, 74 (2), 2007, pp. 597–624.

⑤ Córdoba J. C., "On the Distribution of City Sizes", Journal of Urban Economics, 63 (1), 2008, pp. 177–197.

⑥ Rosen K. T. &Resnick M., "The Size Distribution of Cities: An Examination of the Pareto Law and Primacy", Journal of Urban Economics, 8 (2), 1980, pp. 165–186.

⑦ Brakman S., Garretsen H. &Marrewijk C. V., An Introduction to Geographical Economics: Trade, Location and Growth, Cambridge: Cambridge University Press, 2001.

⑧ Soo K. T., "Zipf's Law for Cities: A Cross–Country Investigation", Regional Science and Urban Economics, 35 (3), 2005, pp. 239–263.

⑨ Terra S., "Zipf's Law for Cities: On a New Testing Procedure", Working Papers, 2009.

⑩ Giesen K. &Südekum J., "Zipf's Law for Cities in the Regions and the Country", Journal of Economic Geography, 11 (4), 2010, pp. 667–686.

⑪ Newman M. E. J., "Power Laws, Pareto Distributions and Zipf's Law", Contemporary Physics, 46 (5), 2005, pp. 323–351

齐普夫定律的最优表达形式为帕累托分布还是对数正态分布[1]—[4]，以及齐普夫定律的空间尺度效应——不同城市空间单元的规模分布是否服从齐普夫定律[5]—[10]。

其中，齐普夫定律在不同空间尺度表现出的特征是存在差异的，各级空间单元是否都能用齐普夫定律来解释，该定律最适用于哪类空间单元，关乎齐普夫定律中城市的内涵及城市边界如何划定（人口阈值超过多少才能定义为城市），是值得深入探讨的问题[11][12]。国外大多数关于齐普夫定

[1] Garmestani A. S., Allen C. R. &Gallagher C. M., "Power Laws, Discontinuities and Regional City Size Distributions", Journal of Economic Behavior & Organization, 68 (1), 2008, pp. 209–216.

[2] Bee M., Riccaboni M. &Schiavo S., "Pareto Versus Lognormal: A Maximum Entropy Test", Physical Review E, 84 (026104), 2011, pp. 1–11.

[3] Malevergne Y., Pisarenko V. &Sornette D., "Gibrat's Law for Cities: Uniformly Most Powerful Unbiased Test of the Pareto against the Lognormal", Swiss Finance Institute Research Paper, 40, 2009, pp. 9–40

[4] Malevergne Y., Pisarenko V., and Sornette D., "Testing the Pareto against the Lognormal Distributions with the Uniformly Most Powerful Unbiased Test applied to the Distribution of Cities", Physical Review E, 83 (036111), 2011, pp. 1–11.

[5] Newman M. E. J., "Power Laws, Pareto Distributions and Zipf's Law", Contemporary Physics, 46 (5), 2005, pp. 323–351.

[6] Rozenfeld H. D., Rybski D. & Gabaix X. et al., "The Area and Population of Cities: New Insights from a Different Perspective on Cities", American Economic Review, 101 (5), 2011, pp. 2205–2225.

[7] Eeckhout J., "Gibrat's Law for (All) Cities", American Economic Review, 94 (5), 2004, pp. 1429–1451.

[8] Holmes T. J. &Lee S., "Cities as Six-by-Six-Mile Squares: Zipf's Law?", Agglomeration Economics, University of Chicago Press, 2010, pp. 105–131.

[9] Jiang B. &Jia T., "Zipf's Law for all the Natural Cities in the United States: A Geospatial Perspective", International Journal of Geographical Information Science, 25 (8), 2011, pp. 1269–1281.

[10] Roca J. &Arellano B., "Does the Size Matter? Zipf's Law for Cities Revisited", http://www-sre. wu. ac. at/ersa/ersaconfs/ersa11/e110830aFinal00374. pdf, 2014.

[11] Rosen K. T. &Resnick M., "The Size Distribution of Cities: An Examination of the Pareto Law and Primacy", Journal of Urban Economics, 8 (2), 1980, pp. 165–186.

[12] Black D. and Henderson V., "Urban Evolution in the USA", Journal of Economic Geography, 3 (4), 2003, pp. 343–372.

律的研究都以人口普查数据来划分城市，一般将大都会区或人口普查区作为城市范围；国内研究则多以城市为基本研究单元，一般采用城市户籍人口、非农业人口或市辖区人口数据来研究城市规模分布[①]—[⑥]，存在的问题是：用户籍人口和非农人口作为指标来衡量城市规模都存在一定的偏误（大规模人口流动导致常住人口与户籍人口存在显著差异，而非农人口除城镇人口外还包括了部分居住在农村的居民）[⑥]，用常住人口来反映城市规模相对要准确些，而城市常住人口数据往往较难获取。总的来说，尽管我国目前的空间单元还是用行政建制来划分的，但这些传统的空间研究尺度都因太过宏观，不能反映出真实的城市规模而受到质疑，因此，如何定义真实的城市边界成为需要进一步探索的问题，有学者提出了自然城市（natural cities）这一概念[⑦]，逐渐将对城市规模分布的实证研究转向微观尺度，突破传统的行政区划界限，将实际上起到城市功能的微观城市组团（图斑）作为基本空间单元来研究[⑧][⑨]，从而使研究的精确度更高，更具

①　Song S. and Zhang K. H., "Urbanisation and City Size Distribution in China", Urban Studies, 39 (12), 2002, pp. 2317-2327.

②　Anderson G. &Ge Y., "The Size Distribution of Chinese Cities", Regional Science and Urban Economics, 35 (6), 2005, pp. 756-776.

③　Xu Z. &Zhu N., "City Size Distribution in China: Are Large Cities Dominant?", Urban Studies, 46 (10), 2009, pp. 2159-2185.

④　Soo K. T., "Zipf, Gibrat and Geography: Evidence from China, India and Brazil", Papers in Regional Science, 93 (1), 2014, pp. 159-181.

⑤　高鸿鹰、武康平：《我国城市规模分布 Pareto 指数测算及影响因素分析》，《数量经济技术经济研究》2007 年第 24 卷第 4 期。

⑥　梁琦、陈强远、王如玉：《户籍改革，劳动力流动与城市层级体系优化》，《中国社会科学》2013 年第 12 期。

⑦　Jiang B. &Jia T., "Zipf's Law for all the Natural Cities in the United States: A Geospatial Perspective", International Journal of Geographical Information Science, 25 (8), 2011, pp. 1269-1281.

⑧　Rozenfeld H. D., Rybski D. & Gabaix X. et al., "The Area and Population of Cities: New Insights from a Different Perspective on Cities", American Economic Review, 101 (5), 2011, pp. 2205-2225

⑨　Holmes T. J. &Lee S., "Cities as Six-by-Six-Mile Squares: Zipf's Law?", Agglomeration Economics, University of Chicago Press, 2010, pp. 105-131.

有说服力[1]。本文将从微观空间尺度的数据出发，用自下而上的方法来构建新的城市组团，在此基础上拟合中国城市规模分布的齐普夫定律，并与中国传统空间尺度上的城市规模分布进行比较。

二　研究方法与数据说明

国外微观空间尺度的实证研究主要用的是人口普查小区数据或公里格网数据，而我国由于微观空间数据缺乏，目前能获取到的最精细的空间数据仅为乡镇街道级数据。根据城市功能区域的划分及现实数据的可得性，本研究采用的研究数据为全国第二次经济普查（2008 年）乡镇街道级的就业人口数据，以全国 43843 个乡镇街道办（不包括港澳台地区）来刻画基本城市单元，用就业人口数据代替传统的人口数据来作为城市规模的测度，更能反映城市作为经济中心的功能特性。

本文的研究方法采用的是 Rozenfeld 等的城市聚类算法（City Clustering Algorithm，CCA）[1]。该算法是由 Rozenfeld 等人[2]在 Makse 等人[3]工作的基础上改进得来的，是一种基于较精细空间尺度上的人口地理分布来定义城市边界的新算法，它突破了传统的行政区划界限，可有效弥补基本行政单元低估大城市数量和城市群低估小城市数量的缺陷。该方法假设人口变化是反映城市发展或衰退的一个重要因素，因此对城市边界的定义可通过对城市人口进行聚类来得到。具体操作步骤是：为了定义一个城市组团（city cluster），首先选定一个人口密集点，将周边邻近的点用递归的方式不断地纳入城市组团中（距中心点的距离小于一个给定范围 l，并且人口密度 D 大于给定阈值 D^*）。直到落在城市组团外的点距离城市组团边界全都大于 l，且 $D<D^*$ 的时候，城市组团停止增长。建立好城市组团后，将城市组团内的人口数

---

① 沈体雁、劳昕：《国外城市规模分布研究进展及理论前瞻——基于齐普夫定律的分析》，《世界经济文汇》2012 年第 5 期。

② Rozenfeld D. H., Rybski D. & Andrade J. S. et al., "Laws of Population Growth", Proceedings of the National Academy of Sciences, 105（48），2008，pp. 18702–18707.

③ Makse H. A., Havlin S. & Stanley H. E., "Modelling Urban Growth Patterns", Nature, 377（6550），1995，pp. 608–612.

加总作为整个城市组团的人口总数。定义城市为尽可能多微观空间单元连接在一起所产生的城市组团。本文用聚类所得的城市组团做城市规模分布拟合分析。

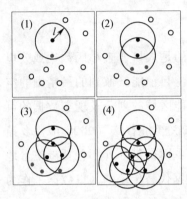

图1　美国的城市聚类算法示意图

来源: Rozenfeld H. D., Rybski D. & Gabaix X. et al., "The Area and Population of Cities: New Insights from a Different Perspective on Cities", American Economic Review, 101 (5), 2011, pp. 2205-2225.

如图1所示，每个点表示美国的一个人口普查区（FIPS），使用的人口密度阈值为 $D^* = 0$。图1（1）：选择任意一个人口密集点开始，围绕该点画一个半径为 l 的圆，浅色实心点为落入此圆范围内的点。图1（2）、（3）：以此圆中的新点为圆心继续往外画圆，令更多的点落入这个城市组团（各个圆所包含的总区域）中来，将该递归过程不断地进行下去。图1（4）：直到城市组团外再也没有与城市组团内任一点的距离小于 l 的点时，城市组团停止扩张。

使用 CCA 算法对中国的 43843 个乡镇街道办点进行聚类后，参考 Rozenfeld 等对美国数据分析所选取的距离阈值 l（2km、3km 和 4km）[①]，并根据我国实际情况不断进行调试，最终选取距离阈值 l 分别为 6.5km、8km 和 9.5km 进行比较。选取这三个阈值的原因是既能有效地避免空间研究单元各成一类（$l < 6.5$km 时），又能防止出现空间研究单元大部分聚成一类、得到类别较少的情况（$l > 9.5$km 时），并且在这三个阈值下的聚类结果特征比较明显，有一定的区分度（间隔少于 1.5km 取点，得到的分析结果之间差异不明显）。

聚类结果表明：选择的距离阈值越大，得到的城市组团数越少，每个城市组团中包含的单元越多。当 $l = 6.5$km 时，各空间单元基本

---

① Rozenfeld H. D., Rybski D. & Gabaix X. et al., "The Area and Population of Cities: New Insights from a Different Perspective on Cities", American Economic Review, 101 (5), 2011, pp. 2205-2225.

各自成类（单元最多的一类也只有 178 个），没有形成较大的城市组团。当 $l=8km$ 时，空间单元开始出现聚类趋势，其中第一大类（环渤海地区）有 4680 个单元，第二大类（长三角地区）有 3956 个单元，第三大类（成渝地区）有 2366 个单元；此外还形成了以下几个较小的城市组团（包含 200 个单元以上）：西安—咸阳—宝鸡—渭阳，太原—临汾—吕凉，长沙—岳阳—益阳—湘潭—株洲—常德，金华—衢州—上饶，广州—东莞—佛山—中山。当 $l=9.5km$ 时，第一大类（东部沿海地区，包括环渤海地区、长三角地区及其部分内陆腹地在内，北至北京，南至温州，西至宝鸡）纳入了 13411 个空间单元，第二大类（成渝地区）包含了 5170 个单元，第三大类（中三角的湖南省部分）有 2327 个单元，珠三角的城市（广州、深圳、东莞、佛山、珠海、中山、肇庆、惠州、江门）则聚成第四大类，共有 484 个单元（选取小于 9.5km 的距离阈值时，珠三角地区城市聚类不太明显）。由于所用的微观空间数据存在误差，地图上少数单元没有数据，从而导致得出的城市聚类与现实情况存在一定偏差，但大体规律还是符合中国目前城市群分布情况的，比较重要的几个城市群都被提取出来了。

三　中国城市规模分布实证研究

（一）结果分析

对中国 2008 年乡镇街道级就业数据进行拟合得到如下的概率分布图（图 2）。该图显示出了 $l=6.5km$、$l=8km$ 及 $l=9.5km$ 的分布概率（$P(S)$）结果，其中 $l=6.5km$、$l=8km$ 及 $l=9.5km$ 得到的城市组团数分别为 29130、19526 和 12862 个。我们发现中国的就业人口分布服从以下幂律分布形式：

$$P(S>S^*) \sim S^{-\zeta-1} \qquad (1)$$

且幂律指数 $\zeta \approx 1$，近似符合城市规模分布的齐普夫定律。图 2 中的三条拟合分布曲线与理论上的齐普夫曲线（幂律指数为 1）还是比较接近的，尤其是 $l=8km$ 时。以 $l=8$ km 为例，其幂律指数是对符合 $S>S^*=10000$ 人的城市组团（总数为 2.4 亿人，包含了全国 90% 的就业人口）进行拟合分析得到的结果，用 OLS 回归得到在 95% 置信区间内的幂律指数 $\zeta = 1.106 \pm 0.003$。图 3 显示了在不同距离阈值下拟合所得的幂律指数，可以看出幂律指数波动范围很小，介乎 0.95 和 1.15 之间，在 $l \in [7\mathrm{km}, 10\mathrm{km}]$ 区段，幂律指数围绕标准齐普夫指数（值为 1）在 5% 范围内波动。随着距离阈值的增加，幂律指数是下降的，反映出城市规模是趋向于集中分布的，由于聚类数减少，人口逐渐集中在较大的城市组团中，城市体系的人口分布差异较大，集中的力量大于分散的力量。

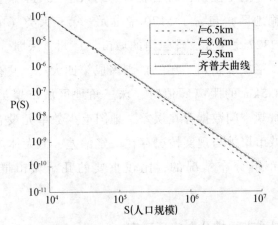

图 2　不同距离阈值 *l* 下的城市组团人口概率拟合分布①

为了对齐普夫定律拟合结果进行有效性检查，本文参考了 Gabaix②、Gabaix 和 Ibragimov③ 的检验方法，假设实际分布与纯幂律分布之间存在一个很小的二次项偏离，对二次项的检验可用于决定幂律分布（齐普夫定律）可否用于描述城市人口规模分布。方法如下：将城市组团按规模大小排序，对位序 i（$i=1$ 为最大的城市）做如下 OLS 回归：

---

①　注：图中坐标轴刻度为对数刻度。

②　Gabaix X., "Power Laws in Economics and Finance", Annual Review of Economics, 1 (1), 2009, pp. 255-294.

③　Gabaix X. &Ibragimov R., "Rank- 1/2: A Simple Way to Improve the OLS Estimation of Tail Exponents", Journal of Business & Economic Statistics, 29 (1), 2011, pp. 24-39.

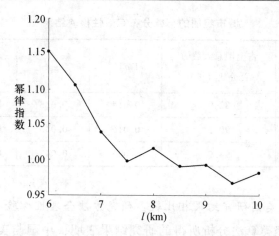

图3 不同距离阈值 *l* 下城市组团的幂律指数

$$\ln(i-0.5) = \text{constant} - \zeta \ln S_i + q(\ln S_i - \gamma)^2 \qquad (2)$$

从该回归中求得 ζ 和 q，其中 $\gamma = \dfrac{\text{cov}((\ln S_j)^2, \ln S_j)}{2\text{var}(\ln S_j)}$。幂律分布假设在渐进极限情况下，二次项系数 $q = 0$，所以较高的 $|q|$ 意味着实际城市规模分布偏离幂律分布。在幂律分布的原假设下，$\dfrac{\sqrt{2N}\, q_N}{\zeta^2}$ 的值趋向于标准正态分布（N 是样本点的数目），即在 99% 的概率水平下，标准正态分布值的绝对值小于 2.57。则 $q_c = \dfrac{2.57 \zeta^2}{\sqrt{2N}}$ 是二次项 q 在 1% 置信水平下的临界值，如果 $|q| > q_c$，则拒绝原假设；如果 $|q| < q_c$，则接受原假设，即服从幂律分布。从表1可看出，在各个距离阈值上，中国的城市规模分布都可以拒绝对齐普夫定律的二次项偏离修正，表明齐普夫定律可以很好地拟合人口大于 10000 人的城市组团的城市规模分布，齐普夫定律在中国基于乡镇街道级空间数据的 CCA 城市组团层面上是成立的。

表 1　　　　　　　　　城市组团的幂律分布有效性检验结果

距离阈值 l (km)	占全国总人数的百分比 (%)	$\mid q \mid$	q_c	检验结果
6.5	82.9	0.014	0.038	服从幂律分布
8.0	90.3	0.016	0.040	服从幂律分布
9.5	94.0	0.036	0.048	服从幂律分布

（二）与美国研究结果相比较：研究方法合理性检验

用城市聚类算法分析所得的研究结果表明，中国与美国的城市规模分布都在一定的阈值范围内基本符合齐普夫定律，城市规模分布属于位序—规模型，这种均衡型的等级规模分布是比较稳定的。中国和美国之间无论是在采用的指标和人口密度方面都差异较大，且本研究采用的是 2008 年的就业人口数据，美国研究采用的是 2000 年人口普查数据，对两国的实际城市规模分布情况及就业体制、状况进行比较研究的意义并不大。然而，为了从研究方法的角度上证实本研究所选取距离阈值和人口阈值的合理性，可以参考 Rozenfeld 对美国数据的分析过程①，因为中美两国的人口规模、国土面积和研究的初始空间单元数都处在同一量级上，较为接近。基于 CCA 的中国与美国城市规模分布研究相关参数比较结果如表 2 所示：

表 2　　　基于 CCA 的中国与美国城市规模分布研究相关参数比较

中国				
距离阈值 (km)	对应城市组团数	初始空间单元数	齐普夫分布的人口阈值	幂律指数为 1±0.05 的距离范围 (km)
6.5	29130			
8.0	19526	43843	10000	[7, 10]
9.5	12862			

---

① Rozenfeld H. D., Rybski D. & Gabaix X. et al., "The Area and Population of Cities: New Insights from a Different Perspective on Cities", American Economic Review, 101 (5), 2011, pp. 2205–2225.

美国				
距离阈值 （km）	对应城市 组团数	初始空间 单元数	齐普夫分布的 人口阈值	幂律指数为 1±0.05 的 距离范围（km）
2	30201			
3	23499	61224	12000	[2.5, 3.5]
4	19912			

注：其中距离阈值和人口阈值的选择都是经过反复调试后得到的最服从齐普夫定律的结果。美国的城市规模分布结果来源于 Rozenfeld H. D., Rybski D. & Gabaix X. et al., "The Area and Population of Cities: New Insights from a Different Perspective on Cities", American Economic Review, 101 (5), 2011, pp. 2205–2225.

由表 2 可知，首先，中国与美国由于人口总数和人口分布情况不同，在城市规模分布研究中具体所选参数也有所不同。然而，由于中国和美国的人口和土地面积都是在一个量级上的，且分析的初始空间单元数都在 5 万左右，有类似之处，其所选的聚类参数还是有相似点的，如所选城市组团人口阈值都在 10000 人左右，且最终聚类所得的城市组团数皆介乎初始空间单元数的 1/3—2/3 之间，以保证聚类结果是有效的（不至于使每个点自成一类，或者过多的点聚成一类）。

其次，中国和美国所选的距离阈值都是千米量级的，而中国的距离阈值比美国要大一些，原因有三：一是研究所用的基础数据不同，本研究采用的中国空间单元是乡镇街道办，就业人口从几人到几十万人不等，美国的研究采用的空间单元是人口普查区（FIPS），人口一般为 1500 至 8000 人，人口分布比较平均；二是中国的人口空间分布比美国更不均衡，尤其表现在东西差异上，东部乡镇聚落分布极其密集，很容易在聚类过程中连成一大片，西部则面积较大而乡镇聚落较少，在聚类过程中往往各成一类，本研究采用的是就业人口数据，不均衡程度更加严重；三是对中国来说，由于初始空间单元数要少于美国，每个初始空间单元对应所占的平均面积也比美国要稍大些。

最后，幂律指数较接近 1 的距离阈值区间，在中国的范围是 7—10km，美国为 2.5—3.5km，相较而言，中国的城市规模分布幂律指数收敛程度较高。从数据上来看，美国的微观空间灵敏度（幂律指数变化/距离阈值变化）比中国要高，即美国齐普夫指数的变动幅度比中国要大，这是由于美国研究的空间数据与本研究相比，尺度更微观，精度更高。

（三）与其他空间尺度的研究结果相比较：研究方法优越性检验

用城市聚类算法处理所得的城市组团与未经处理的原始空间单元，二者的分析结果是否一样呢？根据式（2）分别对地级、区县级和乡镇街道级的就业数据进行关于齐普夫定律的 OLS 回归拟合和假设检验，得到的结果如表 3 所示，其中人口阈值的选择是根据中国各级空间单元的大概人口数情况，经过不断调试后决定的。

表 3　　　　　　　各级空间单元的幂律分布有效性检验结果

空间尺度	人口阈值（S^*）	占全国总人数的百分比（%）	幂律指数（ζ）	$\|q\|$	q_c	检验结果
地级单元	100000	99.6	1.020	0.259	0.106	不服从幂律分布
	200000	97.2	1.174	0.253	0.152	不服从幂律分布
	500000	80.7	1.342	0.359	0.271	不服从幂律分布
	800000	65.3	1.428	0.520	0.412	不服从幂律分布
	1000000	60.0	1.597	0.509	0.575	服从幂律分布
区县级	10000	99.5	0.911	0.151	0.032	不服从幂律分布
	30000	95.0	1.111	0.119	0.057	不服从幂律分布
	50000	88.7	1.205	0.106	0.079	不服从幂律分布
	80000	79.7	1.270	0.114	0.108	不服从幂律分布
	100000	74.6	1.309	0.119	0.130	服从幂律分布
乡镇街道级	300	79.1	0.709	0.153	0.005	不服从幂律分布
	500	78.4	2.100	0.172	0.046	不服从幂律分布
	1000	76.6	0.894	0.207	0.010	不服从幂律分布
	5000	65.0	1.369	0.274	0.035	不服从幂律分布
	10000	56.1	1.544	0.299	0.055	不服从幂律分布

从表3可以看出，与其他空间尺度的城市人口规模分布情况相比，基于CCA城市组团空间尺度的人口规模分布拟合结果比较服从齐普夫定律，且幂律指数接近于1（$\zeta \in [0.95, 1.15]$）。而地级、区县级和乡镇街道级的城市人口规模分布在很大程度上不满足幂律分布，即使在服从幂律分布的情况下，幂律指数仍然与齐普夫定律中的标准值1存在一定偏离。该研究结果表明，城市聚类算法在一定程度上弥补了较宏观空间尺度（区县级、地级）低估小城市组团数量和较微观空间尺度（乡镇街道级）低估大城市组团数量的缺陷，经过城市聚类算法处理的微观地理数据，其人口规模分布拟合结果较好地满足了齐普夫定律。此外，通过以上对城市组团、地级空间单元和区县级空间单元人口规模分布的研究，可以证明齐普夫定律确实只在满足一定人口阈值之上的空间单元中才成立，即齐普夫定律的成立存在城市规模下限的约束，存在城市规模分布曲线的"上尾奇异性"（a singularity of the upper tail），而这个人口阈值关系着对真实城市的定义（即人口数超过多少才可视为城市）。这个阈值在不同国家是不一样的，即使在中国，不同级别的空间单元满足齐普夫定律的人口阈值也有数量级上的区别，这是需要反复试验探讨的问题。

尽管在CCA中，生成城市组团的距离阈值（l）是可以选择的，但在实际操作过程中对l的选择难免存在一定的主观性。为了选出合理的距离阈值，本文将CCA城市组团的城市规模分布规律与区县级、地市级的城市规模分布规律进行比较，试图分析三者之间存在的相关关系。

在分析区县级单元与城市组团之间的对应关系时，由于每个区县级单元包含多个CCA城市组团，而每个CCA城市组团都对应唯一的区县级单元，故将3124个区县级单元与其所包含的城市组团中就业人数最多的城市组团进行匹配分析。在分析区县单元人口规模与对应的城市组团人口规模之间的相关关系时，取其对数，通过OLS回归构建二者相关关系为：

$$\ln S_i^{CCA}(l) = a(l) + b(l) \ln S_i^{county-level}(l) \tag{3}$$

并计算二者之间的Pearson相关系数$\rho(l)$及欧氏距离$d(l)$：

$$d(l) = \sqrt{\sum_{i=1}^{3124}\big[\ln(S_i^{county\text{-}level}(l)) - \ln(S_i^{CCA}(l))\big]^2} \qquad (4)$$

其中 l 表示选取的距离阈值。

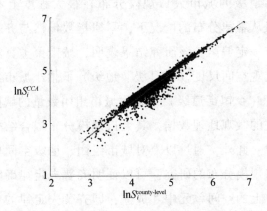

图4　$l=9.5km$ 时区县级单元与 CCA 城市组团之间的人口规模对应关系

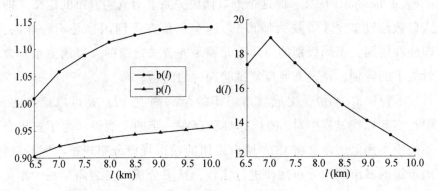

图5　各距离阈值下城市组团与区县级单元之间的 b(l)、ρ(l) 及 d(l) 值

　　从图4和图5可以看出，基于 CCA 城市组团的城市人口规模分布与基于区县级空间单元的城市人口规模分布之间存在较强的正相关关系（$\rho(l) \in [0.9, 0.95]$），且随着距离阈值的增加，$\rho(l)$ 增加，$d(l)$ 减少，表明两者的分布情况越来越接近。Rozenfeld 等人认为，$\rho(l)$ 值最大、$d(l)$ 值最小的距离阈值为最优值，对于美国来说分别是 $l=3km$ 及 $l=5km$。而对于中国来说，随着距离阈值的增加，到 $l=9.5km$ 时东部沿海地区的乡镇街道办已经连成一大片。当 $l=10km$ 时，城市组团数变成了 11181 个，城市组团数低于初始空间单元数的 1/3，聚类的距离阈值过大，东部人口密集区的乡镇街道级空间单元无法区分开来。因此，根据中国实际情况，不能简单地根据 $\rho(l)$ 和 $d(l)$ 的值来选择最优距离阈值（即较大的距离阈值较优），综合聚类结果和分布曲线拟合结果来看，最优距离阈值应该在 9.5km 左右；且只有当距离阈值增加到 9.5km 时，中国三大城市群之一的珠三角城市群才在聚类结果中突显出来，此时的聚类结果可基本反映出中国城市群分布现状。

同理，我们分析了地级单元人口规模与对应的城市组团人口规模之间的相关关系，仍然是将 333 个地级单元与其所包含的 CCA 城市组团中就业人数最多的城市组团进行匹配分析，结果如图 6 和图 7 所示。地级单元与城市组团之间人口规模的相关关系与区县级单元的类似。总的来说，用城市聚类算法处理过的微观数据拟合所得的中国城市规模分布规律，与直接用地级市和区县级空间单元刻画的城市规模分布规律大体上一致，且随着所选距离阈值的增加，其空间研究单元变大，人口规模分布自然地与较宏观数据的拟合结果越来越接近。然而，较宏观层面地理数据（地级单元和区县级单元）的空间单元都较大，城市人口规模下限值较高，容易忽视众多较小的城市组团在城市规模分布中的实际地位，从而导致拟合结果不服从幂律分布。此外，由 ρ 值可以看出，与地级单元相比，区县单元人口规模分布与城市组团人口规模分布情况较为接近，这充分说明：虽然各空间尺度上城市规模的大体分布趋势相同，但所选地理数据越微观，则刻画出的人口规模分布情况越接近于实际情况。

（四）研究方法稳健性检验

本部分是为了验证城市聚类算法的稳健性，即验证本文的基本研究结果并不是由城市聚类算法（CCA）造成的，或者换句话说，不是由城市聚类算法产生的人工伪造结果。关于城市聚类算法的稳健性，Rozenfeld 等人已经做出了验证[①]，具体做法如下：以美国为例，将美

---

① Rozenfeld H. D., Rybski D. & Gabaix X. et al., "The Area and Population of Cities: New Insights from a Different Perspective on Cities", American Economic Review, 101 (5), 2011, pp. 2205–2225.

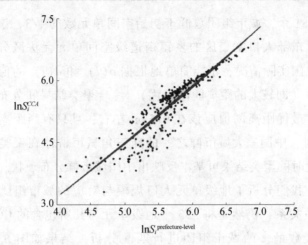

图 6　$l = 9.5km$ 时地级单元与 CCA 城市组团之间的人口规模对应关系

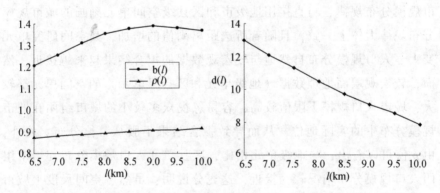

图 7　各距离阈值下城市组团与地级单元之间的 $b(l)$、$\rho(l)$ 及 $d(l)$ 值

国的 61224 个人口普查区（FIPS）空间点的实际位置打乱后，令其随机分布在一个与美国国土面积相等的矩形内，即将点的空间属性打乱，而非空间属性（人口数）不变。然后用城市聚类算法处理新生成的空间点，所得的城市规模分布拟合结果表明：打乱后的数据（shuffled data）拟合结果并不符合齐普夫定律，与真实数据（real data）的拟合结果存在一定程度的偏离。打乱后的数据中最大城市组团的人口数只有 196112，即随机处理过程阻止了较大城市组团的形成。该验证结果表明，原始数据之所以呈现出符合齐普夫定律的城市

规模分布规律，是由原始数据本身的内在特性决定的，而非城市聚类算法决定的，城市聚类算法只起到了对数据进行优化加工的作用，充分说明该算法只是一种研究手段，而非决定因素。Rozenfeld 等人用英国公里格网微观数据来验证 CCA 的稳健性，结果也一样。因此，用由城市聚类算法产生的城市组团来分析城市规模分布规律，是科学可行的。

四 总结与讨论

本文的研究结果表明：首先，目前可用齐普夫定律来较好地拟合中国城市规模分布，表明中国现阶段基于就业人口的城市体系符合位序—规模分布，各位次城市的发展较为均衡，城市规模分布趋于集中和趋于分散的力量基本平衡。其次，城市聚类算法（CCA）是一种研究城市规模分布的较好的研究方法，其突破传统的行政区划界限，有效弥补了宏观层面研究（低估小城市组团数量，样本较小）和微观层面研究（高估小城市组团数量，数据存在误差）的不足，架设了二者之间的桥梁；用该方法研究城市规模分布，更能反映真实的城市规模，所得结果更具科学性和合理性；该方法的有效性和稳健性已经得到了美国、英国[①]和中国数据（本文）的验证：美国超过 12000 人的城市组团、英国超过 5000 人的城市组团，以及中国超过 10000 人的城市组团，其城市规模分布规律均能用齐普夫定律来较好地刻画。再次，中国和美国的城市规模分布都基本上服从齐普夫分布，两国的拟合结果相似是由土地与人口量级上的一致性所促成的，不同之处则是由人口分布均衡度不同与微观数据精确性差异所造成的。最后，在城市规模分布的齐普夫定律实证研究中，对实际城市的定义仍然是一个需要深入探讨的问题：本研究发现，选取不同的人口阈值，所得到的分布规律是不一样的，很难说这个城市规模的下限值是否存在普适性规律，需要用不同国家的不同空间尺度数据来进行反复的试验和

---

① Rozenfeld H. D., Rybski D. & Gabaix X. et al., "The Area and Population of Cities: New Insights from a Different Perspective on Cities", American Economic Review, 101 (5), 2011, pp. 2205-2225.

探索。

　　然而，本研究与国外研究相比，还存在以下不足：一是微观数据不够精确，受数据可得性限制，研究数据是用 2008 年的经济普查就业数据与 2000 年的乡镇街道办空间底图相匹配得来的，虽然经过数据校正，但仍存在一定误差；二是缺少微观人口数据，无法与微观就业数据的拟合结果进行比较。

　　基于本文的研究发现与不足之处，笔者提出进一步的研究方向，具体如下：

　　首先，从数据角度来看，一是将基于人口数据的行政性城市实证研究与基于就业人口数据的功能性城市实证研究相比较，进一步验证齐普夫定律。因为从理论上来说，功能性城市概念更符合城市的本义，且 Rosen 和 Resnick（1980）的研究表明：按照行政性城市测算的齐普夫指数的变动幅度，要比按照功能性城市测算的齐普夫指数的变动幅度大得多；而且，按照功能性城市拟合的结果比按照行政性城市拟合的结果更接近齐普夫定律，体现为齐普夫指数 β 更接近于 1[①]。二是收集时间序列的数据，研究中国城市规模分布的动态演化规律，分析幂律指数的影响因素，从而为未来中国城市体系规划提出有针对性的政策建议。

　　其次，从方法来看，目前学术界定义城市边界的较新方法除了 CCA 算法外，还有 Jiang 和 Jia 对美国的街道节点（包括交叉点及末端）进行聚类形成自然城市的方法[②]。与他们的算法相比，CCA 算法继承了传统的空间单元定义法——大都会统计区划分方法（Metropolitan Statistical Areas，从一个人口密集的中心区开始，将周边与其存在密切社会经济联系的县域联结起来）的优点，并弥补了 MSA 存在一定主观性的缺陷（由人工逐个构建），基于人口在微观地理单

---

　　① Rosen K. T. &Resnick M., "The Size Distribution of Cities: An Examination of the Pareto Law and Primacy", Journal of Urban Economics, 8 (2), 1980, pp. 165–186.

　　② Jiang B. &Jia T., "Zipf's Law for all the Natural Cities in the United States: A Geospatial Perspective", International Journal of Geographical Information Science, 25 (8), 2011, pp. 1269–1281.

元的空间分布自动化且系统性地构建城市组团，可用于研究不同空间尺度上的人口增长和集聚过程。与 CCA 算法及 Jiang 和 Jia 的算法在原理上有类似之处的还有空间聚类算法（Spatial Clustering Algorithm，主要分为划分法、层次法、基于密度的方法和基于网格的方法），作为空间数据挖掘的主要方法之一，它对处理海量空间数据、提取大型空间数据库中有用的信息和知识具有十分重要的现实意义[①]，但目前尚未有研究应用空间聚类算法来划分城市界限，这可以作为未来的一个研究方向。此外，由于用城市聚类算法提取出的城市聚类结果与中国实际城市群分布存在一定偏差，该算法在中国的应用仍存在一定的探索空间，未来可尝试用相对空间距离（如交通通达度）来代替绝对空间距离来进行研究，并对城市聚类算法中的各个点根据实际情况赋以不同的权重，或对各个区域设置不同的距离阈值来进行反复试验，使得聚类结果更符合真正的功能性城市组团分布情况。

最后，从政策意义来看，按照一定的标准（本文仅采用了距离阈值和人口阈值相结合作为标准来试验）来划定城市功能性组团，然后按照城市功能性组团来设置中国的城市，对于中国城乡二元格局正在转变、政府取消城市和农村界限的现阶段来说，具有重要的现实意义。目前中国的城市还是按行政建制来设立的，然而，近些年在城市研究领域中兴起了一个城市划分的新概念——城市功能区（functional urban area，FUA），可以大致定义为城市地区（或核心市区）和邻近的通勤区（边缘市区）[②]。城市功能区最重要的特性是超越了行政边界。出于统计上的原因，数据分析通常是基于行政单元的，但目前人们不断尝试从功能导向出发将较小的行政单元结合起来形成城市功能区，这样可以更有效地刻画城市经济活动的实际范围，从而使区域战略规划更加连贯和理性。目前城市间合作逐渐加强，FUA 逐渐成为区域、社区决策以及地方乃至国家规划制定的基本单位之一，因此 FUA

[①] Xi J., "Spatial Clustering Algorithms and Quality Assessment" in Proceedings of the 2009 International Joint Conference on Artificial Intelligence, IEEE Computer Society, 2009, pp. 105–108.

[②] Antikainen J., "The Concept of Functional Urban Area", Findings of the Espon Project, 1 (1), 2005, pp. 447–452.

除了在统计分析层面外，在政府层面也变得日益重要。对于中国来说，早在 1995 年，由于中国的行政地域远大于城市功能地域，为解决传统的城市概念（行政地域）不能准确刻画真正起到城市功能的地域这一问题，周一星和史育龙提出了"城市功能地域"的概念：一般是以一日为周期的城市工作、居住、教育、商业、娱乐、医疗等功能所涉及的范围，它以建成区为核心，还包括与城市建成区存在密切社会经济联系并有一体化倾向的城市外围地域，以县为基本组成单元①。

参考文献

[1] Anderson G., Ge Y., "The Size Distribution of Chinese Cities", Regional Science and Urban Economics, 35 (6), 2005, pp. 756-776.

[2] Antikainen J., "The Concept of Functional Urban Area", Findings of the Espon Project, 1 (1), 2005, pp. 447-452.

[3] Bee M., Riccaboni M., Schiavo S., "Pareto Versus Lognormal: A Maximum Entropy Test", Physical Review E, 84 (026104), 2011, pp. 1-11.

[4] Berry B. J. L., Horton F. E., Abiodun J. O., Geographic Perspectives on Urban Systems: with Integrated Readings, Englewood Cliffs: Prentice Hall, 1970.

[5] Black D., Henderson V., "Urban Evolution in the USA", Journal of Economic Geography, 3 (4), 2003, pp. 343-372.

[6] Brakman S., Garretsen H., Marrewijk C. V., An Introduction to Geographical Economics: Trade, Location and Growth, Cambridge: Cambridge University Press, 2001.

[7] Córdoba J. C., "On the Distribution of City Sizes", Journal of Urban Economics, 63 (1), 2008, pp. 177-197.

[8] Dobkins L. H., Ioannides Y. M., "Dynamic Evolution of the U. S. City Size Distribution", in J. M. Huriot&J. F. Thisse (eds.), The Economoics of Cities, Cambridge: Cambridge University Press, 2000, pp. 217-260.

[9] Duranton G., "Some Foundations for Zipf's Law: Product Proliferation and Local Spillovers", Regional Science and Urban Economics, 36 (4), 2006, pp. 542-563.

[10] Duranton G., "Urban Evolutions: The Fast, the Slow, and the Still", American Economic Review, 97 (1), 2007, pp. 197-221.

[11] Eeckhout J., "Gibrat's Law for (All) Cities", American Economic Review, 94 (5), 2004, pp. 1429-1451.

---

① 周一星、史育龙：《建立中国城市的实体地域概念》，《地理学报》1995 年第 50 卷第 4 期。

[12] Gabaix X., Ibragimov R., "Rank-1/2: A Simple Way to Improve the OLS Estimation of Tail Exponents", Journal of Business & Economic Statistics, 29 (1), 2011, pp. 24-39.

[13] Gabaix X., "Zipf's Law for Cities: An Explanation", Quarterly Journal of Economics, 114 (3), 1999, pp. 739-767.

[14] Gabaix X., "Power Laws in Economics and Finance", Annual Review of Economics, 1 (1), 2009, pp. 255-294.

[15] Garmestani A. S., Allen C. R., Gallagher C. M., "Power Laws, Discontinuities and Regional City Size Distributions", Journal of Economic Behavior & Organization, 68 (1), 2008, pp. 209-216.

[16] Giesen K., Südekum J., "Zipf's Law for Cities in the Regions and the Country", Journal of Economic Geography, 11 (4), 2010, pp. 667-686.

[17] Giesen K., Zimmermann A., Suedekum J., "The Size Distribution across all Cities - Double Pareto Lognormal Strikes", Journal of Urban Economics, 68 (2), 2010, pp. 129-137.

[18] HansbergE. R., Wright M. L. J., "Urban Structure and Growth", Review of Economic Studies, 74 (2), 2007, pp. 597-624.

[19] Holmes T. J., Lee S., "Cities as Six-by-Six-Mile Squares: Zipf's Law?", Agglomeration Economics, University of Chicago Press, 2010, pp. 105-131.

[20] Jiang B., Jia T., "Zipf's Law for all the Natural Cities in the United States: A Geospatial Perspective", International Journal of Geographical Information Science, 25 (8), 2011, pp. 1269-1281.

[21] Makse H. A., Havlin S., Stanley H. E., "Modelling Urban Growth Patterns", Nature, 377 (6550), 1995, pp. 608-612.

[22] Malevergne Y., Pisarenko V., Sornette D., "Gibrat's Law for Cities: Uniformly Most Powerful Unbiased Test of the Pareto against the Lognormal", Swiss Finance Institute Research Paper, 40, 2009, pp. 9-40.

[23] Malevergne Y., Pisarenko V., Sornette D., "Testing the Pareto against the Lognormal Distributions with the Uniformly Most Powerful Unbiased Test applied to the Distribution of Cities", Physical Review E, 83 (036111), 2011, pp. 1-11.

[24] Newman M. E. J., "Power Laws, Pareto Distributions and Zipf's Law", Contemporary Physics, 46 (5), 2005, pp. 323-351.

[25] Roca J., Arellano B., "Does the Size Matter? Zipf's Law for Cities Revisited", http://www-sre. wu. ac. at/ersa/ersaconfs/ersa11/e110830aFinal00374. pdf, 2014.

[26] Rosen K. T., Resnick M., "The Size Distribution of Cities: An Examination of the Pareto Law and Primacy", Journal of Urban Economics, 8 (2), 1980, pp. 165-186.

[27] Rozenfeld D. H., Rybski D., Andrade J. S. et al., "Laws of Population Growth", Proceedings of the National Academy of Sciences, 105 (48), 2008, pp. 18702-18707.

[28] Rozenfeld H. D., RybskiD., Gabaix X. et al., "The Area and Population of Cit-ies: New Insights from a Different Perspective on Cities", American Economic Review, 101 (5), 2011, pp. 2205-2225.

[29] Song S., Zhang K. H., "Urbanisation and City Size Distribution in China", Urban Studies, 39 (12), 2002, pp. 2317-2327.

[30] Soo K. T., "Zipf, Gibrat and Geography: Evidence from China, India and Bra-zil", Papers in Regional Science, 93 (1), 2014, pp. 159-181.

[31] Soo K. T., "Zipf's Law for Cities: A Cross-Country Investigation", Regional Science and Urban Economics, 35 (3), 2005, pp. 239-263.

[32] Terra S., "Zipf's Law for Cities: On a New Testing Procedure", Working Papers, 2009.

[33] Xi J., "Spatial Clustering Algorithms and Quality Assessment" in Proceedings of the 2009 International Joint Conference on Artificial Intelligence, IEEE Computer Society, 2009, pp. 105-108.

[34] Xu Z., Zhu N., "City Size Distribution in China: Are Large Cities Dominant?", Cirano Working Papers, 46 (10), 2014, pp. 2159-2185.

[35] Zipf G K., Human Behavior and the Principle of Least Effort, Cambridge: Addi-son-Wesley Press, 1949.

[36] 高鸿鹰、武康平:《我国城市规模分布 Pareto 指数测算及影响因素分析》,《数量经济技术经济研究》2007 年第 24 卷第 4 期。

[37] 梁琦、陈强远,王如玉:《户籍改革,劳动力流动与城市层级体系优化》,《中国社会科学》2013 年第 12 期。

[38] 沈体雁、劳昕:《国外城市规模分布研究进展及理论前瞻——基于齐普夫定律的分析》,《世界经济文汇》2012 年第 5 期。

[39] 周一星、史育龙:《建立中国城市的实体地域概念》,《地理学报》1995 年第 50 卷第 4 期。

3　中国地级以上城市人口流动空间模式变化

——基于 2000 年和 2010 年人口普查数据的分析

摘要：本文基于 2000 年和 2010 年人口普查资料，引入空间分析方法，从不同流动方向（省内/跨省流动）及其表现形式（流动规模和流动强度）对中国流动人口在地级市层面的空间分布格局与演化进行探讨，弥补了目前研究缺乏城市尺度分析的不足。研究结果表明，新的研究方法和研究视角具有较高的学理价值，为未来人口流动研究提供了新思路。所得结果如下：从人口流动吸引中心来看，人口流动的主要方向仍为从中西部地区指向东部沿海地区，长三角、珠三角、京津冀地区城市是全国主要跨省人口流动吸引中心，人口流动吸引核心区逐渐由珠三角往北移动；从两次普查间人口流动分布的变化趋势来看，绝大部分地级市的人口流动规模和强度都有所增加，人口流动规模的空间分布态势基本不变，人口流动强度的空间分布则渐趋分散；跨省流动人口与省内流动人口相比，其分布较为集中，且大部分地级市仍以省内流动为主；人口流动强度与人口流动规模相比，受城市等级影响较小，空间分布较均匀，西北边疆（主要是新疆地区）城市人口流动规模较小而流动强度较大。

关键词：城市人口流动；空间分析方法；跨省与省内流动；流动规模与强度

一　引言

人口迁移与流动已日益成为中国人口再分布及社会经济发展规划

中的重要因素，中国人口迁移流动的空间模式及其变化因而备受学术界关注。一般而言，所谓人口的迁移流动是指人的居住位置发生了跨越某一地区界限的空间移动（张善余，2004）①，也就是说，迁移和流动都可以描述人口在空间上发生移动这一行为。国际上一般把人口迁移定义为人口在空间上的位置变动，我国则通常将人口空间移动分为伴随户籍改变的人口迁移和居住地改变、户籍未改变的人口流动。事实上，全国人口普查资料的人口空间移动数据通常只统计居住地的改变而不统计户籍的改变情况，故除特别说明外，本研究采用的"人口流动"概念都只反映了常住地的改变而并未明确户籍是否改变。

　　自 1987 年的全国 1% 人口抽样调查（首次全国范围收集人口迁移流动信息）和 1990 年第四次全国人口普查（首次收集人口迁移流动资料的人口普查）起，中国人口迁移流动的空间模式研究开始兴起，并在国家不断完善对人口迁移流动数据的收集及各种空间分析技术的推动下取得较大发展。但目前中国人口迁移流动空间模式研究基本都是按省级空间单元进行②—⑨，对城市层面人口迁移流动空间特征分析

---

① 张善余：《人口地理学概论》，华东师范大学出版社 2004 年版。

② 王桂新：《中国经济体制改革以来省际人口迁移区域模式及其变化》，《人口与经济》2000 年第 3 期。

③ Fan C C，"Interprovincial Migration，Population Redistribution，and Regional Development in China：1990 and 2000 Census Comparisons"，The Professional Geographer，57（2），2005，pp. 295-311.

④ 丁金宏：《中国省际人口迁移原因别流场特征探析》，《人口研究》1994 年第 1 期。

⑤ 孙峰华等：《2005 年中国流动人口分布的空间格局及其对区域经济发展的影响》，《经济地理》2007 年第 6 期。

⑥ 李薇：《我国人口省际迁移空间模式分析》，《人口研究》2008 年第 4 期。

⑦ 于文丽等：《基于空间自相关的中国省际人口迁移模式与机制分析》，《地理与地理信息科学》2012 年第 2 期。

⑧ 刘望保、汪丽娜、陈忠暖：《中国省际人口迁移流场及其空间差异》，《经济地理》2012 年第 2 期。

⑨ 王桂新、潘泽瀚：《我国流动人口的空间分布及其影响因素——基于第六次人口普查资料的分析》，《现代城市研究》2013 年第 3 期。

较匮乏，少量涉及此方面研究如段成荣、杨舸（2009）① 用三普到五普数据及全国1%抽样调查数据从区域、省份、城市等层面分析了流动人口流入地分布的变动趋势；于涛方（2012）② 用五普和六普的常住人口与户籍人口相减作为人口净流入量，分析了中国城市人口流动增长的空间类型及人口流动的影响因素；而王国霞等（2012）③ 仅用五普数据分析地级及以上城市的流动人口分布格局，缺乏时间维度上的分析。全国第六次人口普查数据的公布掀起了对 21 世纪初中国人口迁移流动空间分布格局分析的新热潮：如王桂新等（2012）④ 和李袁园（2013）⑤ 对五普和六普之间的人口迁移流动空间模式变化进行初步探索，马红旗、陈仲常（2012），田成诗、曾宪宝（2013），雷光和等（2013），乔晓春、黄衍华（2013），刘晏伶、冯健（2014）等则基于六普数据对跨省人口迁移流动分布规律进行剖析⑥⑦⑧⑨⑩。但以上这些基于六普数据的人口迁移流动模式研究均较少应用到空间分析方法。

为了弥补以往人口迁移流动研究尺度较为宏观（只到省级层面）

---

① 段成荣、杨舸：《我国流动人口的流入地分布变动趋势研究》，《人口研究》2009年第 6 期。

② 于涛方：《中国城市人口流动增长的空间类型及影响因素》，《中国人口科学》2012年第 4 期。

③ 王国霞、秦志琴、程丽琳：《20 世纪末中国迁移人口空间分布格局》，《地理科学》2012年第 3 期。

④ 王桂新、潘泽瀚、陆燕秋：《中国省际人口迁移区域模式变化及其影响因素——基于 2000 和 2010 年人口普查资料的分析》，《中国人口科学》2012 年第 5 期。

⑤ 李袁园：《中国省际人口迁移和区域经济发展研究》，博士学位论文，吉林大学，2013 年。

⑥ 马红旗、陈仲常：《我国省际流动人口的特征》，《人口研究》2012 年第 6 期。

⑦ 田成诗、曾宪宝：《基于"六普"数据的中国省际人口流动规律分析》，《西北人口》2013 年第 1 期。

⑧ 雷光和等：《中国人口迁移流动的变化特点和影响因素——基于第六次人口普查》，《西北人口》2013 年第 5 期。

⑨ 乔晓春、黄衍华：《中国跨省流动人口状况——基于"六普"数据的分析》，《人口与发展》2013 年第 1 期。

⑩ 刘晏伶、冯健：《中国人口迁移特征及其影响因素——基于第六次人口普查数据的分析》，《人文地理》2014 年第 2 期。

的缺陷，并充实 2000—2010 年间人口迁移流动空间格局的演化研究，本文将以全国 355 个地级以上空间单元为研究对象，选取五普和六普分县人口数据中的迁入人口数据，从时间和空间角度，对地级市及以上层面的城市人口流动空间模式及其变化特征进行分析，采用空间分析方法来分析人口流动规模和强度（流入率）的空间分布、空间集中程度及流场分布，从而全方位深入剖析中国地级市层面的人口流动分布规律。本研究中各地级以上城市的迁入人口指的是离开户口登记地、迁入现居住地"半年以上"的流动人口，包括省内迁入人口（从本省其他县（市）、市区迁入本市全市范围）和省外迁入人口数据（从外省迁入本市全市范围），即省内人口流动和跨省人口流动——均为单向流动，只有面向地级市的迁入，没有迁出。本文通过两种具体的表现方式来分析人口流动：一是人口流动规模，直接用迁入人数来表示；二是人口流动强度，以人口流入率来表示，即迁入人数占本市总人数比例。基于上述研究设计试图解答以下四个问题从而为相关政策分析奠定理论基石：一是中国的人口流动吸引中心主要包括哪些城市？二是两次人口普查之间，人口流动分布到底是更集中还是更分散了？三是跨省人口流动和省内人口流动的空间分布模式是否一致？四是人口流动规模和人口流动强度的空间分布模式是否一致？

二　地级市人口流动规模分布的空间模式及其变化

中国目前正处于快速城市化阶段，国家人口计生委《中国流动人口发展报告 2012》指出：目前中国的流动人口七成以上分布在东部地区，八成以上分布在大城市与中等城市；全国吸纳流动人口较多的50 个城市，集聚了 60% 以上的流动人口；直辖市、计划单列市、省会城市、地级及以下城市的流动人口分别占流动人口总量的 13.2%、18.6%、22.3%、45.9%。在此人口流动总量的规律下，下文从空间分布格局和空间集中程度两个方面来分析两次普查间人口流动规模变化的具体规律。

（一）等级越高的城市吸引流动人口越多，跨省流动人口主要集中于三大都市圈且增幅居前，省内流动人口则零散分布于各省省会城

市，跨省流动和省内流动人口重心均往北移动

表1 不同级别地级市的人口流动位序

城市类别	城市	2000年省内流动位序	2000年跨省流动位序	2010年省内流动位序	2010年跨省流动位序	省内流动增长位序	跨省流动增长位序
直辖市	北京市	59	4	6	2	2	2
	天津市	164	10	27	7	14	4
	上海市	2	3	5	1	13	1
	重庆市	9	20	7	20	4	19
计划单列市和副省级城市	大连市	37	19	28	25	21	27
	宁波市	24	13	37	10	40	7
	青岛市	23	33	15	28	12	26
	厦门市	22	18	23	19	22	18
	深圳市	1	2	2	3	17	5
	沈阳市	30	31	12	34	9	35
	长春市	34	58	31	51	27	57
	哈尔滨	18	61	24	60	25	63
	南京市	16	22	9	22	8	21
	杭州市	11	15	17	11	20	8
	济南市	42	66	21	46	15	40
	武汉市	6	29	4	30	3	32
	广州市	3	5	3	6	6	12
	成都市	4	34	1	27	1	24
	西安市	35	30	14	29	10	29
普通省会城市	石家庄	28	37	34	58	32	114
	太原市	40	42	30	43	24	48
	呼和浩特	26	98	25	68	23	54
	合肥市	27	131	11	59	7	41
	福州市	14	21	22	24	26	25
	南昌市	29	112	32	61	30	45
	郑州市	48	48	48	48	48	48
	长沙市	13	74	16	48	16	44
	南宁市	17	84	19	50	18	43

续表

城市类别	城市	2000年省内流动位序	2000年跨省流动位序	2010年省内流动位序	2010年跨省流动位序	省内流动增长位序	跨省流动增长位序
普通省会城市	海口市	66	40	44	41	38	46
	贵阳市	15	36	26	44	28	60
	昆明市	8	14	13	33	19	335
	拉萨市	262	103	274	108	260	122
	兰州市	41	59	40	56	34	61
	西宁市	122	86	60	66	50	53
	银川市	96	55	53	45	48	47
	乌鲁木齐	38	24	36	26	33	30
平均位序	直辖市	59	9	11	8	8	7
	计划单列市和副省级城市	20	35	14	32	12	32
	普通省会城市	52	63	46	52	43	72

　　对全国地级及以上城市（355个地级行政单元）的流动人口进行分析可见，发现各地级市之间人口流动规模相差显著。由于我国地级以上城市可分为直辖市（4个）、计划单列市（5个）和副省级城市（10个）、普通省会城市（17个）、普通地级市等不同等级，不同等级的城市间存在一定的差异。由表1可见，除2000年省内人口流动外，无论是省内人口流动、跨省人口流动还是人口流动增长量，从平均水平来看，直辖市的迁入人口规模都要领先于计划单列市和副省级城市，计划单列市和副省级城市又领先于省会城市，省会城市领先于其他地级市。如2000年总流动人口（跨省流动人口和省内流动人口之和）规模最大的是深圳市，总流动人口达到了5848539人，规模最小的是西藏阿里地区，仅为4143人，两者之间相差了1400多倍；而2010年总流动人口规模最大的是上海市，总流动人口为11016029人，规模最小的仍为阿里地区，仅为6988人，二者相差了1500多倍。2000年总流动人口排名前25位的城市，包括4个直辖市、4个计划单列市、9个省会城市和8个地级市，其流动人口规模均在60万

以上，占全国总流动人口比重为 52.5%；到 2010 年总流动人口排名前 25 位的城市，依然包括 4 个直辖市、4 个计划单列市、10 个省会城市和 7 个地级市，其人口流动规模均在 160 万以上，占全国总流动人口的比重为 53.7%。其中东莞、上海、北京、温州、泉州、惠州、天津 2000 年和 2010 年的跨省人口流动比重均超过了 70%，说明时间的变迁并未削弱这些城市对跨省流动人口的较强吸引力。

总体来看，2000 年和 2010 年的中国地级市跨省流动总人口分别为 42035256 人和 85502551 人。各地级市的跨省流动人口在空间分布上呈现如下特征：(1) 跨省流动人口大多分布于东南沿海地区，流动人口规模最大（>100 万）的城市集中于长三角、珠三角和京津冀三大都市圈，流动人口规模较大（10 万—100 万）的城市除了三大都市圈，还零散分布于中西部地区，其中中西部流动人口规模较大的城市有重庆、成都、乌鲁木齐、昆明、西安、武汉等重要省会城市。但中西部其他城市的流动人口规模则普遍较小。(2) 两次人口普查间各地级市跨省流动人口的空间分布格局基本不变，只是绝大部分地级市的跨省流动人口规模有所增加（2010 年与 2000 年相比，流动人口高值城市数量增加）。跨省流动人口增加值的空间格局与跨省流动人口类似，跨省流动人口规模较大的城市，其流动人口规模增加值也较大。(3) 跨省流动人口重心在两次普查间往东北方向移动，其中 2000 年跨省流动人口重心为 (114.70°E, 29.58°N)，位于湖北咸宁市东部，2010 年跨省流动人口重心为 (115.87°E, 30.54°N)，位于湖北黄冈市东部。

从地级市省内流动总人口来看，2000 年和 2010 年分别为 36125615 人和 84305254 人。各地级市的省内流动人口在空间分布上具有以下特征：(1) 省内流动人口的分布较为零散，流动人口规模最大的主要为各省省会，成都、武汉、重庆在 2000 年和 2010 年都排在省内流动人口规模前十名内。(2) 两次人口普查间各地级市省内流动人口的空间分布格局基本不变，绝大部分地级市的省内流动人口规模有所增加（2010 年与 2000 年相比，深色区域范围有所扩大）。省内流动人口增加值的空间分布总体特征与省内流动人口类似，省内流动人口规模较大的，流动人口规模增加值也较大。（3）省内流动人口重心往西北方向移动，其中 2000 年省内流动人口重心为（114.14°E，31.34°N），位于湖北孝感市东北部，2010 年省内流动人口重心为（113.97°E，32.09°N），位于河南信阳市西部。

同时，跨省流动和省内流动人口重心均往北移动，表明珠三角城市作为全国首位迁入地的吸引力相对弱化，而长三角和京津冀地区城市的重要性正在逐渐上升。

表 2　　　　各省省内流动和跨省流动人口排序第一的城市及
其占全省流动人口比重（%）

省名	2000 年省内流动	2010 年省内流动	2000 年跨省流动	2010 年跨省流动
河北	石家庄 24.97	石家庄 26.93	石家庄 18.16	廊坊 22.76
山西	太原 27.94	太原 37.38	大同 24.54	太原 30.46
内蒙古	呼和浩特 24.86	呼和浩特 31.10	呼伦贝尔 28.26	鄂尔多斯 28.39
辽宁	沈阳 22.31	沈阳 34.62	大连 38.71	大连 43.87
吉林	长春 39.86	长春 53.89	长春 34.60	长春 47.11
黑龙江	哈尔滨 27.71	哈尔滨 41.72	哈尔滨 26.09	哈尔滨 38.46
江苏	苏州 17.95	南京 21.91	苏州 28.03	苏州 42.74
浙江	杭州 26.38	杭州 31.97	温州 27.68	温州 23.04
安徽	合肥 31.47	合肥 43.29	合肥 16.99	合肥 27.35
福建	福州 26.24	福州 27.03	泉州 42.99	泉州 39.22
江西	南昌 37.49	南昌 49.54	九江 19.20	南昌 32.39
山东	青岛 19.77	青岛 23.94	青岛 20.72	青岛 28.10
河南	郑州 31.05	郑州 44.70	郑州 29.62	郑州 41.86
湖北	武汉 46.43	武汉 60.69	武汉 43.17	武汉 54.95
湖南	长沙 30.91	长沙 39.58	长沙 22.97	长沙 31.89
广东	深圳 29.94	深圳 25.09	东莞 27.46	深圳 26.96
广西	南宁 27.89	南宁 36.39	柳州 17.83	南宁 26.29
海南	海口 84.60	海口 84.63	海口 79.02	海口 71.49
四川	成都 48.72	成都 56.55	成都 33.51	成都 53.28
贵州	贵阳 49.09	贵阳 49.13	贵阳 41.41	贵阳 35.72
云南	昆明 41.14	昆明 45.23	昆明 49.70	昆明 36.14
西藏	拉萨 61.81	拉萨 50.99	拉萨 47.41	拉萨 48.07

省名	2000 年省内流动	2010 年省内流动	2000 年跨省流动	2010 年跨省流动
陕西	西安 41.06	西安 56.66	西安 56.90	西安 60.10
甘肃	兰州 43.76	兰州 48.28	兰州 46.06	兰州 47.63
青海	西宁 44.03	西宁 62.31	西宁 54.18	西宁 57.88
宁夏	银川 52.62	银川 66.48	银川 57.89	银川 71.79
新疆	乌鲁木齐 49.28	乌鲁木齐 53.59	乌鲁木齐 30.31	乌鲁木齐 41.33

在分析了各地级以上城市的跨省和省内流动人口空间分布格局的基础上，我们将进一步探讨各省地级市对省内和跨省流动人口的吸引力情况（见表 2）。从省份所在区域（东、中、西部）来看，中西部地区的省会城市对本省省内流动人口的吸引力要强于东部沿海省份的省会城市，前者基本都是本省流动人口的主要迁入地，且吸引力较强（占全省流动人口的比重一般高于 40%），后者对流动人口的吸引力相对要弱些（比重一般低于 40%），本省其他经济较发达城市对流动人口的吸引力毫不逊色于省会城市；从人口流动方向（跨省/省内）来看，省会城市对各省省内流动人口的吸引力要强于对跨省流动人口的吸引力，前者占全省流动人口比重最大的基本都是省会城市（广东、山东、江苏除外），而后者比重最大的则不乏本省经济较发达城市（非省会城市），这一现象在东部沿海省份尤为突出。

（二）跨省流动人口规模的空间集中程度要高于省内流动人口，人口流动热点区从珠三角逐渐向长三角北移，省内和跨省流动人口规模的空间集中程度基本保持不变

从人口流动规模的空间分布格局分析可以看出，人口流动的空间分布是不均衡的，对此空间不均衡程度分析有助于进一步了解人口流动的空间发展态势，从而探讨单个城市的人口变化是如何通过人口流动流场影响到其他城市人口变化的。

Plane & Mulligan（1996）认为：人口流动的空间集中程度（spatial focus）是包含具体迁出地（origin）和迁入地（destination）在内的一

组流量，其流量相对值大小分布所具有的不平衡性①。若空间集中程度较高，意味着大部分迁入人口有选择性地往几个主要迁入地集中，或大部分迁出人口都来自几个主要迁出地；若空间集中程度较低，意味着流动人口在所有可能的迁出地和迁入地之间的流量分布相对较均匀。Rogers & Sweeney（1998）② 曾就此用基尼系数（Gini Index）和变异系数（CV Index）对美国跨省人口流动进行分析，指出变异系数是分析人口流动空间集中程度的一种较可行、简单且直观的测度方法，且与标准差相比可以消除量纲的影响；He（2002）③ 也曾用变异系数来分析中国 1982—1990 年跨省人口流动的区域集中程度并证明了该分析方法的可行性。

本文在此沿用 CV 指数来探讨各地级市人口流动的空间集中程度。测得 2000 年各地级市省内流动人口规模的 CV 值为 1.648，跨省流动人口规模的 CV 值为 3.360；2010 年省内流动人口规模的 CV 值为 1.651，跨省流动人口规模的 CV 值为 3.334。从中可看出跨省流动人口规模的空间集中程度要高于省内流动人口，表明跨省迁入人口相对集中地流向一些全国性主要城市，而省内迁入人口则相对平均地流向各个城市（主要为各省省会城市）。两次普查间省内和跨省流动人口的 CV 值基本保持不变，即流动人口在各迁入城市的分布基本稳定。

在测度各地级市流动人口规模空间集中程度后，进一步用热点分析方法来探索主要迁入地和主要迁出地分别位于哪些区域，ArcGIS 中的热点分析（Getis-ord Gi）工具可以识别具有统计显著性的高值（热点）和低值（冷点）的空间聚类。2000 年的跨省人口流动高值聚集区主要分布于珠江三角洲，而 2010 年长江三角洲的高值集聚区逐渐扩大，珠三角的集聚区有所缩小，表明长三角城市对迁入人口的吸

① Plane D A and Mulligan G F, "Measuring Spatial Focusing in a Migration System", Demography, 34（2），1997，pp. 251-262.

② Rogers A and Sweeney S, "Measuring the Spatial Focus of Migration Patterns", The Professional Geographer, 50（2），1998，pp. 232-242.

③ He J, "The Regional Concentration of China's Interprovincial Migration Flows, 1982-90", Population and Environment, 24（2），2002，pp. 149-182.

引强度逐渐增加，珠三角城市对迁入人口的吸引强度相对减弱，与跨省流动人口重心往北移动的趋势相一致。2000年的省内人口流动高值聚集区也集中分布于珠三角，可见该区城市的省内人口流动较为活跃，但2010年省内人口流动高值区已变得不显著，长三角和珠三角平分秋色。总的来说，两次普查间人口流动热点区主要位于珠三角和长三角，且变化趋势均为从珠三角地区往北拓展至长三角地区。低值集聚区则没有高值集聚区那么显著，面积比较小，跨省流动人口的低值集聚区位于河南、湖北、安徽的交界处，该处是全国流动人口主要迁出地的重要组成部分；省内流动人口的低值集聚区则位于甘肃和青海交界处，可能是由于该处城市位于西北内陆区，地广人稀，人口规模较小，因而省内流动人口规模也较小。

三　地级市人口流动强度分布的空间模式及其变化

基于上述分析基础，比较分析人口流动规模和强度的空间分布格局和空间集中程度，有助于准确刻画地级以上城市人口流动的空间模式及其变化规律。人口流动强度可用流入率来表示，即迁入人数占本市总人数比例，包括省内流入率和跨省流入率。

（一）跨省流动强度形成"西北—东南高、中部低"的分布态势，省内流动强度分布格局与省内流动规模类似，但西北边疆地区城市流动强度较大，流入率高的城市增速也较快。

从跨省人口流动强度的空间格局来看，跨省流入率最高的城市主要位于东部沿海地区（特别是长三角、珠三角和京津冀三大都市圈的主要城市）以及西北部的几个城市，后者包括拉萨市、乌鲁木齐市及它们周边的几个地级行政单元——克拉玛依市、巴音郭楞蒙古自治州、林芝地区、阿拉善盟等，可见西北地区（尤其是新疆）的主要城市跨省流入率还是较高的，这是由西部大开发战略下往西部地区支援建设所导致的人口流动。总的来说，跨省流入率分布西北和东南高，中部广大地区低，形成了外围高中间低的"漏斗型"空间分布模式。跨省流动人口强度与流动人口规模的空间分布相比，西北地区城市虽然流动规模不大但流动强度较高，中部地区的主要城市虽然流动规模较大但流动强度不大，而东部沿海地区城市无论是流动规模还是流动强度都位于前列。

从省内人口流动强度的空间格局来看，省内流入率分布则较为零散，省内流入率较高的城市多为各省省会城市，分布格局与省内流动人口类似，不同之处在于西北边疆地区的城市省内流动人口规模不大，但流入率较高。

两次人口普查间各地级市跨省和省内流动人口强度的空间分布格局基本不变，绝大部分地级市的流动人口强度有所增加（2010年与2000年相比，流入率较高的城市数量逐渐增加）。流动人口强度增加值的空间格局与流动人口强度类似，流动人口强度较大，则流动人口强度增加值也较大。换句话来说，多数重要迁入地人口迁入强度表现为强者恒强、强者更强，即受到循环累积因果效应的影响，人口迁入分布更趋集中，这点与上述人口流动规模的空间格局演化规律结果相一致。

表3　各省省内流入率和跨省流入率排序第一的城市及其具体流入率（%）

省名	2000年省内流入率	2010年省内流入率	2000年跨省流入率	2010年跨省流入率
河北省	石家庄市 3.25	张家口市 7.41	秦皇岛市 3.69	廊坊市 7.33
山西省	太原市 6.62	太原市 19.48	大同市 5.46	太原市 6.75
内蒙古	呼和浩特 12.73	呼和浩特 32.48	阿拉善盟 10.34	阿拉善盟 25.20
辽宁省	盘锦市 6.51	沈阳市 15.48	大连市 6.86	大连市 11.72
吉林省	延边州 4.48	长春市 9.84	延边州 3.47	延边州 3.73
黑龙江省	大兴安岭 11.06	七台河 12.59	七台河 3.52	大兴安岭 2.50
江苏省	无锡市 7.32	南京市 17.25	苏州市 10.47	苏州市 30.15
浙江省	杭州市 6.66	杭州市 12.68	温州市 13.51	温州市 29.87
安徽省	合肥市 6.72	合肥市 22.44	马鞍山市 1.07	芜湖市 3.70
福建省	厦门市 16.21	厦门市 27.31	厦门市 20.22	厦门市 28.99
江西省	南昌市 6.54	南昌市 14.32	九江市 1.10	南昌市 3.85
山东省	东营市 7.67	济南市 14.31	威海市 5.41	威海市 8.22
河南省	郑州市 7.16	郑州市 20.28	郑州市 2.12	郑州市 2.85
湖北省	武汉市 8.84	武汉市 22.89	武汉市 3.01	武汉市 5.38

续表

省名	2000 年省内流入率	2010 年省内流入率	2000 年跨省流入率	2010 年跨省流入率
湖南省	长沙市 7.16	长沙市 16.88	株洲市 1.34	长沙市 3.28
广东省	深圳市 25.58	深圳市 23.96	东莞市 64.17	东莞市 64.87
广西壮族	柳州市 15.51	南宁市 15.93	柳州市 3.64	北海市 3.78
海南省	海口市 15.33	海口市 21.22	海口市 19.47	三亚市 17.70
四川省	成都市 9.70	成都市 23.29	遂宁市 3.57	成都市 4.28
贵州省	贵阳市 11.15	贵阳市 20.93	贵阳市 4.55	贵阳市 6.31
云南省	西双版纳 10.54	昆明市 18.97	昆明市 10.01	昆明市 6.95
西藏	拉萨市 5.80	拉萨市 8.66	拉萨市 10.86	拉萨市 14.21
陕西省	西安市 3.47	西安市 14.39	西安市 3.33	西安市 6.91
甘肃省	嘉峪关市 10.19	兰州市 15.94	嘉峪关市 5.31	酒泉市 6.93
青海省	海西自治州 16.74	海西自治州 19.48	海西自治州 9.37	海西自治州 15.16
宁夏	银川市 7.80	银川市 16.34	银川市 9.43	银川市 12.63
新疆	乌鲁木齐 10.95	乌鲁木齐 19.91	伊犁自治州 18.66	乌鲁木齐 22.05

　　而进一步探讨各个省份的地级市对省内和省外流动人口的吸引力强度（表3），还可以发现以下显著规律：（1）各省流动强度排名第一的城市与流动规模排名第一的城市相比，省会城市所占比例大大下降，而跨省流入率首位城市中省会城市所占比例要低于省内流入率，这与流动规模类似。仅有河南、湖北、贵州、西藏、陕西和宁夏六省区流入率排名第一的全为省会城市，而这些省区基本都为人口净迁出省份。（2）主要迁入省份（广东、江苏、浙江、福建）排名第一的城市跨省流入率较高，主要迁出省份（河南、四川、安徽、江西、湖北、湖南、广西）排名第一的城市跨省流入率则较低，这与实际情况是相符的。其中，省内和跨省流动强度最高的均为广东省，其中深圳市2000年和2010年的省内流入率分别为25.58%和23.96%，东莞市2000年和2010年的跨省流入率则高达64.17%和64.87%，吸引力强度居全国城市之首。（3）除了几个主要迁入省份（广东、江苏、浙江、福建外加西藏、新疆）外，各省城市的最高省内流入率基本都高于跨省流入率，即绝大部分省份城市的省内流动强度要大于跨省流动

强度，各地级市的人口流动还是以省内流动为主。（4）两次普查间，各省首位迁入城市的迁入率都是在增加的，即首位城市对迁入人口的吸引强度逐渐增加。

（二）人口流动强度的空间集中程度低于人口规模，且其分布演化呈均衡发展态势，除了珠三角和长三角这两个热点区外，西北部地区城市的人口流动强度也出现了高值集聚

与人口流动规模的空间模式分析同理，首先，我们通过测度各地级市人口流动强度的 CV 值来反映其空间集中程度：2000 年省内流入率的 CV 值为 1.086，跨省流入率的 CV 值为 2.110；2010 年省内流入率的 CV 值为 0.934，跨省流入率的 CV 值为 1.757。和人口流动规模类似，跨省人口流动强度的空间集中程度要高于省内流动，即前者的较高迁入强度值集中于部分主要迁入城市，后者的迁入强度值在各城市分布相对均匀。与人口流动规模相比，人口流动强度的空间集中程度要低，这可能是因为各地级市人口流动规模主要受到人口基数的影响，城市人口规模大，人口流动规模也较大，而人口流入率消除了各城市人口基数的影响，因此其空间分布较为平均。两次人口普查间，省内人口流动和跨省人口流动强度的空间集中程度都是下降的，即人口流动强度在各城市的分布出现了均衡发展态势。

其次，用热点分析方法来研究各地级市人口流动强度空间集中区域的变化。在跨省流入率方面，2000 年的跨省流入率热点区位于珠三角，2010 年往北拓展到包括长三角在内，这与跨省流动人口规模的热点区分布规律一致，同时以乌鲁木齐市为中心的新疆大部分地区也成为了热点区；冷点区面积较大较显著，且逐渐在扩大，从华北地区一直往西南延伸到四川和贵州，基本和中部主要迁出省份相重合。在省内流入率方面，2000 年热点区主要位于珠三角，内蒙和甘肃也有部分，2010 年热点区则主要集中于内蒙古境内（包括呼和浩特、包头、乌兰察布、鄂尔多斯和巴彦淖尔五市），长三角和珠三角的热点区已不明显；2000 年冷点区覆盖区域与跨省流入率接近（中部偏北省份），但面积较小，2010 年冷点区范围缩小到仅存在于陕西和河南境内。与人口流动规模的热点分析结果相比，除了原来的热点区——珠

三角和长三角外，西北部地区（新疆、内蒙古）的人口流动强度也出现了高值集聚。这与丁金宏等（2005）[①] 的中国跨省人口流动研究结果在很大程度上相一致：新疆、西藏、云南 3 省区作为颇有引力的"西陲"辐合区域，1995—2000 年间净迁入人口 135.01 万人，特别是新疆，净迁入 95.01 万人，仅次于北京，居全国第四。而在省内人口流动方面，2010 年呼和浩特市的省内流入率位居全国城市之首，达到了 32.48%，从而导致热点区的出现。

四　主要迁入城市的迁出流场分布

（一）研究方法

在分析人口流动空间格局时，除了对人口统计指标空间特征的简单描述以及相关空间分析方法的应用外，还需对基于流动的流场格局进行探讨。丁金宏（1994）[②]、丁金宏等（2005）[①]、王桂新等（2012）[③] 分别用四普、五普和六普数据分析了中国跨省人口流动的流场特征。

本文按跨省流动人口规模排序，选出前十位地级市作为全国主要迁入城市，分析其迁出流场（来源省份）的区域分布模式。这里用到的从全国各省份迁入前十位地级市的人口数据来自这些城市所在省份的 2000 年和 2010 年人口普查资料，具体为长表数据中的"全省按现住地和五年前常住地分的人口"，其中现住地统计的是省内的各地级市。全国有 31 个省市自治区，设由省份 i 迁往地级市 j 的流动人口为 M_{ij}，占地级市 j 迁入人口的比例为 SI_{ij}，则可用 SI_{ij} 表示人口迁出省份 i 对地级市 j 人口迁入的影响力（供给力）。这里设定阈值为 5%，如果 SI_{ij} 大于或等于其设定阈值的省份数为 NI，则 NI 所含省份可视为"省份 i 对主要城市人口迁入具有影响力的区域范围（或称影响关系圈）"。以 NI 为纵坐标，以所有省份为横坐标，根据 NI 的大小在相

---

① 丁金宏等：《中国人口迁移的区域差异与流场特征》，《地理学报》2005 年第 1 期。

② 丁金宏：《中国省际人口迁移原因别流场特征探析》，《人口研究》1994 年第 1 期。

③ 王桂新、潘泽瀚、陆燕秋：《中国省际人口迁移区域模式变化及其影响因素——基于 2000 和 2010 年人口普查资料的分析》，《中国人口科学》2012 年第 5 期。

应位置标注出影响力居前的主要迁入城市，并根据 SI_{ij} 及其设定阈值（5%）将横坐标上符合条件的省份与所选的这些主要迁入城市连接起来，即可从整体上揭示主要城市跨省人口流动流场分布的空间模式及其变化。主要迁入城市在横坐标上的排列顺序与其流动人口规模排名相一致，SI_{ij} 根据具体情况分成三个等级，从低到高分别为：5%—10%，10%—20%，20%以上，表示各迁出省份对迁入城市的影响力大小。此外，我们对各主要迁入城市的跨省人口流动规模进行了 CV 值测算。

（二）主要迁入城市中珠三角城市居多但吸引力逐渐下降，北京和上海吸引力增加；迁入地和迁出地的相互影响关系主要受到地理邻近性的影响；长三角、珠三角城市的迁入人口来源省份比京津冀地区要集中，而前者的多极化程度逐渐增加，后者则相反

从图 1 可看出，主要迁入城市的迁出流场分布具有以下几个特征：

1. 从主要迁入城市来看，前十名迁入城市中，包含了北上广、广东省其他发达城市及东部沿海省份（浙江、江苏、福建）的几个发达城市，其中广东省所占比例较高，其迁入人口的影响区域也最广，2000 年广东省有 5 个城市上榜，2010 年则减少到 4 个城市。2000年，广东省的城市均名列前茅；2010 年，北京和上海的吸引力增加，上升到前两名；这与人口流动重心往北移的趋势一致。

2. 从迁入地和迁出地的相互影响关系来看，主要迁出省份包括了安徽、江西、河南、湖北、湖南、广西、四川；除了河南、四川这两个人口大省外，其余省份的人口流动方向受到地理邻近性的影响，主要迁往邻近该省份的地级市。因此，各迁入城市影响的迁出省份有所不同：广东省的城市主要吸引来自湖北、湖南、广西、四川、江西的流动人口；北京和天津主要吸引来自河北、河南、山东的流动人口；东部沿海城市（温州、宁波、苏州、泉州）主要影响安徽、江西；上海则主要影响江苏和安徽一带。从优势迁入流的数量来看，广东省城市的影响作用和影响范围都位居全国前列。

3. 从迁入城市的 CV 值来看，长三角、珠三角城市的迁入人口来源省份比京津冀地区要集中（CV 值较高），而两次普查间长三角和珠三

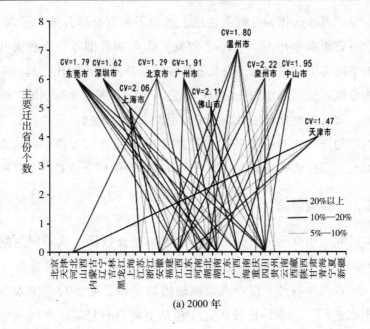

(a) 2000 年

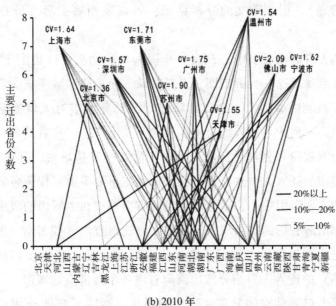

(b) 2010 年

图 1　前 10 名迁入城市对主要迁出省份的影响关系

角的城市 CV 值呈下降趋势, 来源省份分布开始趋于分散, 而北京、天津的 CV 值上升, 来源省份分布开始趋于集中。造成这一现象的可能原因是：京津冀地区作为首都所在地，吸引了来自全国各地的迁入人口，虽然对各省影响作用不大（SI 值较低）但影响范围较广，故而其迁入人口的空间集中程度较低，与长三角和珠三角的城市相比，其迁入地分布较为分散；长三角和珠三角城市的迁入地分布则主要受到地理邻近性的影响，故迁入地分布相对集中于附近的省份；近两次普查间，京津冀地区城市的迁入人口来源省份越来越集中于邻近的省份——河北和河南，而长三角和珠三角城市的迁入人口来源省份越来越趋向于多极化。

五　总结与讨论

本研究运用空间分析技术和两次人口普查数据，从不同空间尺度（城市层面）、不同时间维度（五普和六普）和不同研究视角（流动方向——省内和省外，以及人口流动的规模和强度）对中国人口流动空间模式进行了全面的比较研究（包括空间分布格局、空间集中程度和流场分布）。根据前文的分析结果，可以来回答引言部分提出的几个问题：

一是人口流动吸引中心凸显：全国人口流动吸引区集中于珠三角、长三角和京津冀这三大都市圈，尤其是珠三角地区；除了三大都市圈的城市外，西北边疆地区（主要是新疆）的部分城市对人口流动的吸引强度也较高；前十名迁入城市中，包含了北上广、广东省其他发达城市及东部沿海省份（浙江、江苏、福建）的几个发达城市，其中长三角、珠三角城市的迁入人口来源省份比京津冀城市要集中；作为各省省内人口流动的主要吸引中心，中西部省份的省会城市在本省内的吸引力要远强于东部沿海省份的省会城市，其中主要迁出省份（如河南、湖北、贵州）的迁入人口都集中到了省会城市，而主要迁入省份（如广东、浙江、江苏）的迁入人口则分散地流向省内各个经济发达城市。

二是人口流动空间分布变化趋势明显：两次人口普查间，绝大部分地级市的迁入人口和迁入率有所增加，且地级市的人口流动规模（强度）越大，其增加值越大；长三角和珠三角城市的迁入人口来源省份分布开始渐趋分散，而京津冀城市的迁入人口来源省份分布渐趋集中；从人口流动规模来看，两次普查间省内和跨省流动人口的空间集中程度基本保持不变，即流动人口对各迁入城市的选择并没有变得更集中或是更分散；从人口流动强度来看，省内和跨省人口流动强度的空间集中程度都是下降的，即人口流动强度在各城市的分布出现了均衡发展态势；全国人口流动吸引核心区逐渐从珠三角往长三角北移，人口流动重心也随之北移，前十名迁入城市中珠三角城市吸引力下降，长三角和京津冀城市吸引力上升。

三是跨省流动人口和省内流动人口的空间分布模式存在差异：跨省流动人口大部分分布于东南沿海地区，流动人口规模最大的城市集中于长三角、珠三角和京津冀三大都市圈，中西部大部分城市流动人口规模较小；省内流动人口的分布则较为零散，流动人口规模最大的主要为各省省会城市；跨省流动人口的空间集中程度要高于省内流动人口，表明跨省迁入人口相对集中地流向一些全国性主要城市，而省内迁入人口则相对平均地流向各个城市（主要为各省省会城市）；省会城市对各省省内流动人口的吸引力要强于对跨省流动人口的吸引力；除了几个主要迁入省份外，各省份城市的最高省内流入率基本都高于跨省流入率，即绝大部分城市的省内流动强度要大于跨省流动，各地级市的人口流动还是以省内流动为主。

四是人口流动规模和人口流动强度的空间分布模式同中有异：二者的基本格局大体一致，主要差别在于西北地区城市虽然流动规模不大但流动强度较高，中部地区的主要城市虽然流动规模较大但流动强度不大，而东部沿海地区城市无论是流动规模还是流动强度都位于前列；人口流动规模主要受到城市等级影响，城市级别越高，迁入人口越多，而人口流动强度受城市等级影响相对较弱。

综上所述，可将中国 2000—2010 年间地级以上城市人口流动空间模式变化规律归纳如下：东部沿海地区（主要为长三角、珠三角和环渤海）的城市仍为主要人口流动吸引中心，两次普查间珠三角城市在人口流动吸引力方面的重要性相对下降，长三角、环渤海的城市重要性上升，人口流动重心逐渐由珠三角往北移动；两次人口普查间，绝大部分地级市的迁入人口和迁入率都有所增加，且原值越大增加值越大，人口流动规模的空间分布渐趋稳定，而人口流动强度的空间分布趋向于均衡发展；跨省流动人口分布比省内流动人口分布要集中，前者集中在全国若干主要城市，后者分散于各省省会城市，而大部分地级市均以省内流动为主；人口流动强度与人口流动规模相比，受城市等级影响较小，且消除了各城市人口基数的影响，使其空间分布较为平均（空间集中程度比人口流动规模要低），因此西北边疆地区（主要是新疆）的城市虽然流动规模不大，但流动强度位居全国城市前列。

相比同类研究而言，本文将空间分析技术（空间分布地图和热点分析方法）引入中国人口流动研究中，并将传统的人口流动研究从省级空间层面拓展到城市空间层面，综合不同时间维度和不同研究视角，进一步完善了中国人口流动空间模式分析的研究方法，构建了较为系统的人口流动实证研究框架。研究结果也表明所引入了新方法和新视角，具有较强的可靠性和稳健性，与所有同类研究的基本结论"人口流动基本态势仍为从内陆地区往沿海发达地区集聚"相一致，如于涛方（2012）[①] 的研究结果表明，流动人口吸引中心集中在珠三角、长三角、京津冀地区的东部发达城市及中西部重要的经济中心城市，人口密集的中部地区和成渝地区人口流出严重。此外，本文还验证了以下研究的部分结论：首先，本文提出的人口流动强度"西北—东南高，中部低"的分布格局与丁金宏等（2005）[②] 的研究结论"人口流动的中部塌陷现象突出（中部地区为最大人口净迁出地带），西北取代东北成为非沿海区域新的人口引力中心"不谋而合；其次，城市层面上为王桂新等（2012）[③]，王桂新、潘泽瀚（2013）[④] 对两次普查间跨省人口流动空间模式变化的研究结果提供了支持——人口迁入重心北移，长三角都市圈取代珠三角都市圈成为 21 世纪以来跨省人口迁入的主要地区，

---

① 于涛方：《中国城市人口流动增长的空间类型及影响因素》，《中国人口科学》2012年第 4 期。

② 丁金宏等：《中国人口迁移的区域差异与流场特征》，《地理学报》2005 年第1 期。

③ 王桂新、潘泽瀚、陆燕秋：《中国省际人口迁移区域模式变化及其影响因素——基于 2000 和 2010 年人口普查资料的分析》，《中国人口科学》2012 年第 5 期。

④ 王桂新、潘泽瀚：《我国流动人口的空间分布及其影响因素——基于第六次人口普查资料的分析》，《现代城市研究》2013 年第 3 期。

我国流动人口已形成省内为主、省际为辅的分布特征；再次，在王国霞等（2012）[①] 的研究基础上拓展了时间维度分析（增加 2010 年数据），刻画出的人口流动基本格局与其类似：跨省流动中城市空间分布大体呈现 3 个梯状层次，省内流动中城市空间分布总体上相似性较高，均以各省会城市作为省内流动人口的第一流入地；最后，为乔晓春、黄衍华（2013）[②] 的研究结果"在过去的十年里跨省流动人口规模增长了一倍，是流动人口增长最快的时期"提供了事实依据。

当然，本文分析结果与已有研究之间也存在差异，这为未来研究提供了进一步的探索空间。首先，本文指出"城市层面的跨省人口流动规模与强度呈基本不变或均衡发展态势"，而王桂新等（2012）[③] 则认为跨省流动的"人口迁入集中趋势更加明显"，这种不一致可能是由空间尺度、统计数据口径（跨省人口流动统计的是五年前常住地和现住地不一致的流动人口）及研究方法差异（本文用了变异系数来测度人口流动的空间集中程度，可以消除量纲的影响）等多种因素造成。其次，关于人口流动流场分布，通过迁入地对迁出地和迁出地对迁入地的双向影响分析，王桂新等（2012）[①] 指出，珠三角是一个影响全国人口迁出的跨省人口迁入影响极，影响作用逐渐减弱；长三角和京津冀的主要人口迁入地都仅具地区性影响，前者逐渐发展成具有全国性影响的人口迁入地，后者虽然影响的地区较多，但影响力比较弱。受数据可得性限制，本研究中城市层面人口流动是单向的（仅有迁入数据），只能分析各迁出省份对主要迁入城市的影响，无法计算各迁出省份中来自各主要城市的人口迁入比例，但通过计算各城市变异系数得出的"京津冀城市迁入来源省份分布较广，长三角、珠三角

---

① 王国霞、秦志琴、程丽琳：《20 世纪末中国迁移人口空间分布格局》，《地理科学》2012 年第 3 期。

② 乔晓春、黄衍华：《中国跨省流动人口状况——基于"六普"数据的分析》，《人口与发展》2013 年第 1 期。

③ 王桂新、潘泽瀚、陆燕秋：《中国省际人口迁移区域模式变化及其影响因素——基于 2000 和 2010 年人口普查资料的分析》，《中国人口科学》2012 年第 5 期。

城市迁入来源省份较为集中"结论仍然具有一定的参考价值，如李薇（2008）① 分析 2005 年人口流动数据得出了类似结论：强势人口吸引中心上海、北京对跨省流动人口的吸引作用分别具有"聚而强"和"广而均"的特点。

参考文献

［1］丁金宏：《中国省际人口迁移原因别流场特征探析》，《人口研究》1994 年第 1 期。

［2］丁金宏等：《中国人口迁移的区域差异与流场特征》，《地理学报》2005 年第 1 期。

［3］段成荣、杨舸：《我国流动人口的流入地分布变动趋势研究》，《人口研究》2009 年第 6 期。

［4］国家人口和计划生育委员会流动人口服务管理司：《中国流动人口发展报告》，中国人口出版社 2012 年版。

［5］雷光和等：《中国人口迁移流动的变化特点和影响因素——基于第六次人口普查》，《西北人口》2013 年第 5 期。

［6］李薇：《我国人口省际迁移空间模式分析》，《人口研究》2008 年第 4 期。

［7］李袁园：《中国省际人口迁移和区域经济发展研究》，博士学位论文，吉林大学，2013 年。

［8］刘望保、汪丽娜、陈忠暖：《中国省际人口迁移流场及其空间差异》，《经济地理》2012 年第 2 期。

［9］刘晏伶、冯健：《中国人口迁移特征及其影响因素——基于第六次人口普查数据的分析》，《人文地理》2014 年第 2 期。

［10］马红旗、陈仲常：《我国省际流动人口的特征》，《人口研究》2012 年第 6 期。

［11］乔晓春、黄衍华：《中国跨省流动人口状况——基于"六普"数据的分析》，《人口与发展》2013 年第 1 期。

［12］孙峰华等：《2005 年中国流动人口分布的空间格局及其对区域经济发展的影响》，《经济地理》2007 年第 6 期。

［13］田成诗、曾宪宝：《基于"六普"数据的中国省际人口流动规律分析》，《西北人口》2013 年第 1 期。

［14］王桂新：《中国经济体制改革以来省际人口迁移区域模式及其变化》，《人口与经济》2000 年第 3 期。

［15］王桂新、潘泽瀚：《我国流动人口的空间分布及其影响因素——基于第六次人口普查资料的分析》，《现代城市研究》2013 年第 3 期。

［16］王桂新、潘泽瀚、陆燕秋：《中国省际人口迁移区域模式变化及其影响因

---

① 李薇：《我国人口省际迁移空间模式分析》，《人口研究》2008 年第 4 期。

素——基于 2000 和 2010 年人口普查资料的分析》，《中国人口科学》2012 年第 5 期。

[17] 王国霞、秦志琴、程丽琳：《20 世纪末中国迁移人口空间分布格局》，《地理科学》2012 年第 3 期。

[18] 于涛方：《中国城市人口流动增长的空间类型及影响因素》，《中国人口科学》2012 年第 4 期。

[19] 于文丽等：《基于空间自相关的中国省际人口迁移模式与机制分析》，《地理与地理信息科学》2012 年第 2 期。

[20] 张善余：《人口地理学概论》，华东师范大学出版社 2004 年版。

[21] Fan Cindy C，"Interprovincial Migration, Population Redistribution, and Regional Development in China：1990 and 2000 Census Comparisons"，The Professional Geographer，57（2），2005，pp. 295–311.

[22] He J，"The Regional Concentration of China's Interprovincial Migration Flows，1982–90"，Population and Environment，24（2），2002，pp. 149–182.

[23] Plane D A，Mulligan G F，"Measuring Spatial Focusing in a Migration System"，Demography，34（2），1997，pp. 251–262.

[24] Rogers A，Sweeney S，"Measuring the Spatial Focus of Migration Patterns"，The Professional Geographer，50（2），1998，pp. 232–242.

后　记

　　回顾改革开放以来我国快速发展的 40 年，本质是人口红利加速释放的 40 年，城镇化率迅速提升，既带动了人口布局的重构，亦促进了城市群的发展。但进入"十二五"末，人口红利的可持续性已经成为学界关注的问题。一方面，人口总量增速开始下行，人口自然增长率已经下降至 5% 以下，老龄化问题日趋严重，另一方面，劳动力人口所占比重也逐渐下降，抚养比逐步增加。随着人口红利趋缓，城市之间的人口争夺战愈演愈烈，由城市间人口迁移所导致的各城市、城市群未来人口变化日益受到重视。近年来以广州、成都、武汉、西安、长沙为代表，在全国各城市发起的轰轰烈烈的引人、引才运动就是典型的例子。

　　随着中国人口迁移不断出现新的趋势（如近年来中西部地区的人口回流），未来中国城市体系中的人口吸引中心和人口外流洼地并不是一成不变的。因此，基于人口迁移的中国城市体系演化预测研究，是一个可以采用多学科研究方法、交叉学科研究视角来进行长期深入探索的极具挑战性的课题。

　　进入北大师从沈体雁教授开展研究以来，围绕这一研究课题在燕园的五年博士生涯给我留下了深刻的回忆：从本科毕业初入北大，作为唯一的直博生，在博士班级里面各种的不适应；头两年，我努力修习各门专业课，认真准备综合考试，发表学术论文，开始慢慢走上正轨，为博士论文写作打下坚实的基础；第三年，为了博士论文开题，曾在各研究领域文献的浩瀚海洋里迷失了方向；第四年，到国外访学一年，得以在一个全新的学术平台自由地呼吸新鲜空气，见识了大千世界，丰富了人生阅历，为博士论文写作积累了丰富的素材；第五年，回国后马上投入紧张的博士论文写作中，光调试程序就用了两三个月，在这个过程中度过了有生以来压力最大的一个春节，曾无数次的想要放弃，但都咬紧牙关坚持了下来；经过预答辩、匿名评审和答辩环节的重重考验，最终抵达了胜利的彼岸。博士毕业后，在清华大学师从薛澜教授从事了为期两年的博士后研究工作，在此期间结合所做研究对博士论文进行了进一步的修改和完善，最终形成此书稿。

感谢以下老师在本书写作过程中的指导，他们是：北京大学的沈体雁教授、杨开忠教授、李国平教授、陆军教授、薛领教授、孙铁山老师和张波老师，清华大学的薛澜教授，哈佛大学的 Peter K. Bol 和 Wendy Guan，中科院大学的赵作权教授。我的学术成长道路离不开诸位专家学者的指导，感谢他们在我论文写作和进一步完善过程中给予的宝贵建议，让我的学术研究不断得到改进，学术水平不断得到提升。

此外，本书的形成离不开诸多的帮助：我的亲人和朋友对我的大力支持和鼓励，所在单位中国地质大学（北京）科研启动基金项目的资助。同时，中国社会科学出版社领导一直关注本书的修改进度，而责任编辑许琳老师在成书过程中的专业建议和高效编校工作，进一步提升了本书的质量，并最大限度地避免了潜在的疏漏。

其中附录部分内容均是与博士论文研究主题相关（城市体系和人口迁移研究）的学术论文，在国内期刊发表过，附录 1 发表于《世界经济文汇》，附录 2 发表于《浙江大学学报（人文社会科学版）》，附录 3 发表于《中国人口科学》，感谢文章的合作者及各期刊主编慷允笔者将这些内容收录于本书之中，感谢各期刊评审专家和编辑对文章的贡献。

本书适合从事区域经济、公共政策、城市管理、城市规划、人口地理学等研究领域的理论研究者和实践者阅读，希望本书中所提供的人口预测方法能够为专业研究和规划实践带来启迪，当然，也希望本书中的不足之处能够得到专业的反馈建议。